萬世人極

冯建国 著

WANSHI RENJI
GUANYUNCHANG

关云长

山西出版传媒集团
山西经济出版社

华夏民族之魂

若　愚 ◆——

　　每个民族都有自己的灵魂偶像，每个民族都有自己的精神支柱。关公，是华夏民族的灵魂偶像和精神支柱。中国五千余年的古代文明社会，曾经是一个英才辈出的漫长历史过程。回望这已经逝去的悠悠岁月，那些曾经在中国古代文化发展史上光照日月的历史名人，确实浩如烟海，灿若繁星。然而翻遍华夏文明史册，虽然位列庙祝高堂的神灵圣贤比比皆是，不胜枚举，令人眼花缭乱。但是真正能够深入人心，超时空、超民族、超阶级、超国界、超信仰，"庙食盈寰中，姓名走妇孺"，被称为"东方之神"的能有几位？恐唯关公而再没有能与之匹敌者了。

　　综观世界文化，任何一个民族文化的形成，均相对地决定于其所生存的地理环境、经济基础，以及由此构成的社会组织形态。在中国以及全世界有华人存在的地方，关公已经成为内涵丰赡、覆盖面极广的一种现象，一种文化，一种精神：似教非教，却被诸教信仰；似帝非帝，却被诸帝推崇；似神非神，却被诸神烘托。千余年来为历代统治者和百姓万民上下共仰，从华夏神州到东瀛海外中外同奉。既列为国家祭祀要典，又成为百姓供奉的神灵，其庙祀遍及天下，"南极岭表，北极寒垣，凡儿童妇女，无有不震其威灵者。香火之盛，将与天地同不朽"。这种现象，在中国乃至世界各地都极为罕见。

　　中国人崇尚英雄文化，作为三国群雄争霸时代叱咤风云的战将，关公生前战功卓著，为将为侯，死后更是神采照人，经过历代统治者的封谥和戏曲、文学

的演义描述，更被罩上"神中之神"的光环。历稽二十四史载，中华名将如云似雨代不乏人，即使在三国争雄时代，与关公一同驰骋疆场而称为"万人敌"的名将亦以数十计，仅在山西境内，就有张辽、吕布等人。若以勇武而论，史上的定评是"前三国吕布，后三国赵云"，关公应在其次。然则何以唯独关羽为史家颂为"古今名将第一人"？

中国文化的核心是中庸和谐，向来讲究对称，大概是为了寻找平衡的缘故，在确立了文圣孔夫子的地位以后，统治阶级就在寻找着武坛方面的代表人物。在中国有皇帝的时代，忠义是做人的大节，也是统治阶级意识形态的基本内容，关公的人生性格和处事行为，恰恰给统治阶级提供了最好的诠释。他对君忠，与友善，习《春秋》，重义气，勇迈绝伦，怀抱除恶救世之志，一生英勇骁战，所向披靡，破关斩将，威震九州，为奠定三国鼎立的局面立下了不朽功勋。而在民间，因其性格与行为较易与寻常百姓沟通，所以百姓追募其义勇双全、肝胆相照的人格魅力，逐渐奉若神明祭祀。历代统治者，则借用关公对君主肝脑涂地、忠贞不贰的赤诚品质，进行大肆渲染和教化，并利用政权和舆论工具对其封王、封圣、封帝。于是，一个"对国以忠，待友以义，处事以仁，作战以勇，为人以信"，代表中华民族传统美德的完美的关公形象，浩浩然出现在世人的面前。

　　总之，这位被封建王朝奉为大帝，被平民百姓敬为天神，及至"儒称圣，释称佛，道称天尊"的武圣关公，以其丰富生动、并带有神秘色彩演义的历史轨迹，构成了内涵多义、外延深广的历史性文化课题，不仅构成了华夏文明的动力，也汇聚成了足以跨越时代和国界的文化资源。因此上千百年来以此为题材，或演义，或评话，或论说，仁者智者，洋洋洒洒，鸿篇巨制，名称众多，其间不乏珠玉钻石般的佳作经典。但是在浩如烟海的作品中，却始终未能见到一部较为全面、系统、完整，又理义兼容、情感并盛地描述关公的力作，不能不说是关公文化的一件憾事。不过近日捧读冯建国先生的《万世人极关云长》一书，让我耳目一新，甚感欣慰。

　　作者冯建国，中国作家协会会员，虽身为政府一吏，却始终心存善意，感恩故土厚爱，工作之余坚持从事河东文化研究，并有较深的造诣，多有著作问世。近年来他把握时代脉搏，顺应乡民心愿，凭借太史公"行万里路，读万卷书"的精神，对庞杂的关公史料进行搜集梳理，采撷汇集，广采博纳，综合考辨。而且走出故纸堆，去参拜庙堂，踏访圣迹，追踪溯源，然后对千年史料、传说、演义进行筛选考订，去伪求真，精心构思，标新立异，以高屋建瓴之势，纵横捭阖之笔，雅俗共赏之格，对关公这一被神话了的历史人物，进行"四位一体"（即真实的关公，史实性；典型的关公，文艺性；偶像的关公，神话性；雅俗的关公，兼容性）的形象描写和逻辑概括，解析了关公"四形象"互为渗透、黏化、扩大以致浑然一体复合，并升华为瑰伟的泛文化现象的外因内果，写出一部波澜壮阔、大气磅礴的文化散文《万世人极关云长》，填补了关公文化的一大空白，读来荡气回肠引人入胜，是关公文化的一大幸事。

全书提纲挈领，纵横捭阖，引经据典，正本清源，力求用鲜活的史实、确凿的论据以及别具一格的写作方式，还原给人们一个真实而富有生命力的关公，揭示和解析了中国社会里这一独特的历史文化现象。在这本书里，冯建国不拘前人的既成观念，站在另一种视觉位置，提出了一个新的理念，就是将诚信作为关公品格的最基本因素，是构成忠、义、仁、勇诸外延品格的根本内核。关公正是在"信"的基础上，才逐渐形成了他"始终如一、坚忍不拔、大义凛然、宁折不弯"的人生理念和价值观。正是因为坚守"信"的理念，他才能温酒斩华雄、降汉不降曹、过五关斩六将、单刀赴会、华容道捉放曹，甚至才会遭到痛失荆州、败走麦城的结局。也正是因为"信"的坚贞，他才能得到刘备信赖，受到曹操器重，遭到孙权忌恨，从而演绎了他出道、成功、辉煌、败亡，传奇而悲壮的一生。

我有幸生长于圣人故乡，自小对圣迹耳濡目染，顶礼膜拜。后虽为报效祖国身居四方，远离故土河东，然对关公至圣，却始终常记太史公之言："高山仰止，景行行止，虽不能至，然心向往之。"从不敢有半点懈怠。今有乡人冯建国先生送来书稿，嘱我为其作序，不禁诚惶诚恐，圣人面前何以敢卖弄笔墨？然乡人一片赤诚，我亦素慕关公天地间之人杰，常想尽微薄之力，且"夫子之侧而鼓，其忠义正直之气，于世道不为无补"。如此受人之托不得为，又能借此先睹为快，也是不亦乐乎之事。虽为序，却未尽一二，借此由衷赞叹道：关公，华夏民族的民族之魂！

目 录

第一章 雾里看花，应识关公真面目 ……………………… 1

1 史实中的关公 …………………………………………… 1

2 庙宇中的关公 …………………………………………… 6

3 风水中的关公 …………………………………………… 11

4 时势中的关公 …………………………………………… 16

5 演义中的关公 …………………………………………… 20

6 争议中的关公 …………………………………………… 25

第二章 回首乡关，天生英才必有用 …………………… 30

7 关公的神奇出世 ………………………………………… 30

8 关公的前世奇缘 ………………………………………… 34

9 关公的启蒙教育 ………………………………………… 38

10 关公的"春秋"情结 …………………………………… 43

11 关公的天伦之乐 ………………………………………… 48

12 关公的悯冤除霸 ………………………………………… 53

第三章 横空出世，直挂云帆济沧海 …………………… 59

13 关公桃园三结义 ………………………………………… 59

14 关公刀弑黄巾将 ………………………………………… 64

15 关公温酒斩华雄 ………………………………………… 69

16 关公跪救张文远 ………………………………………… 74

17 关公降汉不降曹 ································· 80

18 关公过五关斩六将 ····························· 86

第四章 九天云揽，壮志未酬身先死 ··········· 91

19 "三顾茅庐"之关公 ························· 91

20 "赤壁之战"之关公 ························· 96

21 "单刀赴会"之关公 ························· 101

22 "威震华夏"之关公 ························· 107

23 "痛失荆州"之关公 ························· 112

24 "败走麦城"之关公 ························· 117

第五章 盖棺未定，谁使英雄泪沾襟 ··········· 123

25 关公英灵归何处？ ························· 123

26 关公大意失荆州？ ························· 128

27 关公刚愎而自矜？ ························· 134

28 关公嫉能妒贤明？ ························· 139

29 关公忠义信几何？ ························· 144

30 关公何以笑孙曹？ ························· 149

第六章 众望所归，千年筑就神坛路 ··········· 156

31 关公的殁后显圣 ··························· 156

32 关公的神异传说 ··························· 161

33 关公的官方褒封 ··························· 166

34 关公的民间崇拜 ··························· 171

35 关公的宗教信仰 ··························· 175

36 关公的艺术渲染 ··························· 179

第一章 雾里看花，
应识关公真面目

"横看成岭侧成峰，远近高低各不同。"引宋代苏轼老夫子的这句诗，用来概括千百年来人们对关公的评价，应该是恰如其分的。在中国有史以来的文化中，不曾有谁像关公一样："史官评我曰衿，谬矣！视吴魏诸人，原同孺子；后世尊吾为帝，敢乎？论春秋之义，终是汉臣。"

1 史实中的关公

还原历史，是需要用时间与事实作为代价的，尤其是千百年来已被定格为英雄的人物，只有褪去罩在其身上的光环，才会看到他曾经真实的面目。然而这又谈何容易！岁月的风尘，史料的湮灭，以及后人根据所需而随意对其故事进行增添和删节，更需要我们耐心地去沙里澄金，从而寻找出虽寂寞于生前却显烁于后世的关公……

一场秋雨在河东平原上淅淅沥沥地下着，万物在雨的洗礼中有的蜕变，有的新生，有的则在腐朽中死亡。也许当人们静下心来品评华夏文明五千年历史时，才会发现许多曾经貌似铁板一样的定论，在岁月的冲蚀下也已变得面目全非。不过真金不怕火炼，譬如中国历史上的文武二圣——孔子、关公。

山西运城是关公的故里，全国最大的关帝庙就坐落在盐湖区解州办事处西关，创建于隋代末年。轻轻地走进帝庙，在其挗须夜读《春秋》的像前，我匍匐在地，深深地将头颅低下。然后沿着帝庙甬道向历史的深处走去，无言地追述着先圣曾经的足迹。作为历史人物，关公生前的地位并非多么显要，即使最早对三国人物盖棺论定的《三国志》，作者陈寿给予关公的评价也并非很高。可能这位似乎对关公"略有成见"的老夫子,压根儿不会料到千载以后关公居然能压倒群雄,晋升为中华民族"护国佑民"的第一人神。

何谓人神?史著上没有明确的诠释,顾名思义,大抵就是由人而神的演变。也许这种属于"别出心裁"的称谓,很难踏进大雅之堂,得到学者权威的认同。不过平心而论,当我们用心审视历史时,便会发现史书里的许多记载是那样的粗略,那样的含糊其辞、模棱两可。由人而神的"升级"固然是一种荣耀,然而走上神坛后也难免被贴上脸谱,从此便有了云遮雾罩的悲情。人们不禁会问:耸立在神坛上面的这些盖世英雄们,究竟是怎样的一副真实面目?

有位哲人曾经说过:"在天文现象里,真正的流星常常只有一颗,而我们看到的流星云雨,大多都是光亮带给我们的幻影⋯⋯"这话非常值得人们用心去咀嚼。我们生活的这个世界,原本就藏匿着许多"未知"的东西,需要人们顺藤摸瓜、逐步分解,最后得出正确的结论。生前为人,死后封神,古今中外不乏这种"人神"现象,诸如张飞、秦琼、尉迟敬德、岳飞等曾经骁勇的战将。但是在诸多"人神"里,却从不曾有谁像关公这样的显赫:

生前千人称颂,死后万世敬仰,融于人神圣界,享祀世界各地。为何能够如此?简言之,就是凝聚在关公身上为万世所共仰的"忠义仁勇信"诸品格,蕴涵着中国传统文化的伦理、道德、理想,渗透着儒学的《春秋》精义,充满释、道教义所趋同的人生价值观念,实质上就是彪炳日月、大气浩然的华夏魂⋯⋯

崇尚英雄是人类一种深厚的文化情结,具有五千年文明史的华夏民族,对于英雄的崇拜更是情有独钟:从开天辟地的盘古,到人文始祖的黄帝;从帝王将相到起义领袖,中国人心目中的英雄无数。而风云诡谲的三国时代,更是给中国历史搭建了一个英雄辈出的旷世舞台。朝野忠良、奸贼纷纷登场,各路草莽豪杰竞相争雄,而罗贯中一部《三国演义》的文学巨著,让众多国人将烟波浩渺、绵延曲折的那段历史,凝聚得似乎只剩下了不足百年的三国时代。就如同面对浩瀚的夜空星云,人们只是凭借着依稀的记忆,寻找着绚烂的北斗七星。

历史的瞬间或一个人物的产生，也许会影响一个地域，甚至一鸣而惊天下。罗贯中这个点石成金般的"凝聚"，给河东凝聚出了一个千古不朽的人物——关公，也让这个古老的"中国之地"更加扬名于世。当然这种拥戴不是狭隘的地域主义，因为虽说关公是河东人，但他的"忠义仁勇信"诸品质，却集中了中华民族的传统美德，体现了民众的社会愿望和理想人格，因此得到世人千百年来的景仰。其史迹、声威、文化影响，早已走出了河东，走出了三晋，走出了国门，成为一个举世闻名的"世界公民"。

当我们为历史事件或历史人物感叹时，就会产生一种穿越岁月风雨去寻找英雄人物历史踪迹的冲动。关公到底是一个什么样的人物？壮烈，悲情？还是拔高，抑或是扭曲？也许当我提出这个命题时，有人会觉得太过于稚嫩，因为"闻名好似春雷过，天下谁人不识君"。不过平心静气而言，我们现在眼中的关公，是一位已经被神化、圣化、虚化了的形象。或许由于历史积淀过深的缘故，在本书的行文记述中，依然摆脱不了历史"档案"残缺的束缚，但我会"披沙沥金"，竭尽全力地去寻找关公真实的影像，踏访他所走过的路径，理清他由人而神的曲折历程。

关公名羽，小名长生，字云长，河东解州（今山西省运城市常平村）人，东汉桓帝延熹三年（160年）六月二十四日生，为东汉末年蜀汉的大将，人们尊称其为关公、关圣、关帝、关老爷。关公在年幼时聪敏机智，喜读《左氏春秋》，并练就一身武艺，可谓少年更事，文武双全。大约是而立之年时出于公义，杀乡霸而逃亡出走，先藏于今永济市水峪口里，数年后一路辗转到河北涿州，遇刘备、张飞，遂入桃园结为兄弟。从此他恪守忠义，至信至刚，乃文乃武，为匡复汉室南征北战，驰骋于东汉末年波澜壮阔的历史舞台。

弹指几十年，关公挥刀，在30余年漫长的战斗生涯里，他斩华雄、战吕布、破袁绍，屡立战功，声名远播。至不惑之年时，因帮曹操解除白马之围，被汉献帝封为"汉寿亭侯"。后来刘备取西川称蜀主，封他为前将军，49岁时被拜为襄阳太守、荡寇将军，54岁坐镇荆州，拒吴抗曹，"威震华夏"。汉献帝建安二十四年（219年）冬十二月，因荆州失守而退兵麦城，遂被害于临沮（今湖北当阳市），从而壮别人世，终年60岁，恰为甲子人生一轮回，谥日"壮缪侯"。

英雄也须有出处，然关公虽说属于空前绝后的"武圣"人物，但其家庭身世却始终不甚明晰。直到清康熙十九年（1680年），解州州守王朱旦才拨云见日，根据常平村人于昌的"一梦一砖"（即在浚修古井时发掘出关公先祖的墓砖，上面刻有关公祖、父两世的名字、生卒年月等，并且略有提到关公的家庭状况），撰写了《汉前将军壮缪侯关圣帝君祖墓碑铭》，成为早年研究关公的第一手资料。

这个千年以后的碑铭，带有浓厚的迷信成分与传奇色彩，其可靠程度到底如何，还有待于考证。但毕竟是漫漫长夜里亮起的一缕曙光，给后人的探索之路添置了一块路标。清时嘉庆版《图志·卷八》据此所绘的"隐居训子""庐墓终丧"，其释文内容就更为翔实生动：

圣帝祖讳审，字问之，号石磐，生于汉和帝永元二年庚寅，居解梁常平村宝池里五甲。公冲穆好道，研究《易》《传》《春秋》，见汉政蛊，戚畹长秋，互窃枋柄，火德灰寒，外枯中竭，绝意进取，去所居之五里许，得芬场一片净土，以《春秋》《易》训其子，数十年谢尘世轨迹，至桓帝永寿三年丁酉卒，寿六十八，葬于条山之麓。

······

圣帝父讳毅，字道远，克缵父石磐之学，笃孝有至性。及父卒，即窀穸于所著读书处，仍先志也，擗踊号泣，庐墓终丧，至桓帝延熹二年己亥始归居焉。

根据此说，关公的出身大抵应属于文人世家，至少也是半耕半读。其祖父关审学识渊博、饱经世故，崇尚老庄、信奉道教，所以逢乱世而退避，劳作之余诵经读书隐居训子。儿子关毅春风化雨，潜移默化，继承父学，恪守封建礼教，父亲死后终庐守墓三年，于桓帝延熹三年（160年）生关羽。关公延续家风，长成后娶胡氏为妇，于灵帝光和元年（178年）五月十三日生子关平，使关家香火后继有人。

记载如此之简略，就像如今的一张履历表，一目了然。而陈寿夫子作的《三国志·关羽传》，按说应是权威之作，却仅仅958个字，简单得让后世的史学家无法再进一步了解其生平。即使较为翔实的《关帝志》，充其量也不足一万字，而且已是清朝人的作品了。难怪作者在开篇中这样写道："陈寿作史，正统茫然。紫阳论定，大义昭宣。以蜀继汉，纪月编年。循兹成例，载籍可传。"

岁月如流水一般无情，即使是现实中，任何人与事的发展，都是稍纵即逝、顷刻即化为历史。除了如今可利用现代化技术录制成影像外，谁又能一丝不差地还原与复制过去的事？何况我们追述的是距今已1800多年的东汉末年时代的历史。而且关公的史料多为后人挖掘整理而成，到底与历史上真实的关公差距如何，可能已成为一桩永久的疑案。作为先贤的后继者，对于举国景仰的人物，我们只能是沙里澄金，尽量还原给大家一个真实的关公形象。

关公生前只是一名武将，然而死后为何声名鹊起，封号越来越响，地位不断升级，耀光炳灵、赫著千古，显当时而神后世，让诸多历史人物望尘莫及？这是因为关公的所作所为与他的性格品质，符合了中国文化的需求：他对国以忠，待友以义，处世以仁，作战以勇，做人以信，英武盖世、绝伦逸群，故而受到世人的尊崇。尤其是他与刘、张的"桃园三结义"，更是将一个"信"字推上了至高无上的境界。虽然带有浓厚的封建宗法色彩，也不乏政治集团的共同利益，但他践诺守信，对于友情矢志不渝、至死靡它，以行动谱写了一曲千古绝唱，成为普世华人的道德偶像。

也正是如此，才会有他的结拜三弟张飞，当闻听二哥遇难后涕泗滂沱、肝肠寸断，昼夜酗酒、怒鞭部下，从而埋下杀身祸端，在接到伐吴之令后未待出征即被帐下张达、范强杀死。而大哥刘备也因一时义愤，仓促伐吴导致失败而白帝托孤……关、张、刘在短短时间内相继归天，正应了"三结义"时"不图同生但愿共死"的悲壮誓言。

追问苍天，如果一个人连自己最宝贵的生命都可以拿来与他人共享，那么还有什么东西不可以抛弃呢？单凭这一点，关公就足以让以"忠义"为本的中国人感恩涕零、没齿难忘，也才使得关公能够名垂千古、万世敬仰。就连美国人类学博士焦大卫先生都赞不绝口："我尊敬你们的这一位大神，他应该得到所有人的尊敬。他的仁、义、智、勇的品格，直到现在仍有意义，仁就是爱心，义就是信誉，智就是文化，勇就是不怕困难。上帝的子民如果都像你们的关公一样，我们的世界就会变得更加美好。"

人世间没有无缘无故的憎与爱。正是因为关公具有中华民族历来所尊崇的人格、道格、武格和文格，符合中国传统的三纲五常、四维八德，所以才会在国家崇拜与民间信仰里地位崇高、万世不朽。明清间一度遍布全国的关帝庙宇，使刘备、曹操、孙权这些三国时代的其他风云人物黯然失色。清代的史学家赵翼，对这种现象也颇为不解，他曾历数关羽崇拜的过程，并道："神之享血食，其盛衰久暂亦皆有运数，而不可竟料者。凡人之殁而为神，大概初殁之数百年则灵著显赫，久则渐替。独关壮缪……今且南及岭表，北极寒垣，凡妇女儿童，无有不震其威灵者，香火之盛，将与天地同不朽。"有如此乡人，我们怎能不感慨？遂作一首《念奴娇·关帝庙》：

傲对中条，盐湖小、天下谁与同高？依仿帝苑，人道是、前院后宫外朝。陨石沧桑，牌坊画雕，麟阁飞檐翘。千年不衰，堪称关圣祖庙。

遥想当年云长，仁勇曜日月，孤光自照。桃园结义，凤眼笑、抚须回首望刀。过关斩将，温酒弑众枭，威震江表。天下三分，称道河东英豪。

2 庙宇中的关公

庙宇，是人们祭祀神灵最具体、最直观的载体。咸丰为关公题写"万世人极"匾额，供天下关庙悬挂。在中国众多的关帝庙中，有五座最富有纪念意义，除成都关公当年的衣冠冢庙在岁月的流逝中销声匿迹外，另外四座，即解州关帝庙、常平关帝祖祠、洛阳关林、当阳关陵，依然在向人们讲述着关公的故事……

庙宇是人们旧时奉祀祖宗、神灵、佛祖或者前贤的地方，也是人们祭祀或者缅怀的最具体、最直观的载体。关公死后，在经过由人而神、而帝、而圣的过程后，建庙就成了必然的事情。尤其是在清朝末期，随着关公被升格为护国之神，全国各地供奉关公的庙宇规格也是不断提升，无论是京都还是城乡边疆，其规格等级之高可与皇宫及皇陵相提并论，民间建庙设祠的热潮更是不断，显示出其华夏第一"神"的至高地位。明时徐阶在其《重修当阳庙碑铭》中这样写道：

> 昔韩昌黎（韩愈）推崇孔子以为祀，而遍天下者惟社稷与孔子为然。（至于关公）其褒赠之典，代以益崇，而庙祠亦遍天下，与孔子等，何其盛也。自古有功德于人者，死则必食其报，然其功德有及有不及，则其庙祀亦必因之。

这话说得明白也得体，即前世"有功德于人"的人，死后"庙祀"也因其功德多寡而盛衰。大约正是如此，所以在全国性的各种神灵崇拜中，关公的庙宇遍及全国，香火千年不衰。难怪清朝时有人就曾提出过这样一个问题：中国什么庙宇最多？对于这个问题，美国匹兹堡大学社会学系主任杨庆堃虽没有做出正面表述，但在他的专著里这样述评道："在当时全国性的人格神崇拜中，没有比关羽更突出的了，关帝庙遍及全国。虽然这位3世纪的武将是作为战神而被西方所熟知的，但就像大众信仰城隍一样，关公信仰起到了支持普遍和特殊价值观的作用。"

俗话说："县县有文庙，村村有关庙。"各府道州县也都建有武庙，从而使关帝庙成为中国数量最多、普及最广的庙宇，而关公崇拜从此也深入乡村里社。美国学者在华北进行调查时曾指出，关帝庙是"国家信仰与乡村里社的结合点"。明朝时，朝廷对关公就极为虔诚，像故宫中的宝善门、思善门、乾清门、仁德门、平台之西及皇城各门，皆供奉关公之像，而且京城九门的月城内，亦都建有关帝庙。清王朝时更是登峰造极，翻开京师乾隆地图，密密麻麻的关帝庙比比皆是，数量至少在200座以上，就连有"万园之园"尊称的圆明园中，老佛爷也要建造几座关帝庙，难怪市井里流传说："户户敬关公，关庙遍北京。"

这种现象不仅仅在都城或者中原如此，即使在我国少数民族聚居的边远地区以及侨居海外的华夏儿女，也都毫不例外地建关圣庙，把关公作为万能之神竞相拜求。即使在台湾这座只有2000多万人口的宝岛上，信众至少有

800万余人，几乎各家各户都为关公设香案、立牌位、挂圣像，远远超过了他们最崇奉的神祇妈祖。而日本，早在清代时就建有关帝庙，且气势壮观不凡，为海外关庙规模最大。

是的，神话传说和定期的仪式活动，激励着百姓对关公保持虔诚的崇拜，使关公信仰得以不断延续，历经千年始终保持着其在民间旺盛的影响力。这种现象称得上是一个"吉尼斯纪录"，而且将在很长时间内不会被打破。因为中国神灵数量之多、领域之广，恐怕是其他国家难以望及项背的。所以，如果谁在中国的神堂里坐了"头把交椅"，那么在世界上也就肯定是独一无二的了。如此而论，关公登上神祇大位，是众望所归、当之无愧了。明朝储权在其《泰州修庙记》中这样评述道：

古之英雄壮毅之士，或以劳定国，或以死勤事，或御大患、捍大灾，其殁也，被其赐者，则相与祠而祀之。大者都，小者邑，究其所及而止尔。若夫肇于一方，遍于天下，则未有如关将军汉寿亭侯之修者也。

如此关庙为天下庙宇之最，当是无疑的，那么最早的关庙建于何时何地呢？据现存明万历二十四年（1596年）《重修关王冢》碑载："洛阳县南门外离城十里，有关王大冢，内葬灵首，汉时有庙，及今年久毁坏。"设若碑载所言属实，汉时就建有庙堂，应为关公逝世不久，当是最早的庙宇了。不过自关公殁后，虽然历来被世人尊为"武将虎臣"，但是天下建造庙堂的并不多，除去还略有"嫌疑"的洛阳关王冢庙外，见诸文献记载的就仅有玉泉关庙、解州关庙和常平家庙三处。

现存最早的"关公显圣"的记载，正是《全唐文》所辑董侹《荆南节度使江陵尹裴公重修玉泉关庙记》："荆南节度使工部尚书江陵尹裴钧曰：'政成事举，典从礼顺，以为神道之教。依人而行，攘彼妖昏，佑我蒸庶。而祠庙堕毁厥悬断绝，岂守宰牧人之意耶？'乃令邑令张侦始经其事。"由此可见，玉泉修筑庙宇祭祀关公之事久矣。当然，玉泉山是关公遇难的地方，解州是关公的祖籍之地，常平是关公的故里乡所，修建关帝庙是天经地义、合情合理的。不过全世界能有如此众多的关帝庙，在我认为应感谢一位老人，他就是曾与关公有着不可割舍因素的曹操。

这也许是大家不曾预想到的。据《三国志·武帝纪》载："建安二十五年春，（操）至洛阳，权击斩羽，传其首。"当时曹操在洛阳，已是66岁高龄，且正在大病之中。你想曹操是何许人也？当他接到孙权从当阳送来的关公首级，一眼就看穿了东吴"嫁祸于人"的诡计。重情义爱人才的曹操，也许感觉到了自己将不久于人世间，于是以王侯之礼厚葬关公，从而留下如今的关林庙祝。而当年正月二十三，在关公被厚葬月余后，曹操即离开人世，走完了他令后人难说爱与憎的一生历程。

在等级森严的中国封建社会，死后安葬的墓穴也有高低贵贱之分：百姓之墓称坟，王侯之墓称冢，皇帝之墓称陵，圣人之墓则称为林。因为关公与文圣孔子齐名，谓之"武圣"，所以安放关公首级的地方，也名正言顺地称为"关林"。假若你有幸踏访洛阳关林，则可见上书"汉寿亭侯墓"的明代所建石坊和被清朝康熙帝敕封为"忠义神武灵佑仁勇威显关圣大帝林"的碑亭，颇显一种皇家园林的非凡与壮观。现在看来，厚葬关公也许是曹操一生里做的最后一件好事。设若当年曹操昏了头脑，不在洛阳以王侯之礼厚葬关公首级，恐怕孙权也就不会感到后怕，也就不会以王侯之礼在当阳安葬关公身躯，如此而论，恐怕也就不会有如今遍布世界各地的关帝庙宇了。

关陵坐落在湖北当阳城西，面临沮水，与景山遥遥相望。宋代以前，关陵只是一座林木掩隐的土丘，直到明成化三年（1467年），当阳知县黄恕上书朝廷，恳请为关公立祠建庙，得到宪宗恩准，这才大兴土木，修堂建殿，形成庙院规模。如今陵园山门仿古汉而建，进山门迎面为神道碑亭，竖立着一通清道光十年（1831年）的石碑，正面镌刻二十四字："忠义神武灵佑仁勇威显关圣大帝汉前将军汉寿亭侯墓道。"仔细品读欣赏，墓碑写满了沧桑与崇敬。

谁为历史做出了贡献，历史就会将他记入史册。也许由于玉泉寺住持慧珍的关注，才使得关陵里留下了佛教的诸多印记，也留下了今日关帝庙内的佛堂、斋堂等建筑，更留下了中轴线尽头的关公古墓。如今看去，墓顶古木参天，绿荫蔽日，墓前的祭亭柱上，有一副石刻楹联："群山拥神宅，拯土涵太虚。"很有几分诗文气。令人遗憾的是，玉泉关庙早已荡然无存，只有一块石碑和一通望柱依然巍立，似在向人们述说着曾经的风风雨雨。而石碑和望柱上分别镌刻的"最早显灵处"与"关云长显圣处"的字样，在夕阳的照射下显得是那样的神秘而肃穆。

也许天下最辉煌的事物，即在于有冷漠的东西陪衬才更能显得灿烂。据青藤居士徐渭的记载，尽管关公的庙宇铺天盖地、无处不在，但是有三处例外，即吕蒙的故乡江苏常州的吕城，山东信阳市黄巾寨及周围"一溜十八乡"，颜良的故乡河北正定的辛城堡村。相传这是因为关公曾经斩杀他们的先祖，成为他们心中永远的痛。当然这只是万顷波涛中的一朵浪花，因为关公庙宇数量之多，远远超出了其他神灵的供祠。

常言道：亲不亲，家乡山水故里人。作为关公故里的山西省，更是"近水楼台"，关帝庙遍布全省各地，仅现存的就有百余处之多。而论起气派大、名头响，称得起世界上"关庙之最"的，当仁不让要属运城解州的关帝庙。还有那深藏在常平村氤氲之中、举世唯一的一座关公家庙与祖陵。难怪中外的朝拜者川流不息，其底蕴已融入中华传统文化的血液中，与人们的生活息息相关。

解州关帝庙，南面条山，北临盐池，创建于隋开皇九年（589年）。走进庙里，只见庙宇宏伟壮丽，楼坊亭阁鳞次栉比，古柏参天，可谓大气磅礴。也许是被称帝之故，因而与帝宫相仿，周围筑以高墙，饰之以黄瓦红垣，彰显帝庙之尊。登楼凭栏而望，整座庙宇拔地而起。放眼望去，条山飞翠，湖光潋滟，农舍栉比，田园如画；回首眼前，古柏参天，殿阁嵯峨，祥云飘绕，瑞烟笼罩。帝庙的百般胜景，万千气象，尽在俯仰之间。

行不远处，可入常平村内关帝祖祠，据说为关公出生之地。追溯其创建年代，大体与解州关帝庙相仿，起初以庭院为主，至金代时形成庙宇，因其曾为宅院，故人们称之为家庙。后来随着历代封建帝王对关公的逐级加封，家庙也在不断的扩建和重修中日益完善，到清代已基本形成了现在的规模。难怪海外华人华侨来到这里，大都激动得热泪盈眶："我们终于找到了祖地，这才是真正的关庙呀！"庙南古柏苍翠，石碑林立，是为关公的祖陵，许多人专程来到此处，用红布包起一撮圣土，带回去作为真神祭拜。

如此再论，开始的命题已经不言自明，答案也不言而喻：千秋忠义第一人的武圣关公，为中国神明中享祀祠庙最多的一位。而且纵观我们华夏文明的底蕴，若用心灵去感悟，就会发现一座关帝圣殿，就是那方水土的民俗民风深层次的展示；一尊关公圣像，就是千万民众的道德楷模和精神寄托；一块关公的青石古碑，就是一个感天动地的忠义教案。

关帝家庙中的旧物，尚存有几通古碑，对于关公千百年来香火的稠稀，也许它们更有资格来做见证。虽然跟孔子庙并行天下，但是孔子庙观一般郡县才有，而关公的庙则"上自都城，下至墟落"，无处不在。究其原因，正是因为关公作为忠义的化身，早为百姓家喻户晓，所以关公才会不分儒、释、道信仰，均尊其为神灵，也为全中国甚至是全世界留下了最多的庙宇。难怪明时韩文在其《正德修庙记》中慨然写道："嗟夫，自开辟以来，固有为神而祠祀者，孰能如王，近而都邑，远而遐荒异域，虽庸人孺子，皆能知王之姓名，慕王之忠义。"

历史已经过去，岁月还在流逝，关帝庙虽说走过了一千余年的步履，但依然以古朴的胸怀，迎接着来自海内外的信众与崇拜者，成为华夏文明中一道亮丽的风景线。诚如明代汤沐《谒解州庙》一诗赞云：

当时谁得似骁雄，早识刘公在眼中。誓死肯教移厚待，辞婚直欲表孤忠。糜芳自作开门计，章武终成鼎足功。四海只今多庙貌，英灵还属旧河东。

3 风水中的关公

所谓"圣乡"，即圣人出生的地方。在历代文人与统治阶级的渲染下，圣乡的风水与圣人的出生，都有着与众不同的地方。关公的家乡确实别具一格：耸立于黄土高原上，坐拥在黄河的怀抱里，又有条山侍卫、盐湖哺育，因而极具风水灵韵，历来被誉为华夏之祖、炎黄之根、中国之本、帝王之乡……

我不懂得风水堪舆，风水学祖师爷郭璞诞生在我们家乡河东，距关公故里仅有数十里之遥。何谓风水？辞书介绍得详略得体，是中国古代先民在与自然相处和考察协调的过程中，逐步形成的一种远古的科学。其本义大约为：风有滋生、繁衍之义，度越、散发之形；水则比喻绵绵流长。所以风水就有生长、发展、传承不绝之意。具体说来，山脉走势、江河流向、方位朝揖等，便是地理之风水，也正是古代中国风水"堪舆"学的含义。

应该说我们的先贤是伟大的，用自身的实践为后人探索出生存路径，以利于子孙后代的生存与繁衍。风水的根本含义和目的，就是协调、融合人与自然的关系，培植环境与精神的活力及生命力，从而为自身和后代寻求更好的发展环境。正是按风水学的定义，将天地人文结成了一个整体，从地理气候的长期感受中，抽象出了古老的哲学精髓：有了风才有了土（黄土高原由风吹沙土而形成），有了水才有了人（女娲在河水边以土造人），从而构成了和谐的人类社会。

我们沿着这条并非迷信的路径走去，就会发现人的生理身体、心理性格与其休养生息的地域有关。气运血脉，人生朝暮，构成了人体内的风水场，而山与水的分布，地理走势的经纬方位，对于人的生理与心理的形成，都有着千缕万条的因果关系。就中国而言，南方多水少山，因此南方人长得秀气，身材瘦弱，头脑精明，心思细密；北方多山少水，因此北方人生来粗拙，身材魁梧，性格豪爽。于是南方多才子、多佳人，北方多战将、多武士。

不信吗？仅以东汉末年的三国时代为例，黄土高原上的大河东（泛指山西）一带，著名的武将就有关公、张辽、徐晃、毌丘俭等，他们都具有忠义、勇武、正直和坦荡的胸怀。其实蕴藏在这些山西汉子骨子里的舍生取义、知恩图报、忍辱负重、宁折不弯等性格因子，不正是中华民族的基本特质的具体投射吗？

一条黄河，将华夏文明带向了遥远的时代，也将她的子女们哺育得粗犷豪放、大义凛然。这条素有"九曲十八弯"之称的大河，在经过长途跋涉、屡遭曲折，顽强地撞向太华山后，喘息着却不屈服，扭头中原向东海流去，留给世人的只是大浪东去的荡气回肠。是偶然也是必然，关公就孕育在这个极具神奇的转弯里，尽管小山村略有些偏僻，但是依然不改"壮士割腕"的沧浪之气。

风水之意莫大，"风水"无处不在，那么风水与人文有什么关系呢？俗话说得好：一方水土养一方人。关公之所以能够由人而神、而帝、而圣，与其自身的性格有关。而关公性格的形成与发展，与其诞生于河东这片土地上割舍不开，因此并不是一个偶然、孤立、静止的现象。也许当你熟知了河东的地域环境与人文积累的信息后，对此就会不足为奇，而对风水学也会有一个全新的理性认识。

在人类的发展史上，有时候在最平凡、最常见的事物现象中，却总是隐含着最深刻、最淳朴的哲理元素。中国先民在上古时代就发现了"五行"并为之立说，于是用天地间最单纯易见的五种元素"金、木、水、火、土"，解释了整个世界。并且在整个人类社会的发展过程中，这"五行"从物质到哲学层面，皆被中国人解释、发挥得淋漓尽致，而所有这一切，都完全是初民们直觉、实践探求的结晶。

如果你仔细地观测一下我国国土分布的颜色，就会发现一个极有趣的现象：黄色与厚土构成了华夏民族的基本底色，也成就了黄土高原的中心地位。土为万物之本，水是万物之魂，正是黄土高原的浑厚朴实与黄河的宽阔深远，培育了华夏民族最早期的文化，也成为华夏民族的温馨摇篮。早在亿万年前，黄河岸边的中条山下就有了人类的雏形，被中美科学家定名为"世纪曙猿"，比"人类起源于非洲"之说，还要早1000多万年。

风水的凝聚，奠定了运城的根祖之地。在180万年前之时，我们的祖先已在这片土地上繁衍生息，距圣乡常平不足30千米的西侯度，就留下了全世界最早与唯一的人工取火的遗址。火的发明与运用，成为一种重要的生产手段，不仅可以围攻和猎取野兽，而且也引发了最初的火耕农业和原始手工业，从而结束了人类茹毛饮血的蒙昧时代。我们是否可以做个推论，如果那"最早与唯一"的结论能够成立，足可成为人类文明进步史上不可磨灭的里程碑。

行进在古老的河东大地上，一如穿行在华夏文化的迷宫和历史的隧道之中。中国神话中的诸多神灵，如开辟天地的盘古、创造人类的女娲，以及嫘祖养蚕、舜耕历山、禹凿龙门、后稷稼穑等史前传奇，都能在这块土地上找到踪影。直至夏启时代，更成为中华民族先祖们兴邦建国的舞台，从此揭开了华夏文明发展史的序幕。正是我们脚下的这块土地，在五千年的历史长河中，谱写着中华民族根祖文化产生、形成到发展的壮丽诗篇。

如果你以一颗赤诚的心，一种博大的胸怀，以文理兼通的非凡智慧仰观宇宙万象，俯视人类古往今来的风云变幻，那么就不难发现，河东古老的文化养育了无数英雄：春秋霸主晋文公，战国纵横家张仪，汉代史学家司马迁，晋代风水学祖师郭璞，隋代哲学家、教育家王通，唐代文学家王勃、王维、柳宗元、名相裴度、名将薛仁贵，宋代名相、史学家司马光，元代戏曲之祖关汉卿，明代理学家薛瑄，清代"戊戌变法六君子"之一杨清秀等。

守着极好的风水，背负条山苍龙，怀抱盐池银凤（在风水学上，山为龙，水为凤，而运城市古称凤凰城），将自己的微薄之力毫不保留地奉献给了国家，奉献给了民族。如此，蜀汉名将关公出生于此，一点儿也不令人感到奇怪。其实，中国历史上第一个被封作圣人的，并不是孔夫子，而是商殷时代的贤相傅说，他不仅帮助商朝实现了"武丁中兴"，而且发明了建筑学方面最原始的"版筑法"，因而被称作"版筑之父"。

可见在这充满智慧与神奇的圣乡，王者、帝者、圣者早已有之。且尧都平阳（今临汾）、舜都蒲坂（今永济）、禹都安邑（今盐湖附近），此后夏都安邑、魏都芮城、晋都古绛等，也都印证了"帝王之都曰中"的哲言。那么后世关公被封王、封帝、封圣，是否与这些前贤古仁有关？现在已无从查考，但是根据风水学的内涵，文化素来是一脉相承的。只是长期以来，人们对于风水学的认识，总是徘徊在科学与迷信之间。那么简单地分析风水的构成，见解就显而易见：气动生风，气凝为水，宇宙天地间唯气而孕育万物。这个简单的原理，贯彻于一切事物的过程之中。现在我们借助这个"卫星遥感器"来测控一下"圣乡"之神奇土地，就会有一个清新的认识。

外滨澎湃的黄河水，内恃延绵的中条山，自古就被称之"表里山河"。如果从航拍的角度来看，这个转弯处很是特别，黄河与汾河交汇处称作"脽"。我们暂且不评说它到底像什么，但不容置疑的是，这里实实在在是华夏民族众多根系中的直根。试问这种奇异现象，至今哪块圣地能与之媲美？

近日与一位黄姓朋友聊天，他说了一句非常普通却很有哲理的话：只有与众不同的现象，才会有其特殊的证据效果。这话很给人启迪，当你走进圣乡常平，就会发现这里确实有着与众不同的神奇现象：面临神稷，背负中条，虞坂峙南，鸣条踞北；远则大河环卫，近则二水交荥。俯瞰龙潭，万顷琼瑶夺目；仰瞻云岭，千峰翠锦如屏。地不爱宝，池献其祥，国赋斯充，民财以阜，是三藩之都会，实两海之咽喉（所谓海，即指盐池，古称海隅）。

南出运城，满眼的流岚、青霭、云光，似烟似雾。隐约的中条山，宛如一条不见首尾的苍龙。路边是碧波荡漾、雪野无垠的盐池，恰似一条玉带飘落在中条山的脚下。广阔的湖内盐硝如雪，银光闪闪，一望无垠，因而人们又形象地称其为"银湖"。初唐著名文学家柳宗元在其《晋问》里，对故乡的盐池进行了这样的描述："无声无形，熛结迅诡，回眸一瞬，积雪百里……乍似陨星及地，明灭相射，冰裂雹碎……晋宝之大者也。"

有史迹在，文化就不会萎缩。盐湖是我国现存最古老的盐池之一，远比江浙的海盐、川蜀的井盐要早得多，其"天日晒盐法"举世首创。盐池春秋时属晋国的解梁城，汉时因在解县境，故又有"解池"之称，新石器时期已被开采利用，为历代帝王府库重要财源之一。汉武帝、汉章帝、唐太宗、清康熙等数位皇帝曾驾临亲巡，包拯、欧阳修等重臣名宦亦曾驻节经营，而且留下了许多传奇故事。宋代著名科学家沈括在其《梦溪笔谈》中这样写道："解州盐泽，方百二十里。久雨，四山之水悉注其中，未尝溢；大旱未尝涸。卤色正赤，在版泉之下，俚俗谓之蚩尤血。"

盐湖由蚩尤血演绎而来，虽属远古传说，灯下读犹深以为美。当然传说虽非历史，但是盐池古已有之，而且开发利用可追溯到黄帝时代。《路史》注释说：今安邑东南十里有盐宗庙，吕忱也云黄帝的臣子宿沙氏，是煮盐之神，谓之盐宗，尊之也。由此可见，人类最早敬奉的盐池神是宿沙氏，曾建庙祭祀，现今安邑东的庙村尚在，只可惜庙址已荡然无存了。不过遗迹虽逝，历史长存，废墟掩埋不了曾经的真实。今人拟古，自有不俗之处，关公出生在这样的地方，继而成神、成圣、成帝，当然也就顺理成章了。于是满怀虔诚作《洞仙歌·盐湖》词，是对祖宗风水之地以颂之：

风流云散，晓破中条山。绿野千畦碧波闪。红霞过，引来鸥鸽万点，芦荡摇，谁涂百里画卷？

寂寞独倚栏，素水淡烟，杨柳枝翠正暑天。却见雪堆连片，回首望祠，池神颔、晒卤为盐。叹甜姑衔命变哑泉，蚩尤血泪染，虞舜歌传。

4 时势中的关公

在中国运城盐池旁边，一座普通而寂寞的村落，居然能够与两千多年前的朝代对接，映衬出当时的社会背景来，这不能不说是一种名人效应，圣乡常平便享此殊荣。让我们走进关帝家庙，从关公一手秉烛读《春秋》，一手横刀傲视群雄的英姿中，去寻找东汉末年残缺的影像……

身沐山风，品味词韵，咀嚼传说，在悠悠白云的陪伴下，穿过盐池，顺着池南的公路就会来到关公故里常平，古称宝池里下冯村。何谓宝池，即盐池，因池内盛产千年不衰的宝物潞盐而名之。依据科学的观点来看，盐池是由于造山运动和地壳变化，使中条山北麓造成断裂之势，出现了一个狭长的凹陷地带，从而才逐渐形成湖泊。不过谁也不会想到常平，这个坐落于盐池旁边的小村庄，自此会成为以后中国历史上几千年都不会被遗忘的地方。而解州规制宏大的关庙，以及山西运城丰厚的文物遗迹及传说，都能解析盐池与"关公"的不解情缘，可以清理出关公何以超越三国时代，成为国家神祇的丰富内涵。

人类的诞生，是一个极复杂而且漫长的时代，不过自从诞生了人类以后，这个看似不起眼的山麓盐池就再不曾消闲过。因为作为生命拥有者的人类对盐有着必不可缺的需求，所以在有了生命意识后的人类，对盐的占有和掠夺就不曾停止过，传说中华夏人文初祖黄帝与战神蚩尤逐鹿中原、大战于此地，即缘于这个原因。西汉"盐铁专卖"以后，这里作为中央财政的支柱，意义更加彰显，以致明代前期盐池周遭建有"禁墙"，并由京城锦衣卫对此守护。

阳光从天空淡淡地洒落下来，化作略有咸味的风。在史学家和考古学家们看来，历史是探索过去和感知未来的最明亮的眼睛，然而在旧中国，对芸芸众生来说，历史只是一张张永远翻阅不完的由兵燹、战乱和灾荒组成的画卷。翻阅这幅深藏于故事深处的画卷，逝去的图景就会逐渐明晰起来。对于了解中国历史的人来说，常平实在只是一个最平淡、最朴实，也是最有特殊意义的村落。它南依条山苍龙，北抱盐湖银凤，不足千人的村落，享受着山仁水智的熏陶，孕育出了中华民族最为奇特的人物。

解读历史，说到底就是对历史的还原。只要把历史翻回到公元160年，面对着这个小村落，你便可以追溯到那个时代一系列雄伟而生动的历史事件，令人称奇。不过在旧时繁杂喧嚣的中国社会里，常平这个坐落于盐池边上的偏僻小山村，倒是显得与世无争。中条山的倒影将它遮得严严实实，山色笼罩了整个村庄。在静谧的巷道屋舍旁，鸡鸭们悠闲地寻觅着食物。银湖里泛起来的岚气，沿着巷道无声地流动，静静地向着田野里散去，似乎将时光也带向了遥远的岁月。细细琢磨，你会发现小村落里人的心灵气质和行为举止，在很大程度上影响着中国文化的进程。

也许，正是在这个躲藏于山水一隅的村落，借助东汉末年社会变迁之势，孕育了叱咤中国历史风云的关公大帝。人们对关公充满敬仰，有着多方面的原因：诸如他那矫健美髯的体魄，他那忠贞不渝的性格，他那宽仁厚德的美德，他那义薄云天的品质。也就是说在世人的眼里，关公无论是外貌形态，还是内在气质，都表现出了与众不同的独特性。也许按中国人对传统道德审美的标识，关公就象征着人们心目中的神圣与人生征途上的坐标。而这一切，都源于盐池边上这样一个神奇而朴实的村落，而这个村落诞生了人们万代景仰的关公关云长，因此我们造访常平故里，须有虔诚之心。

品味着传说的韵味，我们怀着崇敬之心而入庙堂，登钟楼而南望，是半隐在浓浓飞雾中的中条山。清风闲，山如画，腾云似涌烟，浮岚间的云山只有在遥瞻中才尽显它的美，绕着那口锈迹斑斑的大钟，是一种沧桑的感觉。传说关公显圣敲钟，其声洪亮若雷鸣，连京城的皇帝都能听到。如此雷人之语，无非是为古钟编织的神话，不足为信。不过据说舜帝那首为人传诵不衰的《南风歌》："南风之薰兮，可以解吾民之愠兮；南风之时兮，可以阜吾民之财兮。"就是由此处弹咏而传诵于世的。

人杰地灵的俗语，也许应有历史的依据。因此用人类学的眼光来看，地杰人也就灵，不过人灵也需有势，正所谓时势造英雄。中国是一个神奇而灵透的地方，故历史上不乏英雄人物，只是多诞生于动乱年代。东汉末年是一个多事之秋，多事之秋最容易"生产"英雄。也许正是这个在中国历史上最为黑暗、最为动荡的年代，朝廷式微，诸侯割据，宦官内戚们"你方唱罢他登台"，却让关公登上了中国历史舞台，并且在以后千百年的祭祀中逐渐走红而经久不衰。

天时地利人和，是中国文化最根本的内涵，因此人们常常以此作为衡量一个朝代，或者一个人物是否成功的标准尺度。在中国历史上，汉朝是一个特殊的朝代，东、西两汉相加长达 426 年，其间经历了纪元的建立。有道是胜者王侯败者寇，细数汉朝历史，从高祖刘邦斩白蛇起义的崛起而一统天下，传数代而势衰。后来光武中兴，直到献帝刘协的衰亡，刘氏王朝一直主宰着大汉民族的兴衰起伏。尽管中间曾有过"王莽篡权"之说，但是毕竟流水东逝，瑕不掩瑜。当然这个曾经铁定的"历史说法"，现在看来已经不合时宜，就说王莽所夺得的西汉皇权，不也是汉高祖刘邦战败项羽，从人家秦二世手中得来的吗？怎么刘邦夺得就是天意所为，就成了开国皇帝，而王莽却成了篡位者加伪君子呢？

不过不论是高祖刘邦，还是光武帝刘秀，是篡权还是继位，最终都还是与王莽一样，辉煌的王朝也是以喜剧登场开始，以悲剧衰亡告终。只是他们怎么也没弄明白，自己英雄一世，其后人汉献帝刘协，窝窝囊囊地被人要挟，成为一个任人宰割的傀儡，过着生不如死的宫苑生活。在还没有弄清楚到底是帝君还是臣子的状态下，就被曹魏政权了结了他的皇权，被封为偏安一隅的山阳公，再后来的结局众所周知。黄宗羲说，帝王之害，近者祸及自身，远者祸及其子孙。这话是有几分道理的，刘邦与刘秀听之，也只得黯然神伤。

事实上，当历史还未蹒跚到献帝时代，汉朝就已经开始衰落，致乱的起始应在桓、灵二帝时。自光武帝刘秀南阳起兵剿平王莽之后，东汉政权传十代至桓帝刘志手中。由于他昏聩无能，远离贤良，重用宦臣，又身后无嗣，从而为朝纲式微埋下了祸根，36岁呜呼驾崩后，以解渎亭侯刘苌之子刘宏为螟蛉继承帝位，史称灵帝。其时灵帝年方12岁，虽有大将军窦武、太傅陈蕃等人辅佐，却遭到宦官曹节从中作梗，导致朝政令不通、有禁不止。就在两辅宰商议如何将曹节除掉时，不曾想事情败露反为其所害，落了个鸡飞蛋打的下场。从此宦官们更加肆无忌惮、飞扬跋扈，因而引发了黄巾军的起义。

波翻云涌、大浪淘沙，此时的朝廷早已是名存实亡，疆土四野烽烟迭起，天下有志者纷纷争当真正英雄，钩心斗角、尔虞我诈的事情更是不胜枚举。不过加速东汉王朝土崩瓦解的还有一人，是个穷凶极恶、擅权专横的乱世奸雄，名叫董卓。这个人性情刚猛、膂力超强，能左右驰射又善结交英雄，曾屯兵运城做过河东郡守，后因镇压黄巾起义军有功升任并州牧。

董卓的野蛮、凶狠、残暴，在中国封建社会的历史上是绝无仅有的。他的倒行逆施，造成了东汉末年政权的混乱局面，对当时的社会带来了极大的破坏，百姓对其恨之入骨。所以当他被吕布一矛刺中咽喉后，勇士们即刻割下他的首级，在其肚脐上插入灯芯，把尸体当作蜡烛点了"天灯"，落得身败名裂的可耻下场，也正中了"善有善报，恶有恶报"的千古谶语。

汉语言丰富，是其他语系难以相比的。有句话就说得很有道理，正说是"时势造英雄"，反说则为"乱世出枭雄"。也许正是东汉末年帝君昏庸、朝政腐败，形成了"天非时，地无利，人不和"的特殊环境，才给"借势而起"的各路英雄提供了用武之地，因此也应了"沧海横流，方显英雄本色"的俗语，从而打造出了诸如刘备、曹操、孙权、关公、张飞、赵云、诸葛亮、周瑜、鲁肃、袁绍、吕布等一大批乱世英雄人物，给予了中国历史一个让国人难以忘怀的三国时代。

当然这些朝廷国政的事儿，与乡村是没有多大关系的，尤其是美丽富饶的河东一带，在那动荡的岁月里，依然是山清水秀、温馨而柔和的。常平村旁的中条山脚下，牛儿依然在山坡吃草，蜜蜂儿照样在花蕊里采蜜，虞坂坡上的盐贩子们依然在"假虞伐虢"的古道上，源源不断地向中原输送着老百姓必不可少的七味之首的盐巴。

可以肯定地说，在这众多的背影里，就曾有过关公与后来给他牵马执刀的周仓，因为那时候他们已近而立之年，而且都曾在盐池里贩盐拉硝"打过工"。不过他们很快就走出了这片土地，踏上了风云漫卷的中国历史舞台，成为最为传奇的人物之一。现在看来，志存高远又心怀天下的关公成为英雄，不仅仅是社会造就的原因，也与其自身的素质密不可分，这就是他不仅善读《左氏春秋》，而且深得"春秋大义"的根本宗旨，故为儒道所折服。所谓"春秋大义"，孟子在其《滕文公下》中说得明白："世道衰微，邪说暴行有作，臣弑其君者有之；子弑其父者有之。孔子惧，作《春秋》。……孔子作《春秋》，而乱臣贼子惧。"

生活在这一时代的关公，坚持为民除害，为国效力，匡扶汉室，矢志不渝地追求"春秋大义"，积极参与到社会潮流中，谱写了一曲可歌可泣的忠义之歌。他眼见皇帝昏庸天下大乱，群雄纷起诸侯林立，朝已不朝民怨沸腾的社会局面，既有一身武略，又胸怀"报效国家"的志气，怎能坐视不理而不拔刀相向呢？所以说，关公之所以能够成为英雄，是与所处东汉末年的这个时代决然分不开的。借用罗贯中先生《三国演义》的开篇之词《临江仙》，略略更改几个字，权且记述当时常平村的乡景如下：

滚滚黄河东逝水，浪花淘尽英雄。是非成败转头空。条山依旧在，几度夕阳红。

白发盐翁虞坂上，惯看秋月薰风。一曲蒲腔喜相逢。古今多少事，都付笑谈中。

5 演义中的关公

一部《三国演义》，成就了关公半世英名，也奠定了罗贯中在中国文学史上"大师级"的地位。继承和发展民间的创作成果，是《三国演义》取得辉煌成就的一大主要原因，也是罗贯中一生的巨大贡献。关公作为《三国演义》里的一个主要文学艺术典型，其形象的成功塑造，无疑也是得利于此……

回首而望，中华民族繁衍的五千年的文明，抒写了五千年的历史，其中诸多事件大都已烟消云散，物是人非。不过那遗存于古迹与废墟里的每一段城墙，每一节墓碑，每一方牌楼，无不见证着社会的变迁与世事的蹉跎。正是从它们残缺的记忆里，后人才能将破碎的珠玑连接起来，形成光彩夺目的历史篇章。

三国时代是中国历史上最为风雷激荡的一个时期，龙盘虎踞各霸一方，群英荟萃英雄辈出，文韬武略文治武功，各领风骚，且皆盛极于一时。所以这一时期的人物故事，给人们留下了极为深刻的印象，早在《三国演义》成书以前就在民间广泛流传。迄至元末明初，一代文学大师罗贯中"据正史，采小说，征文辞，通好尚"，博采众书，广纳群言，从而创作出一部气势磅礴、举世闻名的文学名著《三国演义》，成为他一生的巨大贡献。

历史上关公的形象并非十分完美，譬如困曹营、失荆州、败麦城，给人们留下了诸多遗憾。但既然是人们心目中的英雄，所有的这些都毕竟是瑕不掩瑜，其过五关、斩六将、单刀赴会、刮骨疗毒等"绝伦逸群"的英雄气概，矢志不渝的忠义思想，守身如玉的诚信理念，都对后人产生了极其深刻的影响。正因为如此，千百年来关公一直备受历代统治者、士族文人以及百姓大众的推崇与赞扬，并且通过各阶层的不断加工、创造和美化，逐步完美和丰富。

历史选择了罗贯中，罗贯中也没有辜负历史的期望。《三国演义》可谓中国版式的英雄史诗，它从东汉灵帝即位开始写起，中间经过黄巾起义、董卓之乱、群雄割据和三国鼎立，最后到西晋灭吴为止。应该说罗贯中在改变史书的时候，并不曾改变历史事件的基本轮廓，也不曾改变史学家对古代人物所做的基本评价。只是在史实的基础上添枝加叶，夸张渲染，虚构某些情节，铺叙某些场面，尽量使各个分散的历史事件前后贯穿，形成曲折多变、完整的故事体系，从而创造出一部为世人所共识的艺术精品。

罗贯中以其如椽之笔，纵横捭阖、贯通古今，将一部横亘百年、波澜壮阔的历史和万千个生动鲜活的人物形象，巧谋奇算地熔铸于一炉之中，"陈叙百年，概括万事"，与古希腊荷马的《伊利亚特》一样，成为我国古代一部规模宏伟的英雄史诗。又因它涵括了天地万物的运行规律，以及人世间的道德文章和明哲义理，所以它又是一部写历史、写兴衰、写战争、写治国、写世情、写人物的百科全书。就其艺术成就价值和创造典型环境、典型性格的文学性来说，绝不亚于列入经史子集中的《左传》《史记》，甚至可以与金圣叹所极力推荐的《庄子》《离骚》等书媲美。

《三国演义》是采取半文不白即所谓"文不甚深，言不甚俗"的语言写就，同时又甩掉评话和杂剧中的俗气、荒唐与悖乱，所以成为雅俗共赏的杰作，人人"争相誊录，以便观览"。故而此书一出，立即在中国文坛上引发了强烈的反响，一时间流传广泛，洛阳纸贵。而在传抄的过程中，人们又常常根据自己的喜怒好恶，不断地加以增删，所以流传在民间的版本真不知有几百许。从此一个罗贯中的思维，便引领着无数人走进了历史的艺术盲区。因为小说通常不仅是虚构的，而且还承载着作者个人的观点、好恶与立场，所谓的区别也只是隐蔽与显露之分。对于《三国演义》，清人章学诚就曾评述道："七分事实，三分虚构，以致观者往往为所惑乱。"鲁迅先生也指出《三国演义》是：

凡首尾九十七年（184—280 年）事实，皆排比陈寿《三国志》及裴松之注，间亦仍采评话，又加推演而作之；论断则颇取陈、裴及习凿齿、孔盛（作《魏氏春秋》）语，且更引"史官"及后人"诗"……

很明显，罗贯中先生的千古名著《三国演义》，是一部集三国故事、传说、神话之大成的文艺作品，带有强烈的观点立场，拥护什么，反对什么，谁是正面人物，谁是反面人物，都打上了旗帜鲜明的烙印。那么罗贯中的观点立场是什么呢？简言之，就是天下者汉家之天下也，从而坚定不移地打造出"帝蜀寇魏"的正统观。在他看来，汉朝即使不行，皇帝也应该由姓刘的做，别姓人决不应该问鼎！万一汉家被别的姓氏所篡夺，就必须是群起攻之，改而归正。如果有姓刘的起来，不论与刘氏政权是否有血缘关系，就应一概被视为是正统，而别姓出来执政，则一律都是天理不容的篡窃。难怪在《三国演义》中，尽管刘焉、刘璋、刘表等人均是些无能之辈，但在罗贯中的写作过程中，依然给予了极大的同情与褒扬。

正是依据这个观点立场，罗贯中在《三国演义》里塑造了三个正面典型人物刘备、关公和诸葛亮，一个反面典型人物曹操。不是说别的人物形象不够典型或写得不好，他写的庸主献帝、阿斗刘禅，无能之辈袁绍、刘表、刘璋，气量狭窄的周瑜，德行长厚的鲁肃，武艺超群的张飞、赵云、许褚、典韦，以及因行离间之计而贻笑千古的蒋干，无不各极其态。但刘备、关公、诸葛亮和曹操这几个人物形象，是中国小说中最精彩也最久远的典型，不但读书时活跃在你的眼前，就是抛开书卷，他们也是充塞天地，深入人心，妇孺皆知，家喻户晓。

据今人经过现代智能统计，罗贯中在《三国演义》中增饰《三国志》最多的人物和情节都是关公，所以细细品读就会发现，《三国演义》堪称关公故事的集大成，更多的是塑造了一个高于"枭雄"刘备、"奸雄"曹操和"贼雄"孙权之上的"英雄"关公，其高大完美的生动形象，极大地推动了全社会对关公的崇拜。因此可以说，人们如今所了解的关公，也多是一部《三国演义》的不朽功劳。

作者的选材，完全是为作品的主题服务，由于关公与刘备既是君臣又是兄弟，构成了休戚与共、譬如一体的独特关系，所以对这一艺术典型的塑造，罗贯中倾注了极大的热情与敬意。他在"尊刘抑曹"思想的支配下，以历史的关公为"蓝本"，不惜通过移花接木、夸张渲染、大胆虚构和精心刻画等一系列表现手法，把关公打造成"古今名将中第一奇人"。鲁迅先生在其《中国小说史略》中曾这样评价道："惟于关公，特多好语，义勇之概，时时如见也。"

有人说《三国演义》是专为歌颂刘蜀而写的，一点儿也不为过。看看开宗明义第一回章目"宴桃园豪杰三结义，斩黄巾英雄首立功"，其主旨意识就一目了然。如此带有明显倾向立场观点的巨著，对于书中浓墨重彩的人物关公的出场，罗贯中当然是要独出心裁、别具一格。先是对背景略做铺垫：黄巾军欲前犯幽燕界分，幽州太守刘焉与校尉邹靖因贼兵众我兵寡难以应敌，随即出榜招募义兵。刘备与张飞因看榜文邂逅，同入店中饮酒，如此埋下伏笔，然后这样写道：

正饮间，见一大汉，推着一辆车子，到店门首歇了，入店坐下，便唤酒保："快斟酒来吃，我待赶入城去投军。"玄德看其人：身长九尺，髯长二尺；面如重枣，唇若涂脂；丹凤眼，卧蚕眉，相貌堂堂，威风凛凛。玄德就邀他同坐，叩其姓名。其人曰："吾姓关名羽，字长生，后改云长，河东解良人也。因本处势豪倚势凌人，被吾杀了，逃难江湖，五六年矣。今闻此处招军破贼，特来应募。"玄德遂以己志告之，云长大喜。同到张飞庄上，共议大事。

关公的出场，虽然只有百余字，但就在这短短的言语中，作者赋予关公的思想内涵却是极为丰富的。不仅以刘备的眼光描绘了关公"相貌堂堂，威风凛凛"的英雄气概，更从关公急迫的心情和介绍自家身世的话语中，赋予了主人公一种疾恶如仇和见义勇为的优良品质。在书中，关公是以"亡命者"的身份首次出现的，而亡命的原因则是杀死"倚势凌人"的"本处势豪"；关公又是在东汉末年黄巾起义的大背景下首次亮相的，而亮相的动机则是为了尽快地"应募参军"，以便"杀贼"。虽然关公和黄巾军都杀"势豪"，但黄巾军是要推翻东汉王朝，所以在封建统治者的眼里，自然属于一种"大逆不道"的"恶势力"，而关公积极投军讨"贼"，则称得上是一种自觉"报国安民"的壮举。作者笔下的语言描述泾渭分明，立场观点不言而喻。

遗憾的是关公在家乡杀"豪霸"一事，在陈寿《三国志》的本传里，却仅有"亡命奔涿州"五个字，只是简单地说因犯事而出逃在外，至于犯的什么案，则没有明确的交代，难免显得太过于"言简意赅"了。到了《评话》一书，关公的行为才增写成了"因本县官员贪财好色，便生怒恶，遂将县令杀戮，亡命逃遁，前往涿郡"。此后逐渐有了关公闻本县县令舅爷强占民女为妾，"大怒，仗剑径往县署，杀尹并舅而逃"的记载。正是在一步步演绎中，关公的形象得到美化，品格得到升华。

杀死"倚势凌人"的"本处势豪"，是关公一生中的第一义举，无论就其情节还是内容而言，都是非常生动感人的。按说罗贯中塑造关公形象，这是属于最好不过的素材，应该大书特书才是，但作者只是通过关公之口轻轻地带过。或许在罗贯中看来，关公杀了"本处""倚势凌人"的豪强，虽说是仗义而为，但对统治者而言，无异于是"贼子乱民"的行为，可能会对关公形象的塑造产生不利的影响，故而简略地一笔带过。如此说来，也应是有几分道理。

夕阳的光，将家庙染得一片通红，崇宁殿更加肃穆起来。我再一次弯下腰去，向着关老爷深深地祭拜：一拜他是至高无上的神灵；二拜他是亲密无间的乡情；三拜他是义勇无双的英雄。角楼里，响起了悠长的暮鼓声，似在吟咏明朝时吕士鹗的诗颂《谒常平庙》：

故里条山下，高祠向水开。地雄英气聚，庭敞烈魂来。正义伸三国，孤忠贯九垓。临风隆仰慕，稽首奠金罍。

6 争议中的关公

将文艺作品与历史史实对接，是一件极为困难的事情，尽管我们生活在他的生地故里。关公是一位名声显赫的历史人物，又是中国传统文化中道德形象的完美寄托。然而正史中的关公与演义里的关公，存在着相当大的形象落差，到头来若论真正孰是孰非，也只能是"清官难断家务事"……

在关公家庙中游览，胸臆间充盈的只有忠义大气。蓝天上白云飘浮，香炉里烟雾缭绕，甬道旁边有淡淡道乐响起，音绕院中千年古柏，颇多欢快委婉意。似有几句歌词，听来大约是："清净自然香，烟淡散十方，灵风缥缈上苍穹。"真是仙道气韵，街市上很少听得到，闻之耳悦心亦灵动，心轻松步履也轻快。走过仪门，走过献殿，便是家庙的"心脏"部位——关帝殿。弥漫着的香烟紫霭，将整个大殿笼罩在氤氲之中，隐约可见关公圣像：头戴冕旒，身着帝装，凝神端坐于龙椅之上。然而手持笏板的造型，却表明他生前为臣、死后封帝的特殊身份，难免落下不伦不类的争议话题。

想想也无所谓，当任何人物被作为神灵祭祀时，就已经成为一种人们寄托情感的载体，是由不得自己再做主的了。透过淡淡的烟霭，看到神龛两旁的对联写着："紫雾盘旋剑影斜飞江海震，红霞缭绕刀芒高插斗牛清。"工整的平仄对仗，深刻的语意内涵，生动形象地描绘了关公生前的功绩和威名，也感叹了神灵世界的缥缈与清明。细细咀嚼，倒也属于品律高雅之作，韵味当在道乐之上。

寺庙里的塑像大多是后人们根据有关资料，抑或也夹杂着自己的意识与感情而雕塑出来的，就如同中国秦汉以前的史料，大都出自于太史公的记载。然而即使是这位中国最伟大的史学家，却都没有把自己的确切籍贯交代清楚，至今留下一个河东、河西相争不已的公案。不过面对着关公的圣像，我仍然是虔诚地注视着，期待从他那仁厚的目光里，探寻出他真实的内心世界；从他那颀长的美髯里，寻找到他曾走过的生命轨迹。

家庙里的烟霭，穿过古柏的枝丫，向天空升腾飘散而去；悦耳的道乐，依然在悠扬地播放着，把人们带入了似曾有过又似曾忘记的岁月。沿着弯弯曲曲的甬道，神灵之气向遥远的地方散去，又渐渐地聚合为关公的身影向现实走来。作为一个现代人，要详细而准确地描述1800多年前汉朝末年的那些事儿，是一件非常困难而棘手的"差事"，两千年的历史记载链接，难免有扭曲、断裂，甚至脱落的现象。更何况关公这个人物形象，是经过1000多年来、数十个朝代及无数善良的人们共同塑造出来的"人上之人，神上之神，帝上之帝"，因此很难消除争议的印痕。即使我们身处这位圣人曾经生活过的故居，也常常感到力不从心。好在近距离的接触，虽然无可遥览，却给想象提供了丰富的空间。

关于刘、关、张三兄弟是否曾经与黄巾军交战过，就颇存历史争议。当然，《三国演义》是在关公信仰升级之初，由江南的文士儒生整理出版的，又经过了多位名士评点，而且罗贯中是在写小说，所以不能要求他一丝不苟地照史写实。譬如《三国演义》里被传为美谈的开篇之作"三结义"，是确有其事还是虚构的情节，也被争论了很多年。根据《三国志》记载，其时刘备正与曹操在他的故乡招兵买马，根本不可能与关、张结拜并抗击黄巾军。如果此言成立，那么《三国演义》里所述之事就显然不实，应是罗贯中留下的一桩冤假错案。

既然明知《三国演义》是小说家的文艺作品，那么我们就不应该求全责备。而且小说家们在描述人物形象时，除了要有隶属本质品格的具体功绩事例外，还需要有外在物体的铺垫与陪衬，所以对于一位叱咤风云的战将来说，坐骑与武器肯定是必不可少的。在《三国演义》里，关公是被描写为跨一匹浑身如火炭的赤兔马，手中舞一把82斤重的青龙偃月刀，攻必克战必胜，勇冠三军所向无敌的盖世英雄，因而有"关爷刀上一点红，杀退曹贼百万兵"的美誉。

然而这也是罗贯中在塑造人物时的艺术需要，因为在《三国演义》里，刘备用的兵器是双股剑，张飞使的是丈八点钢矛，赵云手持长枪，似乎关云长最好就是用大刀了。于是罗贯中便通过良匠之手，专门为关公量身打造了这把青龙偃月刀，而且其来历也极不寻常：相传在一个明月高悬的夜里，工匠们从炉火里取出刀模正要淬火，却见一道豪光拔地而起，将天上飞来的青龙击中，龙血溅在刀模上发出巨大的响声。于是一把光焰冷森的宝刀顷刻成型，又因形似弯月，故称之为"青龙偃月刀"。

是英雄当然须有壮举，尤其是《三国演义》里那处精彩绝伦"温酒斩华雄"的描述，顷刻间让众诸侯对关公"刮目相看"。然而还原历史，却也是罗老夫子编织下的"美丽谎言"，如此的张冠李戴，几乎让当事人孙坚隐姓埋名了近两千年。再说袁绍的大将颜良，确实是死于关公之手，但是也有"不实之处"，据史料记载，其时关公使用的兵器是枪而不是刀。《三国志》里就明确写道："（袁）绍遣大将颜良攻东郡太守刘延于白马，曹公使张辽及羽为先锋击之。羽望见良麾盖，策马刺良于万众之中，斩其首还，绍诸将莫能当者，遂解白马围。"

在这里，陈寿没有用"砍（或斩）"之词，说明关公使用的并非大刀之类的武器。虽然东汉末年，武人们的护身短兵器确已用刀代替了剑，但是长柄大刀的出现却要迟至隋唐。至于"青龙偃月刀"这一名称的出现，更是到了"两宋"时代，才由后人演绎而来。这就表明为什么在《三国志·关羽传》中，通篇没有出现过一个"刀"字，至少说明历史上的关公，并不像后世描述的那样用过大刀。

再说关公的坐骑，史实上记载也并非是赤兔马。元代大戏曲家关汉卿，运城解州人，据说是关公的嫡系后裔，对他的先祖曾有过深入的研究。他在杂剧《关大王独赴单刀会》中，称关公骑的是"千里追风驹"；明代学者方孝孺，在其《海宁关侯庙碑记》里，也称关公是"宝刀白马提三军"。直到罗贯中写《三国演义》时，大概是觉得赤兔马太好了，只给吕布骑难免有些可惜，所以就借曹操之手转赠给了关公。若非此，后来关公辞曹时封金挂印，把曹操所赠之物悉数奉还，为何却唯独忘了归还这匹赤兔马？

生前如此，身后关公的谥号也值得商榷。关公第一个封谥，应是阿斗刘禅谥的"壮缪侯"，这个"缪"字在谥法中带有强烈的贬义，"武功不成曰缪"。古典文学家金性尧认为："关羽骄矜刚烈，因此而自大轻敌，尝到败绩。根据谥法：'武而不遂（遂：成功之意）、死于原野曰壮；名与实乖（乖：名不副实）曰缪。'"说明关公去世后，蜀汉朝廷对其初始的评价并不很高，而直至后来封谥达到26个字的"吉尼斯纪录"，应是历代社会"聚沙成塔"的结果。

正是由于历代对关公的美化、圣化和神化，才使得关公身上发掘出来或被追加到关公身上的美德和美誉，已远远超过历史上真实的关公，达到了无人可及、无以复加的地步，使关公超凡脱俗，由一个悲剧色彩极浓的人间英雄，变成了上自帝王将相、下至农工商学兵，甚至连妇孺都顶礼膜拜的神圣偶像。所以我们要将一位已经走上神坛的帝君复原为有血有肉的平常英雄，是一件非常困难的事情，除了人们在感情上难以接受外，最根本的难处还在于资料的匮乏。

如此这样，就连关公本应该最真实、最无可争议的姓氏，至今依然是众说纷纭、莫衷一是。有人说是姓冯，有人说是姓关龙，还有人揣测姓陀。总之"关羽本不姓关"的说法流传甚广，甚至伟人毛泽东、鲁迅先生都采信此说。清朝学者梁章钜在其《关西故事》中写道："关公本不姓关，少时力最猛，不可检束，父母怒而闭之后院空室……（杀尹并其舅而逃）至潼关，闻关图形，捕之甚急……关主询问，随口指关为姓，后遂不易。"

另及关公的生日，更是人云亦云、难以有一个确凿的时间。如今在关帝家庙内，立有一块清康熙十九年（1680年）的《汉前将军壮缪侯关圣帝君祖墓碑铭》，记载其生于"桓帝延熹三年（160年）六月二十四日"，而明崇祯二年（1629年）立于石磐沟关公祖陵的《祀田碑记》和清乾隆二十一年（1756年）编修的《关帝志》中，却记述为关公生于汉桓帝延熹三年（160年）六月二十二日。此外，民间对关公的生辰还流传有好几种说法，仅有文字记载的就有正月十六、正月二十四、四月初八、五月十三、六月二十、九月十三等，难以定论。

然而即使这些有限的资料，也一直存在不少的争议。因为《三国志》及其他同期史料，都未有记录关公出生的内容。而诸如《关帝志》之类，又多出自文学作品《三国演义》，并非严谨的史料。至于《祀田碑记》和《汉前将军壮缪侯关圣帝君祖墓碑铭》等，也都没有经过严格的考证，在王兆春等人所编著的《中国历代名将传》里，作者只是选择了一种模棱两可的表述，暂记为（？—219年），更是让人云里雾里，丈二和尚摸不着头脑。

第二章　回首乡关，天生英才必有用

当我们将遥远的、并无文字记载的东西放到今天的时代，得到的并非是真实的影像。就如同我们现在去想象两千年后世界的情形一样，除了偶有一些资料可以作为参考印证外，人们又有什么确凿的依据？不过为了人们心中的寄托，或者其他种种方面的原因，我们依旧得沿着曾经的路向前走去。

7　关公的神奇出世

并非是正史记载的传奇故事，把我们送进了扑朔迷离的想象空间。想想看一个小孩儿，刚出生时能与别的婴儿有什么不同？不同的只是因为后人的需要，对他进行了各种形式的渲染，才使得他成为不同凡人的异类，继而成为千古传奇的神圣。因此我们还将在很长时间内，走不出曾经对关公印象的扑朔迷离……

常平村坐落在中条山脚下，其天空就像新出窑的瓦一样湛蓝。在日常的生活中，人们的视觉往往被变幻莫测的色彩迷惑着，从而得出一种不曾有过的印象。当绿色的山与绛色的水交相辉映时，游览者便会产生一种虚无缥缈的感觉，就仿佛置身于神奇的蓬莱仙界。这种虚幻，会带着你在关帝家庙里弥散着，思绪也会飞翔。于是在梦一样的幻觉里，你会向历史发问：

在一个民族、一个国家里，甚至在世界上，因一个人而产生一种文化现象，天下能有几位？绝非多数人都能做到。不过出生在脚下这片土地上的关公做到了，而且创造出一个至大至刚的"人神"形象：尽管他生前只是一位将领、侯爵，死后却逐步晋升为公、王、帝君、大帝，直到作为武庙的主神与文庙的孔子并祀，受到儒、佛、道三教的尊崇。而其产生的文化现象，不仅源远流长，涵盖了几乎所有的层次领域，更深入到人们的意识形态，成为一种不可抗拒的文化潮流。

正因为如此，所以任何走进关帝家庙的朝圣者，心中都会充满着一种肃然起敬的感觉。因为历史就像常平村边的盐池一样，布满着浓缩了的盐离子，需要你耐心细致地去分辨、去明晰、去提炼内在的真实，进而得到披沙沥金的效果。数千年来，在朝代的交替中，各种各样的人物像潮水一样呼啸着涌来，又像潮水一般泛着白沫退去，唯有他们被历史雕塑成的永恒的业绩，却像从海底升上来的礁石和岛屿一样，默默地耸立成雄伟的山峰。公元160年，按中国当时的历法，是汉桓帝延熹三年，就是在脚下这片土地上，诞生了一位创造了山峰一样业绩的人物——关公。

据说眼前的家庙，就是关公出生与度过人生前20余年的地方。脚下是古砖块铺就的甬道，曲曲折折地向庭院深处延伸而去。不知何时风住了，一团乌云奔涌而来，天空顿时显得黯淡……关公出生时的情景，至今谁也说不清楚，但是充满了神奇的色彩，有传说与这天的天气略同。只是其时的院落，远没有现在这样宽敞，建筑物也远没有现在这样的大气排场。

关公生于何年，殁于何日，正史并无详细的记载。我们现在能够见到的有关关公家世的最早材料，也就是前面提到的康熙十九年（1680年）时，解州州守王朱旦根据常平村人于昌"一梦一砖"的传言，所作的《汉前将军壮缪侯关圣帝君祖墓碑铭》，而这个碑铭也简单得可以概括为一言以蔽之。倒是后世有好事者，根据种种传说与猜测，才演绎出了一个较为完整又能自圆其说的故事来。

据说那天，夜色深沉黝黑，小院的角落里，摇摇晃晃地透露出微弱的光。房间里是一片寂静，偶尔有几声虚弱的咳嗽，让近乎凝固的空气稍微颤动几下，然后又恢复了曾经的寂静。

屋角的土炕上，躺着一位看似疲倦至极的少妇，薄薄的被单，半遮半掩地盖在她那高高隆起的腹部，她不时地发出一阵呻吟。灯盏里偶然爆出一个灯花，房间里突然一个亮，倏尔又暗了下来。能够感觉出来，这是一位极坚强的女性，她在努力地忍耐着临产前剧烈的阵痛。幽幽的灯光里，那少妇的眉头紧紧地蹙着，额角边浸出几颗黄豆大的汗珠。旁边的助产婆侧坐在炕沿边上，不时用湿毛巾轻轻地擦拭着少妇额头上的汗水。

门外一个壮实的汉子，在屋檐下的台阶上走来走去，焦急地踱着步子，他那黝黑的脸膛，透出重枣般的色泽，一副卧蚕眉在微光里颤抖着。不知是因为激动还是职业的缘故，反正那种颜色里浸透着油渍的光亮。他就是少妇的丈夫关毅，字道远，据说是当地一位有名的读过书的铁匠。

当然关公父母亲的名字和职业，也是清朝时"一砖一梦"给加上去的。因为在清代以前，关公的父母、家世、生卒年月，根本就未有文字资料可供考据，现在问谁去？肯定是没有人能够说得清楚。好在名字也就是长辈们给起的，叫给别人听的，说白了只是个符号而已，因此将就着"以讹传讹"，犯的也不是什么原则性的"错误"。

夜色越来越浓，云层也越来越低，远处的中条山野里，不时有隆隆的雷声传了过来。关毅正想要掀开帘子进去，不料天空里一道耀眼的亮光闪过，将小院照得如白昼一样雪亮，接着便是一声天崩地裂般的炸雷在当空响起。关毅猛抬头看去，见那电光也是奇怪，像一条首尾分明的青龙由天而来。他正在迟疑时，屋子里却传出来婴儿清脆的啼哭声，助产婆急急地跑了出来，一头撞在关毅的怀里。她也顾不了许多，一边擦着手一边兴奋地喊叫道："生了，生了，是一个虎头虎脑的胖小子！"

老天爷仿佛是要把神奇进行到底，就在说话间，天空里又是一道闪电，又是一声炸雷，雨便似倾盆一般泼了下来。关毅踏进门，深情地看了妻子一眼后就俯下身子，仔细地端详起这个足有八九斤重的胖小子，咧着嘴嘿嘿地笑个不停。妻子抬起头，用略显疲惫的丹凤眼看着丈夫的傻样，轻轻地说道："看把你乐的，你说说咱们的儿子像谁？"

关毅像是什么也没有听见，只是自顾自地乐着。这婴儿当时到底像谁？除了后来一些神奇的传说外，可能就是皮肤的颜色稍微重些。你说一个刚出生的婴儿，又能有什么特别的特征？至多就像现在一般描写的那样，说是几分像父亲的卧蚕眉，又有几分像母亲的丹凤眼。倒有一点是可以肯定的，那就是他们断然没有想到，这个当时肤色黑和体格大一点、与下冯村里的孩子没有什么两样的胖小子，若干年后会成为举世跪拜、万人敬仰的圣人被人供奉。而眼前的这个小院子，也成了人们顶礼膜拜的圣迹遗址。

提起关公的容貌与仪表，人们自然而然地会想到《三国演义》和戏剧舞台上的描述，最著名的当是：丹凤眼、卧蚕眉、面如重枣，胸前飘着几缕美髯；然后是身材魁梧、威严持重、神采奕奕、勇猛雄壮之类的描述。这些虽说是小说家的描述和戏剧里的装扮，但考察史志、碑刻资料，也应有几分的真实。

不过按照民间的说法，其实关公生来眼睛并不很大，而且平时总是眯缝着，如果一旦睁开，就是要动手杀人了，所以有人说关公的丹凤眼，实际是"丹缝眼"的讹传。至于刚出生时的相貌描写，坊间也多是一些"天庭饱满、地阁方圆"之类的大众化语言，即使在《三国志》中，对于关公的相貌也不过只称其"美须髯"而已。倒是后来民国年间，张人俊编撰的《关夫子编年集注》在转引前人的一则材料时，对关公的形象才有了较为详细的描写："司马德操善相人，称夫子（关公）状貌清奇古怪，得四大威仪正气。"

究竟是如何"四大威仪正气"呢？原来却是"清、奇、古、怪"。清人周汇淙解释道："神光满面，目采含真，清之正也；眉高入鬓，须长过腹，奇之正也；五岳隆起，四水归源，古之正也；面赤气清，神藏威露，怪之正也。"清人的这个描述，也许是将后人的理念倾向、观点立场、写作手法、词语修饰，强加于已经过去了若干年的历史人物，本身就很难符合当时的原貌，不过却又是今人描写历史人物时不可回避、不可跨越的必然途径。因为有些已被盖棺论定的著名人物与事件，你就只能沿着千百年来已经修成的路子走下去，而绝不能另辟蹊径，除非你有冒天下之大不韪的勇气，准备接受千夫所指、万人唾骂的狼狈结局。对于这些事件与人物，就只能靠写作者自身的政史修养、技巧水平以及处世态度来取舍与铺垫，以最大的概率去符合和接近历史的真实。就譬如，关公由人到神的途径。

这条途径到底是谁修成的？不知道，而且至今谁也说不清楚。其实这也是一个永远说不清楚的命题，因为是千百年来无数人，包括统治者、文人学者，还有众多的老百姓修成的。正是这些人自觉或不自觉地、有意识或无意识地，将这个铁匠的儿子推上了神龛，推上了圣坛，推上了至高无上的帝位。尤其是在罗贯中那支生花的妙笔下，关公神威勇武忠义刚烈，报国报主报恩，

"财贿不能改其气，爵禄不能移其志，美色不能动其心，死神不能撼其义"，成为集"忠勇孝悌善、仁义礼智信"传统美德于一身的盖世英雄。

是的，当人们的思维形成一定的定势惯性后，改变起来就是一种很不容易的事儿。所以在浩如烟海的史书描写里，一些"文痴"或"书呆子"就会根据这个思路，随心所欲地编造历史，于是龙种变为跳蚤、跳蚤变为龙种的事儿也就层出不穷。正因为如此，所以关于曹操与刘备、秦桧与岳飞出生时的状况，后世描写肯定是不一样的。这是因为后人在描写时，不仅仅会带有自己的好恶取舍，有时候还得遵循前人遗留下的论调与路辙，因此对于关公出生的描述，历来多是赞颂也是顺理成章的事了。明时张京安在游过关公家庙后，深情写下《谒常平帝庙》：

沧涯生永水生磋，生长亭侯在此阿。山水钟灵人自杰，乾坤间气世无多。孤忠凛凛犹生色，三国茫茫竟逝波。地下应含千古恨，雄心未复旧山河。

8 关公的前世奇缘

君主帝王的前世，多与龙种有关，否则怎么能成为"真龙天子"？关公也不例外。也许是名人的缘故，才更会引起社会过多的关注。人们似乎要把他们的一切，都放到现代的显微镜下，洞察至微。然而岁月的尘封却常常让许多事情的考证无疾而终，甚至成为永远没有谜底的谜……

有哲人说：一切历史都是当代史。如果反其意而言之，那么完全可以论断一切当代史都将成为历史，而且岁月愈加久远，其形象就会愈加淡漠，后人寻找起来就更需要耐心。追本溯源，中国人推崇关公，不仅仅是因为他战功显赫，更重要的是历代统治者敬他"忠贯日月"，民间百姓追慕他"义薄云天"，尤其是众多的文人骚客和民间艺人，根据各自不同的爱好取舍，将关公神话从墓冢请到庙堂，从而实现了其由人到神的跨越。

关公所处的故乡常平，正如家庙牌楼上的题刻："灵钟磁海""秀毓条山"。细细琢磨，题刻很有韵味，既明确地点出关公故里的地理环境，又巧妙地赞颂了当地的自然风物与历史人物，一语双关，恰到好处。面对关公塑像，人们不禁驻足流连，目光似乎已穿透千年历史的余韵，走进东汉末年的"当代史"，从而触摸到关公生前为人、后世成神的脉搏。

对关公由凡人到神灵的崇拜，隋唐时并不喧嚣，宋金时才开始火了起来，到明清时期更是"锦上添花"，关公逐渐由"武人"嬗变为中华民族多功能的保护神和信仰神。人们不禁要问，本是从偏乡僻壤里走出来的一介武夫的关公，论品格，没有"德配天地"的建树；论德能，也没有"气壮山河"的壮举；论业绩，只限做荆州之地的守护；论功名，却只是一员被杀了头的败将。然而为何会一步步走上神坛，并且被神化到了如此地步，成为我国两千余年漫长的封建社会中，唯一被封为"大帝"的人神？

关公由人到神的转变，不是无缘无故的。在中国人的眼里，关公是完美人品的化身，是道义精神的象征，是崇拜者心目中的寄托，说到底，关公的形象是道德力量在中国人心目中的凝聚。在几千年中国提倡的价值体系中，从管仲的"礼义廉耻，国之四维"到今天中华人民共和国国歌《义勇军进行曲》，所表彰的"见义勇为"精神，都证实中华道德唯一贯穿始终的便是"义"字。而在《三国演义》中所谓的"三绝"里面，关公"义绝"正是这一精神价值的代表，因此人们甚至只希望将他祭拜在神坛上和神龛里，而不愿意去探寻他曾经有过的真实的人生轨迹和他曾经发生过的历史真相。于是乎，国人多喜欢津津乐道其桃园三结义、温酒斩华雄、过五关战六将，或者是水漫七军、火烧连营、刮骨疗毒等，宁可信那些《三国演义》或其他文艺作品中也许是真实也许是虚构的故事情节，而不愿意提及他华容道捉放曹、大意失荆州、败走麦城之类的也许是虚构也许是真实的历史事件。

神奇、神异、神秘，是历史上对于帝王出生时描写的"通病"，而且多以龙种而喻之。关公自从做了帝王以后，他的出生也就走入了这个神异的"轨道"，出现了多种不同的版本，大致有"南海龙王转世""火龙星降生""草龙变化""天上飞来"等。这些传说虽然描述过程各不相同，但万变不离其宗，这就是关公出世不同凡响，并与当地人们血肉情浓。在这些传奇中，最多被人们采用的，应是《历代神仙考》里所载：

（汉）桓帝时，河东连年大旱，蒲坂居民闻雷首山泽中有一尊龙神，相传亢旱求之极灵，便集众往跪得告。老龙悯众心切，是夜遂兴云雾，吸黄河水施降。上帝方恶此方崇尚华靡暴殄天物，当灾害以彰罪之谴，而老龙不秉上命，擅取封水救济过民。

上帝令天曹以法剑斩之，掷头于地，以警人民。蒲东解县有僧普静，晨出视之，溪边有一龙首，即提至庐中置合缸内，为诵经咒九日，忽闻缸中有声，启视已无一物，而溪东有呱呱声，发自关道远（夏直臣关龙逢后）家。

（道远）名毅，世居解梁常平宝池里。（延熹三年）六月十五日，忽快雨如驶，一黑龙显于村，绕道远之庭，有顷不见。夫人淹芳方娠，至二十四日产一子，啼声远大。普静索观，竖眼攒眉，超额长面，遍体如巽血。普静点头曰："忠义性成，神圣之质。"乳名寿，幼从师学，取名长生，及长，膂力敌万夫，读书明易象，尤好《春秋》。

据此而论，关公不仅是"龙的传人"，而且还找出他的始祖应是关龙逢。关龙逢，是夏朝君主桀手下的一位大臣，因性格耿直刚烈而闻名于世。桀是夏朝历史上著名的暴君，至今我们所用的"桀犬吠尧""桀骜不驯"等成语，都是源于桀的凶残与暴虐。

桀的胡作非为，惹得朝野内外怨声载道。就在桀为所欲为、不可一世之时，直臣关龙逢站了出来。或许是地域之故，关龙逢也是盐池一带的人，生性耿直、疾恶如仇，为人刚正不阿。他看到夏桀这样胡作非为、草菅人命，实在是忍无可忍，就进宫拼死劝谏道：自古以来，仁贤的国君应该勤政爱民，体恤下属，生活简朴，这样天下方能安定。像您这样骄奢淫逸，滥杀无辜，天下终究会大乱的。

夏桀正抱着妹喜玩在兴头上，哪里听得进去关龙逢的劝阻，对此只是嗤之以鼻。关龙逢也是豁了出去，决心以死而警天下。他见桀置之不理，就站在桀的面前怒斥道：你若这样下去，夏朝很快就要灭亡。即使我死了也不会瞑目，将看着你落个如何的下场！夏桀哪能忍受如此"犯上作乱"？即刻暴跳如雷，命人在瑶台用刀斩关龙逄，埋葬在安邑城东北的玉钩山下，当地人至今称作龙硕冢。冢前墓碣正中写着"烈臣之祖"。两旁对联为："志欲回天，触怒常存忠直气；必伤丧日，犯颜足愧谄谀人。"

以老龙为关公的前世化身、关龙逄作为关公的先祖，似有几分的道理，也为关公的忠勇刚直找到了历史传承的依据。老龙与关龙逄，都是为了百姓抗旨被杀，一样的正直无畏，一样的尽忠守信，在他们的眼里，根本没有个人的死生荣辱，只有民族、国家与人民的幸福安康。那时夏朝的都城，就在盐池附近的安邑，距关公故里常平不远，其精神内涵完全可以一脉相承，也为关公的悲壮人生埋下了千丝万缕的伏笔。

理顺了关公先祖脉络，就会有家谱延续。旧时社会，犹如国之有史一样，但凡名门望族、书香门第都有自己的家谱，而且对此也十分看重。那么家谱到底有何作用？南朝谢灵运曾有诗云："国史以载前纪，家传以申世模。"金朝刘若虚在为《裴氏家谱》作序时，写得就更明白得体："呜呼！木本一也，发为千枝万叶，其气无不贯；·水源一也，分为千川万派，其流无不通。祖宗之于子孙，亦犹是也。观此谱者，思其所出，究其所由，分各祖其祖，各族其族。如祭于庙，燕于寝，群昭群穆，咸会于一堂之上，而不失其水源木本之意，彝伦厚风俗美矣。"

关氏的家族谱系，想必多半是因关公的威名而缘起。虽有"千枝万叶""千川百派"，但均以夏代的关龙逄为始祖，紧接下来就是关公的祖父关审、父亲关毅，一直到唐代的关播，想多必是人为杜撰。《图志》和《关帝志》虽也有谱系记载，但令人遗憾的是，关氏的谱系于关龙逄之后，历商、周、秦、西汉约两千年，几乎全是空白。2008年8月底，河南省邓州市构林镇官刘家村发现一部《关氏家谱》，其中详细记载了关公后裔由山西迁往邓州的历史。

家谱通篇以"义"与"信"为主线，对关公的封建道德大加推崇，并以大量的篇目记载了关公的事略，还有历代皇封及历朝大臣奉祀祭奠的题词和家族繁衍序列。据序文记载，该支关氏后裔，上承始祖夏朝大夫关龙逄，中经关公由解州入许（昌），再由许都迁往邓。不过对于关公家谱这样的版本，有学者却不这样认为，民国革命元老、著名学者景梅九先生在修《安邑县志》时就指出："关羽家庙中所供关龙逄为始祖不妥，因为'关龙'乃为复姓。"

关公的始祖到底姓什么，至今也没有定论，或许也就永远成了一个难以破解的谜。我手抚着家庙里牌坊的砖座，凝视着深皱的木柱和脱落的檐顶，仿佛在读一册沉重的史书，似乎读懂了什么，似乎又陷入了迷茫，只是随着疏影的移动，思绪也渐渐地沉浸入远古的故事之中。家谱不怎么翔实，但是历史仍在继续，笔行的轨迹依然伸向东汉末年。关毅与妻子中年得子，两口子对孩子十分疼爱，眼看到了满月的日子，关毅左思右想，便给儿子起了个名字，叫作长生。意思非常明白，就是意欲让儿子茁壮成长，健健康康，长命百岁。

关毅为了让儿子能抵御灾祸，自己虽然是个铁匠，还怕其刚性不足，为保险起见，就又将长生认给了一位冯姓的石匠，并且选了一个黄道吉日，与妻子抱着长生来到冯家，当面认了亲，小名就叫了冯长生。这个长生，就是日后以忠义传世、勇武绝伦、威震华夏的蜀汉名将——关公。明时曹忭曾作《谒解州帝庙》一诗：

条山崒嵂钟灵地，江水逶迤宗汉心。千古荆门魂不散，三分炎鼎气先沉。英风宇宙人同仰，血食乡邦世所钦。信有神威震中夏，愿凭馀勇扫胡祲。

9 关公的启蒙教育

在传说中，关公是青龙转世。这当然是迷信的说法，不足以为凭。不过望子成龙的心情，却是每一个中国父母的天性，直至今天仍然是一条培育后代子孙、难以扭转的途径。回首中国过去的历史，更是如此。一个人世界观的形成，青少年时期非常关键。关公的启蒙教育，对他后世的成长，就有着不可替代的熏陶作用……

　　人的世界观的形成，与他初为人时的启蒙教育有着密不可分的联系。因为初始的教育，就如同在幼树上的深刻印记，终生将不会湮灭消失。在关公像前，成把成把的香不断地被点燃扔进香炉，那香烟便像雾一样地腾空，汇集成一种特有的香味飘散在空气里。香客们伏身跪拜，用头叩地，有老人，有青年，还有不足周岁的婴儿在父母的"强制"下，懵懵懂懂地"做着"礼拜，那种虔诚，让旁边的观赏者也为之动容。有人笑道："不知道关公幼时，是否也曾做过这样的祈祷？"我无言。

　　烟雾在庙里飘浮，散发着一缕淡淡的薰蒿味。人之初性本善恶？因文化内涵的本质区别，因而有两种截然不同的观念。不过在对待后天的教育方面，人们大都认为人需要接受三个方面的教育，或者说是启蒙教化：家庭、学校、社会。而家庭这一环节是首要的、必然的和开拓性的。因为每个人来到世界上，除极个别例外，都首先是在家庭的熏陶和父母的引导下，迈开人生道路的第一步。

　　再回到东汉末年那个时代，时间如同白驹过隙，转眼就过去了三个春秋。一个春光明媚的早晨，在关府的庭院里，一位极美丽的少妇，抱着一个清秀的孩子，在窗前一边缓缓地走来走去，一边教他读汉武帝的《秋风辞》："秋风起兮白云飞，草木黄兮燕南归。兰有秀兮菊有芳，怀佳人兮不能忘。泛楼船兮济汾河，横中流兮扬素波，箫鼓鸣兮发棹歌。欢乐极兮哀情多，少壮几时兮奈老何！"这位美少妇便是关毅的妻子，历史上称作关王氏。据说，其父王先生是一位饱学的居士，娘家就在解州城的文胜巷里。关王氏自小耳濡目染，熟读经书，恪守妇道，按现在的话来说，关王氏出身于书香门第，是一位知识女性。当儿子从混沌里省事后，她所拥有的知识就全派上了用场。

　　岁月就在这宁静与淡雅中度过，美少妇除了向儿子讲述子书经传外，还给他讲述历史上发生在附近的忠义故事。少妇怀中的小孩就是以后的关公，刚满三岁却出脱得如秋山玉水一般，既有父亲壮实的体魄，又有母亲柔和的面庞。纯洁得像没有一丝杂质的中条山泉水，灵慧得如同一位饱读诗书的士人，两片红润的小唇吐出的词句，就像父亲打铁时的锤声，一个个字正音准，铿锵有力，令人称奇。

在关王氏的讲述中，教导关龙逄是关公的始祖，血缘的传承和精神的延续自不必说，而"夷齐不食周粟""赵氏孤儿""介子推割股奉君"等，其故事发生地距离关公家乡常平，大都不足百里之遥。无论是作为先祖还是乡贤，在母亲的循循善诱下，关公从小就耳熟能详。他们的忠肝义胆和侠义行为，都是关公的天然教科书；他们可歌可泣的感人事迹，都是关公的精神营养。这样的人文环境，对关公的世界观及其价值取向形成，无不烙下不可磨灭的印记。因此关公的家庭熏陶和幼年所学，加上始祖的血脉及精神遗传，还有河东历史文化和古圣名贤的浸润濡染，就是关公社会理想、精神追求、个人品格形成的必然条件。

也许看儿子读书，是做母亲最高兴的时刻。每天只要不刮风下雨，关王氏都会抱着儿子来到庭院里，看着儿子那两片小唇轻轻地蠕动，沉醉地听着儿子读诗，就仿佛在听天籁之声一般舒心。而每当这个时候，她都会凝望着不远处的五龙峪和凤凰谷，仿佛沉思着什么，又仿佛希冀着什么。在春夏秋冬、寒暑交替中，转眼间长生已长到了七八岁，虎头虎脑的非常讨人喜欢。他在学习上不仅勤学苦练，而且还善于刨根问底。有一次，关王氏教他读《南风歌》："南风之熏兮，可以解吾民之愠兮；南风之时兮，可以阜吾民之财兮！"

即使小长生被后世传说为青龙转生，当时肯定是理解不了其中的深刻含义的，只是瞪着一双满含渴望的眼睛痴痴地望着母亲。关王氏拉住小长生的小手讲述道，相传当年舜帝周游全国视察民情，来到我们村边的盐池，看到这茫茫银海、丽水坠珠的景象后大发感慨，然后坐在池神庙的亭台上，手抚五弦琴，深情地唱了这首歌曲。

舜帝是历史上的名君，都城就在不远处的蒲坂，经历了史上最有名的"禅让"后，对臣民充满了关爱之情。当他来到盐池，看到大自然对人类的恩赐，心里激动不已，于是触景生情，张口而歌，成为千古绝唱。后人为了纪念这位关心民众疾苦的帝君，便在他当年停留的地方修建起歌薰楼。有专家说，《南风歌》是我国历史上有记载流传最早的歌曲。如果这个论断成立，舜帝似乎就可以称作华夏"歌曲鼻祖"，或者称之为中国的"歌父"了。

历史的长河早已逝去，曾经掀起的波涛也都早已化为烟雾，更不曾留下一缕浪花涟漪。当时小长生的母亲是否就是这样解释的，后世没有文字记载，追究起来大约应是美丽的传说。不过她给小长生讲解的"人者，信也。孔子云人而无信，不知其可也。就是说，一个人如果连信义都不讲，还何以为人呢"的道理，却深深地埋在了关公的幼小心灵里，成为他一生做人的永恒宗旨。

播种、耕耘，必有收获，渐渐地小长生不安分了。他不再满足于被母亲抱在怀里教他朗诵诗歌，而是经常闹着跟在大人的屁股后面，钻到中条山里采药材；或者跑出去，与巷里的小伙伴们结伴搭伙，一起来到盐池边上，从盐垛里捡那非常好看的晶体盐。有时候，小长生也会独自一人跑到父亲的铁匠铺里，瞪着一双好奇的眼睛，看着父亲一手拉着风箱，一手用火钳翻弄着被烧得通红的铁板。而小长生更喜欢是看着父亲把烧得通红的铁坯子，放在砧子上用铁锤敲打成各式各样的刀啊剑啊或者是农具什么的。每每看到那飞溅四射的铁花儿，他就会手舞足蹈起来，一边拍着小手，一边朗诵着自己编的打油诗："铁匠炉，真好玩，风箱一拉溅火点。一锤一锤响不断，铁块变成刀片片。"据说，后来关公使用的青龙偃月刀，就是在张飞庄上的铁匠铺里打造兵器时，根据小时候的记忆自己设计出来的。

眼看着小长生越来越淘气，关毅与妻子商量，决定将儿子送到附近的学堂去读书。这一天关毅备了四样东西，用食盒提着来到学堂，对教书先生胡斐说明了来意，并约请胡先生到家里去喝拜师酒。胡先生见关毅实心诚意来请，又素闻这位铁匠为人豪爽仗义，于是便痛快地答应了。他把脸刮个干净，又换了一件藏青色长袍，然后取下来牛尾巴打子，将浑身上下拍打干净，这才哼着"之乎者也"向关家走去。

关毅先一步回到家里，一边让妻子准备菜肴一边摆好桌子，又取出埋在地下几年的"桑落老窖"。等一切安排就绪后，就喊来长生说道："一会儿胡先生来了，你要讲究礼行。"长生听后眨巴眨巴眼睛，给父亲鞠了一个躬，然后一本正经地说道："请父亲大人放心，孩儿记住了。"正说着胡先生走了进来。关毅赶忙迎了上去，用衣襟掸了掸凳子，请胡先生坐了上位。

胡斐见旁边有个虎头虎脑的小孩子，想必就是未来的弟子，便眉头一皱，指着桌子上的熏鸡，顺口吟了一个上联："五香熏鸡稀烂棒硬。"小长生顺手端起桌子上的绿豆汤，对答道："绿豆熬汤翻滚冰凉。"胡斐不由得喜上心头，暗里叹道："此孺子可教也。"不过胡斐未动声色，指了指盘中的鲤鱼说道："鱼变龙，龙变鱼，鱼龙变化。"小长生知道先生在有意考他，就毕恭毕敬地说道："师同生，生同师，师生同乐。"

胡斐见未来弟子的应对不仅文字工整，而且寓意深刻，将来必定是一位栋梁之材，不由得心里更加喜欢，略微沉思了一下，看了看院子里的竹子说道："百尺竿头未止步。"小长生已深知先生的寓意，便故作一种少年老成的神态对道："盛名之下更虚心。"关公的话音刚刚落地，胡斐就接着说道："村中四境人家，鸡鸣犬吠。"小长生也不假思索地对道："朝内九重帝阙，虎踞龙盘。"到了这个份上，胡斐早已喜上眉梢，乐呵呵地说道："翠竹有情，独长有道门第，还是荀老祖师的那句话，'青出于蓝胜于蓝，冰来之水寒于水'。"

胡斐并非一位普通的教书先生，他是一位满腹经纶的贤者，非常推崇孔子的儒家思想。曾做过平阳府尹，后来见官场腐败，便辞官隐退，在一位朋友的举荐下，来到常平做了教书先生。他在教书过程中，始终把"仁与信"作为教育学生的核心内容，极力宣扬"忠孝节义"，教导学生要"贤贤易色。事父母，能竭其力；事君，能致其身；与朋友交，言而有信。虽曰未学，吾必谓之学矣"。通俗点儿讲，就是做人的一生里，择妻应重德而不重色貌，孝敬老人应竭尽全力，侍奉君主要肝脑涂地，结交朋友要言而有信，只要能做到这几点，便符合"仁"的规范了。在守德的基础上，强调学生要锲而不舍，"知之为知之，不知为不知"，不懂就要问，并且要联系当前实际，即所谓"博学而笃志，切问而近思，仁在其中矣"。说白了，就是要品学兼优。

天下一切，都是相辅相成的。胡斐因材施教，又将小长生作为重点培养对象，不时"开个小灶"单独教练。眼见小长生聪明伶俐、品学兼优，谈吐出众、抱负不凡，想必这孩子将来一定能成大器，只是觉得名字有点俗，便用心琢磨起来。一天早晨，胡斐正在盐池边上散步，看着风掠新浪，波光粼，一只苍鹰在天空中展翅盘旋。

他停住脚忘情地看着，只见旭日下，雄鹰的羽翼隐约闪现着熠熠光洁，周围的白云卷舒不定，仿佛是扯起来的丝帛，轻轻地飘向远方。他不觉眼前一亮，轻声念道："羽呀羽，既飘逸又闪动，一羽可遮百尘，一羽可护万绒，羽乃飞仙之意，真是羽化云长也。"

他越想越觉得这个"羽"字含义极深刻，就仿佛是专为小长生量身打造的，想到动情处，不由得自言自语道："干脆就叫关羽吧。若再将'长生'改为'云长'作字，更可谓珠联璧合，完美无缺了。"胡斐即刻找到关毅，将这番意思告诉给他。关毅当然是满心欢喜，从此小长生就改名叫关羽，字云长了。只是胡斐不会想到，他的这番苦心孤诣，竟成了关公一生一世的谶言。也许正是这个"羽"字，让他身后羽化成神、成仙，称帝、称圣。不过也使他在生前只能是扮作一片"羽翼"，作为辅佐刘皇叔的中坚，叱咤风云，却一生也没有登上领袖的位子。难怪罗氏在《三国演义》里诗赞云：

人杰惟追古解良，士民争拜关云长。桃园一日兄和弟，俎豆千秋帝与王。气挟风雷无匹敌，志垂日月有光芒。王今庙貌盈天下，古木寒鸦几夕阳。

10 关公的"春秋"情结

关公文化的内涵，就是春秋大义，就是忠义精神，就是中华民族之魂。在世人眼里，关公不啻以威风凛凛、英武善战而著称，而且颇有一种文质彬彬的儒雅风度。将关公与孔子紧紧地"捆绑"在一起，是后世人的杰作，其"绳索"即《春秋》一书。也许正是在这个《春秋》醒世下，一个"忠义仁勇信"的关公形象，遂口碑相传成为不朽……

晚明开始，关公便以"关夫子""关圣"闻名。儒家接受他，固然是因为他属于真实的历史人物，并非"怪力乱神"，但更重要的是他是儒家理学《春秋》大一统"和孟子"大丈夫人格"的践行者。正是因为关公的"至忠至义"，所以在世人眼中，关公不啻以威风凛凛、勇武善战而著称，而且更有一种文质彬彬的儒雅风度，最让人称道的，无异于口耳相传的关公读《春秋》之事。而且似乎只有他才深得要旨、学以致用，张鹏翮就曾赞道："义存汉室，致主以忠。《春秋》之旨，独得其宗。"

《春秋》是我国最早的一部编年体史书，相传是孔子以鲁国史官所编《春秋》为基础，参酌他所读过的"百二十国宝书"，以及周游列国14年的所见所闻，加以整理修订而成。全书虽说只有12篇，17000多字，但是由于缺少文采，艰涩难懂，很少有人愿意涉猎。那么为何又受到后人如此青睐呢？原来《春秋》是孔子从统治阶级的利益出发，为维护周天子的礼制社会，言辞犀利、褒贬分明，用现在的话来说，就是治顽疾要用"猛药"。如此统治者肯定喜欢，而后世诸子也以熟读为荣，竞相著述解读。最得要害的是出了个"亚圣"孟轲，"歇斯底里"地大唱赞歌，将其定为"五经"（《诗经》《尚书》《礼经》《周易》《春秋》）之一，从而渐渐被社会接受。

一种思想可以培育一个人的世界观，一种世界观可以支配这个人一生的行为准则。关公的忠义人生，与《春秋》有着不解之缘。正因为他领悟了《春秋》的精义灵魂，并融会贯通于整个人生坚守的道德底蕴里，才使他成了千百年来朝野上下，尤其是平民百姓最为敬仰的人物。我们寻找关公，是因为他短暂的60年信义人生，竟然穿透了1800多年的历史，影响着如今每一个人的思想、行为和期望。而这一切，可能源于关公自小对《春秋》的热爱，使之成为他一生做人的根本宗旨，并延伸出"忠义仁勇信"的诸多优秀品质。

或许我们无数遍读过孔子所撰的《春秋》，为里边"珠玑般隽永"的文字彻夜深思；或许我们无数次朝拜关庙，看着关公秉烛读《春秋》的塑像而仰慕不已。但是孔子不会知道，因为他生于忧患，死于坎坷，自己早已弃《春秋》而去。而且他做过一个人一生中最为艰苦卓绝的努力，他受过一个人一生中最为冷酷无情的对待。我们不曾有过，因此我们不曾感受到他著述立传写《春秋》的艰辛，也很难作出诸如《春秋》一般的万世绝唱。

关公也不会知道。因为他有过普天下人生中最为精诚的结义兄弟，他经历了普天下武将中最为精彩绝伦的"过五关斩六将"。只是他也留下了人生诸多的遗憾，虽然谙熟《春秋》，尽忠尽义一生守信，却遭到天下最龌龊的暗算而大义归天。纵观文武二圣的生命踪迹，都是为了理想而秉持一生、虽万死而不悔的人。也许正是因为他们在人生理想的坚持上，在追求信义的努力上，在对待挫折的乐观上……做得比我们多一点、好一点，但也就是这一点点，使他们都成了"圣人"，而让我们望尘莫及。

是的，孔夫子将《春秋》写在了纸上，并且创造了一种文化，叫儒教。而关公呢？则是用自己的行动诠释着《春秋》的精义，也衍生了一种文化，将儒、道、佛三教融为一体。儒教文化的核心是"忠君"，而关公文化的内核是"信义"，不过它们都具备着同一的哲学内涵。孔子著《春秋》，关公读《春秋》，是在不同的领域层面为自己的理想和事业追求奋斗着，正如四川成都有联曰："孔夫子，关夫子，万世两夫子；修春秋，读春秋，千古一春秋。"可见一部《春秋》，将两位圣人紧紧地联系在一起，从而构成了中国文化最坚实的脊梁。

关公喜欢《春秋》，与他的家庭有着千丝万缕的联系。他的始祖关龙逄被封为"忠谏公"，谥号就很有含义。"忠"与"谏"二字，正与孔子《春秋》精义相符，将关龙逄人格与品质的内涵与外延，概括得淋漓尽致、所善无遗，也为其后人关公的"信义"深深地埋下了伏笔。或者说这个封号就是后世统治者，为满足宣扬关公的忠义而蓄意加冕的。

其祖父关审，是位学识渊博、秉性耿直的读书人，对《易经》《春秋》有着深刻的理解。一生坚守"不交结富豪，不攀附权贵，清静无为，洁身自好"的信条，勤俭治家、耕读为本。眼看东汉末年君主昏庸、朝政腐败，民生凋零、社会混乱，于是便淡出江湖，在中条山麓盖起两间草屋，日出而作，日落而息，劳作之余，诵读诗书之类的作品，怀抱宗法礼仪直到寿终。

尽管关公出世时，爷爷关审已经去世三年。不过他所遗传下来讲读《春秋》的文化气息，为这个今天在中国社会有着非常显赫地位的圣人家庭，奠定了坚实的理想基础。应该说，这个严守封建礼教又有一定文化修养的家庭，对关公以后的成长产生了深刻的影响。因此，关公还在孩提时代，就表现出了与众不同的勇猛与信义。

在追寻关帝庙历史的过程中，人们寻找当年关公的足迹，体味着千百年来朝圣者们的心境。只是历史的岁月已掩盖了关公的脚印，朝圣者的心境又形形色色。遥想当年，中条山的树枯了又青，盐池里的水白了又绿，在岁月的交替里，小长生也在渐渐地成长着，也正是中条山的坚毅和盐湖水的淳朴，培育了他为人处世的行为品格。

关公一生信守《春秋》，得益于他的启蒙老师。胡斐是个饱学的儒士，对《春秋》更是情有独钟，每日晨读夕诵、遣词造句，对其理解得近乎出神入化。在家里就曾对《春秋》耳濡目染的关公，到学堂更是废寝忘食，有时候甚至是通宵达旦、彻夜不眠。到十一二岁时，他便读完了《诗经》《周易》《礼记》《论语》《左传》等诸子百家的论著，不仅背起来朗朗上口，而且对各类文章举一反三、融会贯通。正如此，读《春秋》成为他终生的嗜好，并且融入他一生的风雨历程里。正如年遐龄在其《重修当阳汉寿亭侯关夫子庙碑记》中所说："自孟子而下读《春秋》者不乏人，而能于《春秋》大义见诸行事之实者，唯（关）侯一人而已。"

正是在这种环境的熏陶下，关公对人诚实懂礼而又勤劳勇敢，因此十分讨父母和街坊邻里的喜爱。有一次，他和小伙伴们在中条山里的分云岭上割草，突然窜出来一条五尺多长的大蛇，小伙伴们都被吓得目瞪口呆。说时迟那时快，关公一把推开身边的伙伴，绕到大蛇的旁边，用手中的镰刀砍在大蛇的七寸上，只见大蛇的身子扭曲了几下，便躺在那里不动了。

尽管后来关公成了华夏民族的至尊，受到万人顶礼膜拜，但是在孩提时也难脱童稚之气。下学之余，他便领着村里的一帮小伙伴，跑到中条山上打柴、割草，甚至攀登到分云岭的悬崖峭壁上采棠棣、摘酸枣、刨药材。若是遇到刮风下雨天，他们一帮子小伙伴就会分头趴在盐坨子上，玩起"黄帝战蚩尤"的游戏来。当然关公总是扮演黄帝，是取胜的一方。只是他根本不会想到，在他身后的宋朝皇帝真宗，会真的安排他再次回到故里，与儿时的对手蚩尤前辈做了一次"啼笑皆非"的殊死之战。

胡斐慧眼识珠，除了教关公潜心研读《春秋》外，还教他阅读兵书，习拳舞剑，演练阵法。尤其是结合《孙子兵法》里的故事，给他讲解十八般兵器，三十六谋略，七十二招式，一百零八套路。关公不仅虚心好学、勤奋刻苦，而且善于博采众长、自成一家。在胡斐的悉心传授下，关公冬练三九夏练三伏，早将兵法套路以及刀功和马上武艺演练得十分娴熟，为他以后立下"驰骋蜀汉三十年，带兵作战第一将"的功绩，打下了坚实的基础。

其时关公是否真正喜读《春秋》，史料上没有详细的记载，在我看来，大约多是后人为了塑造人物的需要而虚构杜撰的。为何如此呢？想必是有一定的道理。《关帝圣迹图志全集》载清代王维珍的一席话，就讲得十分深刻明白：

太史公曰：春秋者，礼仪之大宗也。若为君父而不知春秋，前有谗而不见，后有贼而不知。抑为臣子而不知春秋，守常事而不知其经，遇变事而不知其权。盖自汉唐宋明以来，学士之家治春秋勤，弦诵者亦不胜数。

让关公一生执着于《春秋》，是历代统治阶级的需要，所以后世官方关庙几乎都有"春秋殿"（亦称麟经殿）或者"春秋亭"之类的建筑，造像也多是关公捋须读《春秋》，成为他一个永恒的"标准像"：烛光微摇，香雾略绕里，脸色赤褐的关公左手扶案，右手捋髯，那专注的神情，逼真的仪态，生动的神采，给后人定格在"秉烛达旦"的美传美誉上。明朝著名画家文徵明曾为此题诗《关帝麟经》："有文无武不威如，有武无文不丈夫。谁似将军文复武，战袍不脱夜观书。"正说明关公已经成为中华民族"《春秋》大一统"的精神象征，所以在京城代表"正统历史观"和"大一统"的儒家历代帝王庙中，关帝成为唯一塑像敬奉的国家神祇。

聪明的读者都知道，我们看历史，了解历史上的人物与事件，无非是想从这个人的人生经历、人生经验和人生智慧中，得到能对我们提供最有价值的借鉴、依托和启迪，能使我们的人生更加顺畅、更加有意义地行进下去。于是关公就被安排出生在一个"专治春秋"的家庭，而且有一个"善讲春秋"的启蒙老师，因此也就有了"春秋书，至圣为臣子而作也，善读春秋者太史公也，能行春秋之事者（关）夫子也"的千古定论。

不过史载关公读的应是《左氏春秋》，因其为兵法与讲史演义而来，所以对于"武圣"关公而言更为适合恰当。宋代大儒朱熹就说道："看《春秋》，且须看得一部《左传》，首尾意思贯通，方能略见圣人笔削，与当时事之大义。"《三国志》中裴松之也有一条注释："《江表传》曰：羽好《左氏传》，讽诵略皆上口。"就连致关公于死地的吕蒙，也称道关公"斯人长而好学，读《左传》略皆上口。"可见关公善读的《春秋》，是春秋时鲁国太史左丘明所作的《春秋左氏传》，或称作《左氏春秋》。

《左传》是左丘明依据《春秋》条目，用事实解释《春秋》的一部史学和文学名著，推尊中央王朝，强调"大一统"观念，排斥"夷狄"，反对"犯上作乱"，提倡施仁政、讲礼仪。由于笔法生动，十分引人入胜，因此关公在阅读的过程中，不知不觉地在心里埋下了行侠好义、忠君报国的种子，而且日渐成长为一棵参天的理想大树，一生立身行事都以"春秋大义"为本，包含了深厚的诚信底蕴，深受世人赞同。

关公之所以由一战将而成为关王、关帝，进而成为中国历史上独一无二的"武圣"，其关键在于成为某种传统人格与道德的象征，已是非同常人的神人与圣贤了。事实证明，关公正是因为精通《春秋》并将其精义熔铸到自己的灵魂中，才使得他被视为"圣人""夫子""智者"，而有别于"一介武夫"，在无数英雄豪杰中脱颖而出，正如史书中赞叹道：

汉末才无敌，云长独出群。神威能奋武，儒雅更知文。天日心如镜，《春秋》义薄云。昭然垂万古，不止冠三分！

11 关公的天伦之乐

举凡被称作圣人的人，生前都不怎么风光，尤其是在日常的生活里，有时候在生理和心理方面，也许比常人还更多了些许艰辛，譬如文圣孔子、诗圣杜甫等。不过关公与他们不同，在他的青年时期，有着非常惬意的天伦之乐。曾经的历史记录，将人们带向了远古的岁月，带向了东汉末年的关氏家族和那个温馨而热闹的家……

不知关公是否能够想到，在他去世的千年之后，居然能有这么多的崇拜者，能有这么多的华夏子孙牵挂着他的故居家庙，牵挂着他的家庭和成员，而且这一切是那么的清晰与热烈，那么的亲切与自然。我从历史的遐想中醒来，眼前依然是碌碌的众人，当人们都在对关公的神迹圣史津津乐道时，应该想到年轻的关公也曾是一个普通的百姓，他也曾经有过热恋，有过婚姻，有过做人子的孝道，也有过为人父的欢乐。

传说不一定是真实的历史，但是必然有历史的影子。其实除了那些不食人间烟火的神仙外，凡人们都有着七情六欲的人之本性。关公跟着胡斐求学，不仅收获了文识武艺，而且得到了他一生最美好的姻缘。当年这里没有这么繁杂热闹，那时幽静的小院里，长满了青竹古藤，不时有鸡鸣犬吠声传出。正是在这日出日落的过程中，关公已渐渐地长大，成了一个相貌堂堂、体魄强壮的小伙子。按当地的风俗，也就到了谈婚论嫁的岁数了。不过关家根本不用着急，因为关公早就有了意中人，是一位美丽、温柔又通情达理的姑娘。而这姑娘不是别人，就是他的恩师胡斐先生的女儿胡玥。

胡玥是胡先生的独生女儿，小关羽两岁，跟随父亲住在学馆里，一方面照顾父亲的饮食起居，一方面与众学子一起读书认字。她不仅长得端庄秀气，亭亭玉立，而且心灵手巧，勤快贤惠，琴棋书画样样精通，还有着一身非凡的武功和娴熟的药理知识。汉朝社会远没有后来那么封建，也没有所谓的"男女授受不亲"的礼教，不然的话，曹操何以连续娶回三个寡妇？关公也不可能被一些人无端猜测出"与貂蝉有染"的所谓趣闻来。所以在几年的同窗共读中，关公与胡玥互相倾慕，悄悄地相爱了。

两人的天赐良缘得益于情投意合，有着相同的志趣爱好，而起因则源于一个"桃花洞打狼得兵书"的传说。在解州附近的中条山里，有一个神秘的山洞，洞口前是一片绚丽的桃树园。每到春暖花开时节，这里桃花灿烂，蝶飞蜂舞，非常美丽宜人。据说洞里曾经住过一位上古高人，藏有非常珍贵的宝物，但是由于山高路险，荆棘丛生，而且还聚居了一群山狼，不时伤害人畜性命，使周围百姓望而生畏、闻风丧胆，哪里还敢去游山玩水，踏青赏花，更别说是进洞寻找宝物。

关公知道此事后，决心独斗狼群，为民除害。就在他到达桃花洞后，才发现胡玥一身侠女打扮，手持强弩，斜背箭囊，远远跟在后面。那一次他们齐心协力，不仅杀散了狼群，还在洞的深处发现了一堆竹简，即后来流传于世的十几篇兵法。爱情的火花一旦擦着，就会毫无顾忌地燃烧起来，也使得神奇的开始得到了神奇的结果。没过多久，两人又共同杀死了一条偷喝学子灯油的长蛇，而那长蛇却化成了一把寒光闪闪的长剑，后来一位仙人赠送了剑鞘，这就成了他们的定情礼物。关毅知道了这件事后，即刻请了媒人向胡斐先生提亲。

胡斐也早已看在眼中，自然打心眼里满意。这会儿见媒人前来，当然是十二分的喜欢，于是顺水推舟，两家一拍即合，很快就订了婚事，并决定六月初八举行结婚大典。等到定妥后，关家就立即按照礼节开始了娶亲的脚步，经过一番紧锣密鼓地张罗，终于搞定了"六礼"中的纳采、问名、纳吉、纳征、请期这"五礼"。并且请来当地有名的风水先生，依据关公的生辰掐八字、选吉日，直忙到一切安排就绪，就只剩下第二天黄昏最后"迎亲"这一礼了。

为什么选在黄昏才去迎亲？这是当地的风俗习惯，也是儒家"礼仪"的规定。所谓"士娶妻之礼，以昏为期，因而名焉。阳往而阴来，日入三商为昏"。这里说的"三商"指的是"三刻"。当时以漏刻计时，称之为商，漏下三商为昏，为此出门迎亲须在黄昏。这个习俗，至今在运城的闻喜、稷山、新绛、夏县一带还十分流行。

这天虽说是大喜的日子，关公却还跟往常一样，一大早起来，先是在门外的小树林里练了一会儿拳脚，接下来就又回到房间，不管庭院里人声如何鼎沸，自己依然是安神静气，埋头习理典籍。他先是读了半晌《春秋》，觉得有些疲倦，就信步走出房门，抬头向远处看去。只见太阳已经偏西，那殷红的一团火球，悬挂在村外的中条山上，与旁边柔弱的云构成了一幅极为美丽的图案。

渐渐地有风吹来，飘浮着的柔弱的云渐渐散去，就只剩下那团斜挂在西天上的殷红。关公看着，又仿佛看到了胡玥那俏丽的面容，微笑着正等待他赶快过去抱她上花轿、入洞房……关公不由得笑了，拍拍自己的脑袋。看着时间还早，就又回到了屋子里拿出一卷诗歌，找出《诗经》里的《伐檀》读了起来："坎坎伐檀兮，置之河之干兮，河水清且涟漪。不稼不穑，胡取禾三百廛兮，不狩不猎，胡瞻尔庭有县貆兮？彼君子兮，不素餐兮？"

当他读完《伐檀》后，稍稍停顿了一下，又读起了《硕鼠》一诗："硕鼠硕鼠，无食我黍，三岁贯汝，莫我肯顾。逝将去汝，适彼乐土。乐土乐土，爰得我所。"

还是在学校时，他当时的先生、现在的岳父就曾经给他讲过这两首诗歌。由于这两首诗选自《魏风》，就在中条山的那边，古时候称魏国，人们开玩笑叫作"鬼国"，所以他记得非常清楚，至今想起来依然历历在目。此刻关公读书的声音，不仅字正音准，而且充满了诗中所要表达的感情。他眯缝着丹凤眼，两道卧蚕眉微微颤抖着，脸上一副肃然的表情，声音亦变得愈发沉重起来。

他知道《伐檀》写的是一群在河边砍伐木材的奴隶唱的歌，他们向奴隶主提出了正义的责问：为什么那些整天都在劳动的人反而无衣无食，而你们这些"不稼不穑""不狩不猎"的人，反而坐享别人的劳动成果？正是这种对现实的清醒认识，以及对于这些不劳而获的人的愤激，所以不能不导致老百姓的强烈反抗。大概关公后来杀死吕熊，跟这早期的读书不无关系。

屋里的光线渐渐地暗了下来，门外的锣爆炮竹已响了起来，在母亲关王氏的催促下，关公收拾打扮了一番来到上房。他先跪拜了列祖列宗，又给父亲、母亲分别磕了头后，才在伴郎的引领下向胡玥的家走去。原本红彤彤的太阳，已经变成了橘红色，却仍然静静地伫立在树梢上，似乎在等待着什么，又似乎在希冀着什么。倒是那刚才已经散去的白云，这会儿又聚拢起来，变成了鲜红色，像一团团跳跃的火苗，将迎亲的一行队伍映衬得分外壮观。

对于那次迎亲的场景，本土作家申新意、杨焕育两位先生，在其《关公全传》里这样描写道：

清风拂面，温温霭霭气氤氲；红日斜空，郁郁蒸蒸云霞蔚。闪闪烁烁，红纱灯前面引道；摇摇曳曳，龙虎旗随后招展。立金瓜，卧金瓜，三三两两；铜斧钺，银斧钺，双双对对。噼噼啪啪，驱邪炮仗响八下；隆隆咚咚，迎亲锣鼓擂三通。颤颤悠悠，四抬花轿相随乘；蹦蹦跳跳，两个童子并肩行。俊俊俏俏，金鞍马驮着新郎君；娇娇艳艳，铜瓦轿坐定美娇娥。纷纷扬扬，司礼撒开五谷籽；婉婉转转，喜娘唱起十酒歌。玉炉内缥缥缈缈，沉檀齐薰；香案上明明朗朗，红烛高燃。两位新人拜天地，羞羞涩涩；一双佳偶入洞房，欢欢喜喜。吹吹打打，玉笛劲奏《百鸟朝凤》；悠悠扬扬，莺喉高歌《鱼水同欢》。闹新房，调皮人发科打诨，说说笑笑；赴宴席，莽汉子裸袖揎拳，指指点点。一时间，院里院外，门前门后，处处喜气洋溢，欢声阵阵，笑语盈盈，说不尽的红火热闹。果然道：花迎喜气皆知笑，鸟识欢心亦能歌。

夕阳沉浮，新月婉转，两有情人拜天地、拜祖宗、拜高堂，在欢天喜地中，享受着洞房花烛夜的浓情蜜意，结为百年之好，成就了一生的终身大事。再看胡斐陪送的嫁妆，也是极其的珍贵：关公与胡玥从桃花洞里取回、已被胡斐重新整理编排的十几篇兵法，连同胡玥得到仙人赠送的剑鞘，一道用红绸包裹一新，请四个"职客"用食摆盒抬着，恭恭敬敬地送进了关府大门。

关公与胡玥婚后互敬互让、举案齐眉，意似鸳鸯、情同鸾凤，一块儿习文练武，十分恩爱。而且胡玥上敬公婆，下和邻里，日子过得虽不宽裕，却也十分和睦美满。一年后胡玥生一男孩，取名关平，19岁的关公便做了父亲，享受起了天伦之乐。屈指数来，时间已经走过了近两千年的岁月，如今的胡玥已被供奉在家庙里一座别致的小院落（被称作寝宫娘娘殿）。也许是封建社会男尊女卑的缘故，娘娘殿显得低调了一点儿，但神龛里关夫人面貌清逸的塑像，却让每个游人眼前一亮：因被追封为"皇后"，授了"诰命"，所以头戴金灿凤冠，身着锦绣霞帔，俨然帝王后妃一般。两边的配殿里，分别供奉着关平和关兴及其配偶的塑像。

关平大家熟悉，是关公的长子，他生前始终跟随父亲南征北战，临阵不离左右，并与父亲一同被斩于临沮。至今在庙宇的祭祀中，也都与周仓一道陪伴着父亲，享受着后人们的香火礼拜。关兴是关公的次子，少年时即有名气，深得诸葛亮器重，弱冠后担任侍中、中监军。因为哥哥随父阵亡，承袭了父亲"汉寿亭侯"爵位，只是并没有太大的战绩流传，年仅24岁便无疾而终，留下了诸多的憾事。

大约是出于野史传说，关公还有一女叫关凤，孙权曾为其子求婚，遭关公所拒并当众羞辱来使，成了后人描述关公所谓"性格骄傲"的铺垫。另有关索，据说是关公的三子。关公失荆州时，他在鲍家庄养伤，知道父亲被杀后积极请战，诸葛亮南伐孟获时被招为先锋，而且战功卓著，在西南边陲一带名气远比两位哥哥要大得多。

伟大的事物总有其相似的地方，早期的家庭活动，成为关公走向忠勇仁义大道的最早阶梯。也许有人质疑，关公的家庭就是这样淳朴、和谐，充满了文化氛围？以我之见应该如此。因为两人一个温文尔雅，一个贤淑达理，而且不论怎么说关公这个人物是万人敬仰的帝君，理应有一个良好的出身、良好的家庭，从而拥有良好的人格、良好的品质，令众人口服心服。《解梁关帝庙》载赵钦舜诗曰：

归吴便可邀殊遇，从魏犹堪树壮猷。偏向孤城轻一死，不虚平日看春秋。

12 关公的悯冤除霸

悲歌一曲，浩气长存，面对着家庙里的砖塔，我们又能说什么呢？一般来说，塔为佛家的"专利"，家庙很少有建塔的现象，既为之，想必自有几分道理，当你了解了其真相后，你感到的不仅仅是震惊，还有崇敬与激动。也许正是那个天黑风高夜，为我们打造了一位千年不朽、万众景仰的盖世神灵……

湛蓝的天空，只因为有阳光照射白云飘浮，才显得绚丽多彩；久远的历史，只因为有朝代更迭英雄辈出，才显得诡异奇伟。无数神圣的关帝庙，让朝拜者在和煦的风的吹拂下，带着清新的思绪走向曾经波澜壮阔的历史，去寻找曾经搅动着历史风云的传奇人物。因为但凡是传奇人物，都有着传奇的经历与传奇的遗存，在无言地向人们讲述着传奇的往事与传奇的记忆。

不可否认，是我们华夏民族共同塑造了关公的形象，并且千百年来一直被人津津乐道，将他的人生汇聚成一部传奇的经典。人们回味历史，是一个有趣而富有哲理的事情，那时候的社会到底如何，我们只能从历史的故纸堆里去寻找。不过有一个规律：好岁月都是倏尔飞逝，留在人们记忆深处的多是苦难的日子。就说汉朝吧，自刘邦在泗水揭竿而起，赢得天下后，从西汉到东汉，有风光也有败落，风风雨雨几百年，大约是气数将近，蹒跚着走到了东汉末年。

统治者的倒行逆施，社会之船已处于千疮百孔、风雨飘摇之中。加之朝野宦官军阀间的互相倾轧，进一步激化了日益尖锐的阶级矛盾，终于在中平元年（184年）爆发了声势浩大的黄巾起义。并且，"八州并发，烟炎绛天"，"旬月之间，天下响应，京师震动"，从此一发而不可收。接下来群雄割据，烽烟四起，兵荒马乱，连年战争，东汉王朝的腐朽统治已走进日暮途穷、朝不保夕的境地。

全国的战乱局面，也波及了河东地区，常平乡的村塾无法再办下去了。胡斐只好遣散学子，告别亲翁，留下女儿独自回了据说是"胡地"的原籍。年富力强、满腹才学、武艺娴熟、怀有远大抱负的关公，不甘心像父辈那样终生作务庄稼，打铁谋生，便产生了闯荡江湖、干一番事业的想法。也许正是因为这一想法，才成就了中国历史上"武圣"的精彩亮相。

悯冤除霸，是关公生平中的第一义举，千百年来一直为百姓称颂不已。可惜在《三国志》里，却只用了"亡命奔涿郡"五个字一笔带过。不知是大意疏忽还是有意为之，反正使人们对陈寿老夫子的"企图目的"，甚至"人格品质"充满了疑问与不解。倒是王朱旦的《碑铭》与《关帝全书·圣迹图志》里"诣郡陈言"和"悯冤除霸"两则释文，较为详细地记述了这一壮举，为我们揭示了事情的真相与原委：

> 帝生而英奇雄俊，既受《春秋》《易》，旁通淹贯，以古今事为身任。稍长，娶胡氏，于光和元年（178年）戊午五月十三日生子平。次年弱冠，谢父母曰："儿已有后，足奉祖祢，今汉将烬，盈廷舳棱辐邪，谁为扶红日照人心者？"遂诣郡陈事时，不报……

归旅舍，闻邻人哭极哀，叩之，曰："韩守义也。遭郡豪吕熊荼毒。吕党连七姓，黠猾事中珰，篾职纪。"帝眦裂发竖，命守义导至七所，悉斩刈之。潜引去。意郡守稔群恶必原义士，勿引绳批根，而有司惮文法，遽迫求之。于是道远公及配淹芳腐井，自虞益作井来竟窆。圣善夫人胡氏，抱平避母族免。

当地还有几种传说，情节虽与《碑铭》略有不同，但是"悯冤除霸"的性质却大同小异。都是说这一日，关公来到解州城内寻找几位志同道合的哥儿们，商量着如何报效国家。当他得知官府正在河南颍川一带同黄巾军作战，更是热血沸腾，就拉着大家来到羊肉泡馍馆子里，沽了一坛老酒开怀痛饮，直至酩酊大醉，随意找了一家客店住下。睡至半夜时分，觉得口干舌燥，就从屋里出来寻碗水喝，却见大槐树下影影绰绰，有人哭得十分悲痛，便走了过去，见是同乡韩守义老汉。原来这韩老汉有个独生女儿，今年刚满16岁，已许聘给了解州城里李裁缝的二公子，并定下了结婚的日子，只等举行婚礼。

谁知就在这个时候，偏偏出了问题。农村里有一句古语，说是"种地种洼，娶媳妇娶疤"。这姑娘出问题就出在不仅脸上没有疤子，而且柳眉凤眼，樱桃小口，太过于漂亮，虽然长在农家却如同仙女下凡一般。出问题还在于那天她到解州城里赶集，偏偏被那郡豪吕熊看了一眼。然而就那么一眼，便让吕熊鼻涕涎水都流了下来，硬要霸占为妾。韩守义到吕府上苦苦哀求，反遭吕家恶奴一顿痛打，连拽带拖被赶了出来，并扬言两日后用花轿抬人，不然的话……那话没说出来，韩老汉已心里清楚，无奈请人写了诉状，想求官府为民做主，出面阻拦这个泼皮。哪知道府尹早被吕熊买通，反说韩老汉抵赖婚约，诬告乡绅，结果可想而知。韩老汉眼见喊天天不应、呼地地不灵，实在是走投无路了，父女两人决定一死了之。

这个吕熊，是解州城里有名的恶棍泼皮，而且他的发迹与曾任河东郡守的董卓有关。据说这家伙为了巴结董胖子，竟将自己只有16岁的亲妹子送与这位"父母官"为妾，小小年纪就患上了妇科病"血痨"，不久便一命呜呼了。死就死了，吕熊却一点儿也不怜悯，干脆一不做二不休，又将自己的亲生女儿送进董府，换了个"勋户员外"干干。因为有这个"头衔"罩着，所以他勾结官府有恃无恐，为非作歹横行乡里，人们都是敢怒不敢言。

吕熊为董卓"捐妻"慷慨大方，自己也是一个采花大盗，为了满足兽欲，就将周围的水井全部填埋，只剩下他庄园里那口。然后张榜公告，凡打水者必须是黄花闺女或者是刚生产过的少妇，因此他不知糟蹋了多少良家女子。吕熊臭名昭著，关公当然早有耳闻，杀之为民之心已久。这会儿韩守义痛不欲生的哭诉，无疑是火上浇油，多日里压在心底的仇恨一下子迸发出来。只见他狠狠地说道："不除掉这只老熊，百姓何以安生？我关云长也枉为七尺男儿！"

关公一生信字为本，说到做到。他不愿让韩老汉担惊受怕，就顺便安慰了几句，然后返回房间，取出自己亲手斩蛇得来的宝剑。月光下，只见剑刃如薄纸一般，寒光闪闪。他撩起衣襟轻轻地擦拭了几下，又放在眼前看了看说道："活该这老贼命休，就用这颗熊头来祭我的宝剑吧！"遂乘着夜色携刀潜入吕熊家府，将其及7名帮凶的108口家庭成员，杀了个干干净净。

正是这晴空霹雳的一剑，奠定了关公人生"忠义大厦"的第一块基石。离开解州后，关公知道闯下了大祸，连夜赶回家中，将实情告诉了家人。突发的灾祸，让一家人惊得目瞪口呆。不过关毅深明大义，对儿子"悯冤除霸"之举倍加赞赏，见时间紧迫事不宜迟，一方面命儿媳胡玥带着关平回娘家躲避，一方面让老伴赶紧为儿子收拾些行装。一切就绪后，他催促关公立即出走，先躲进中条山里隐匿逃命，然后见机行事。

胡玥站在一旁早已是泪流满面、泣不成声，眼见事已至此无法挽回，只好向公婆跪拜辞行，又向丈夫深情地看了几眼，似有好多话要说却又难以启齿，只是将包裹递给丈夫，押了押关公的衣襟，回头叫过关平给关公磕了三个响头，这才依依不舍地离家而去。此时东方已露出鱼肚白，关公便向父母亲行了三跪九拜的大礼，然后藏好宝剑背了包裹，出了村门大踏步地向蒲州赶去，准备西渡黄河逃往陕西地境。

不曾想吕宅的冲天大火，早已惊动了州衙府尹。知府当然知道吕熊的背景，哪里还敢怠慢，连夜张贴榜文悬赏捉拿嫌犯，又选派衙役四处布防，严查过往行人，稍有神色慌张的一律严刑拷打，不敢放过一人。眼看东方天际曦光初现，启明星闪闪烁烁，关公正行间，看到前面人影晃动、吆五喝六的，怕是官府已经发觉，便急忙调头沿小路向山里走去，不觉得来到了一个叫作水峪村（今永济市水峪口村）的地方，其时天已大亮也不敢进村，就径直走进了山沟里面。

关公压根儿没有想到水峪口里的风景竟然这么秀丽，绿荫蔽日，泉水潺潺，清潭绿瀑，鸟语花香，虽说命案在身，但人的灵魂一旦与山水世界相融，便会产生一种寄予自然的向往。于是他随手解开行李，拿出携带的干粮，又顺手从山根拔了一丛野韭菜，就着溪水将肚子填饱。然后找了一块隐蔽的石板，扯下随身衣服铺好，躺在上面睡了一觉。醒来时分已是山影暗淡，归鸟啼鸣，关公只觉得浑身舒坦，心情愉悦，想着外面风声正紧，又有如此幽静的地方，何不躲在这里等风声稍过再做打算？

关公就沿着山坳找了一个山洞安顿下来，从此日出而作，日落而息，不仅开山种地，习文练武，而且选矿冶炼，锻造铁器，并打造了随身携带的兵器，至今水峪口里还留有许多关公当年生活的遗址和传说，从而破解了关公离家出走后到底身藏何处的谜团。直到三年后，关公才在风陵渡过了黄河，设计出了潼关，从此离开河东家乡，浪迹江湖，至死不曾再踏上这片土地。

壮歌一曲，浩气长存，关帝家庙里又似见当年难舍难分的情景，前院里数棵千年古柏中，孤独地耸立着一座砖塔。若在佛教寺院里，建塔当然是司空见惯的，然而我们现在身处家庙，这种现象不能说是绝无仅有，但是肯定耐人寻味。塔铭上写着："见此塔，不知其为墓者十有八九。"塔者？墓者？我想写这个墓铭的一定是一个充满智慧的人。这句话虽平铺直叙，却又深藏玄机含而不露，我站在塔前默默地注视着、猜度着，却始终没有理出头绪来。

关圣于灵帝光和二年己未，愤此嫉邪，杀豪伯而奔。圣父母显忠，遂赴金井而身殁。至中平元年甲子，三人为帝有扶汉兴刘之举，遂建塔井上。

原来塔下是一口水井，当年关公杀了恶霸吕熊及其家小之后仓皇出逃，他的父母却因行走不便，又不甘心被捉受辱，就双双投井身亡。后人为了奠祭这两位不屈不挠的老人，就将井填平并修了这座砖塔，取名"忠义塔"。一对老人面对死亡，舍生取义，正气凛然，留给我们的不仅仅是一个动人的故事。30年后，关公面对死亡时也一样地宁折不弯，表现出大无畏的英雄气概。

人远逝、塔依在，我默默抚摸着《汉关王祖宅塔记》石碣，心情格外的悲痛，脚步也格外的沉重。后人在对英雄人物进行塑造时，早已给他们奠定好了基石，预制好了模型，准备好了材料，我们只是不同工种的工匠，按照前人设计好的图纸，日积月累地进行加工塑造，使它不断地完善和更加光彩夺目。有风吹来，家庙里的疏竹飒飒作响，仿佛是在吟诵着清康熙年间介孝踌诗词《常平关帝庙（三首）》：

其一：旧宅千余载，君侯去不归。英雄轻书锦，田舍薄征衣。古墓高槐合，遗龛细草霏。画梁双燕子，还似汉时飞。

其二：最爱陈灯卧，萧然百尺楼。当时天下士，羞与里中游。四海波涛立，三巴组组浮。丈夫江汉去，桑梓亦千秋。

其三：万里桥南路，千年杜宇悲。招魂兄弟在，遗墓鬼神疑。杉落惠陵庙，莺啼丞相祠。古今遥望处，南北共残碑。

第三章　横空出世，
直挂云帆济沧海

罗夫子将"桃园结义"放在《三国演义》的首回，不能不显示出他的匠心独具。中国是一个崇尚对国家君主忠、对兄弟朋友义的国度，正是这个被经纬了的道德网络，维系着华夏民族两千年的封建统治。《三国演义》里，作者将这作为一条主线贯穿于整个著作的始末，毫不掩饰地表达出自己"扬蜀抑魏"的思想感情。

13　关公桃园三结义

一个"桃园三结义"，将刘、关、张三兄弟送上了东汉末年的政治舞台；也以一个精彩的亮相，唱响了《三国演义》的开篇序幕，成为千古不朽的话题与后人竞相模仿的行为。至于"不求同年同月同日生，只愿同年同月同日死"的誓词，更成为后世朋友之间金兰结拜的经典表述……

翻阅《三国志·关羽传》，其开宗明义第一句，关公"亡命奔涿郡"，从而揭示出他一生最辉煌的功绩，都是在战乱期间背井离乡中完成的，其中与涿州人刘备和张飞相识、相依，从同心合志到同生共死的一生，尤其牵动人心。于是我们看到了在关公的生命轨迹里，有一个奇异的现象，将关公的生平一分为二，也铸就了关公人生道路截然分明的界点。这个"界点"，就是彪炳史册的"桃园三结义"。

对于关公来说，桃园结义的界点，既是他"尽孝时代"的终结，又是他"举义时代"的开始。孔子提倡以孝为中心的伦理，是因为他生活在春秋时期"乡里社会"的时代，因而注重血缘宗亲。而关公悯冤除霸，背井离乡，从此结束了孝敬父母的"前关公时代"。同时也开始沿着后世罗贯中描绘的路线图，跃马挥刀，驰骋疆场，正式踏上了英雄壮举的征程，将一生的黄金时光都交给了大哥刘皇叔，交给了波澜壮阔匡复汉室的战争，足迹遍及长江两岸，从而开启了他异域风云的"后关公时代"，直到悲壮遇害身首两地才魂归故里。人们为了纪念关公，在时为州府之地的解州城，为他建造起一座行宫兼寝院，被冠以"关帝庙"。

解州是坐落在山西运城市郊的一个小镇，却因拥有全国"武庙之冠"而驰名中外。汉语的奇妙就在于它的诡谲与多彩，建筑本是土木砖石的产品，却被誉之为凝固的音乐、凝固的艺术。事实上建筑也的确孕育着一种文化，一种更富空灵的智慧，透过没有生命的物体，能够窥觑到极富生命力的哲理与寓意。当然那是阳春白雪之人的视觉，我们这些下里巴人呢？再怎么仔细地端详，也只能看出这关帝庙只是一座宫殿式建筑而已。不过既然戴了"帝宫"的桂冠，也就必然有了规制与讲究。在斜阳映照下，"结义园"门口高耸的木牌坊，正在无言地引导着游人向那历史深处走去。

关公离开水峪口逃出潼关后，到底都干了些什么，史书上没有多少记载，因而就少有人知道。以今人眼光来看，流亡的生活肯定不是什么好营生，虽然杀吕熊是"革命"的壮举，可在那个时候毕竟是一名被官府追捕的逃犯。如此关公大概是隐姓埋名、颠沛流离他乡而风雨漂泊，历尽艰辛，苦难备尝。也许正因为如此，当他重现江湖时已是尽显沧桑，脸色黑里透红如同重枣。或许还是为了遮人耳目，长时间的不修边幅，因此胡须竟长至二尺有余。不过配上他那双丹凤眼、卧蚕眉和魁伟的身材，倒是更增加了几分阳刚之气。

环境可以改变人之语，是应有几分哲理。几年下来，关公大概也适应了这样的"盲流"生活，有饭便吃，随地而卧，一人吃饱全家不饿，见了不平的事儿，顺便管上一管，倒也有些乐不思蜀的味道。转眼间到了中平元年（184年）的初春，关公一路颠沛流离来到了涿郡（今河北省涿州市），见官府贴出榜文招募义兵，就挤了进去。看罢只觉得胸中充满了跃跃欲试的冲动，正好也觉得饥肠辘辘，就顺便走进一家饭铺。天下的事儿果然无巧不成书，正是这一不显眼的举动，造就了"刘、关、张"三人同桌饮酒进餐、互通姓名诉说身世，最终成就了那空前绝后的"结义"之举。

道同则谋和，三人虽是素不相识，但由于志向相投，抱负一样，因此一见如故，再叙恨晚，三言两语便成了敢于谈论杀人造反、揭竿起义的朋友。从此确立了一种令世人望尘莫及的特殊关系：他们既是君臣又是兄弟，尤其是这种兄弟关系，超越了人与人之间的血缘、姻缘及亲缘的界限，展现了一种至高无上的"大义"节操，因此深得民间百姓所崇奉。而且随着三国故事的深入人心，三人情同手足的感人事迹，更是脍炙人口、传播后世。

到底是什么样的原因使这三位出身低微的年轻人，为了一个宏大目的而走到一起？在那"良禽择木而栖，贤臣择主而事"的双向选择的动乱年代里，"桃园结义"又意味着什么样的价值选择和终生承诺呢？罗夫子妙笔生花，运用刘焉招募义兵的一纸榜文，将刘、关、张三人志同道合的相聚，一开始就带上了庄严的忧国忧民色彩。而且，三人的形象各有特色，一个个不同凡响。

关公自不必说，《关帝全书·圣迹图志》描写他："帝君生而英奇。及长，身长九尺六寸，面如重枣，唇若丹朱，凤目蚕眉，脸有七痣。臂力敌万夫。"而罗贯中的描写更是简单明快："身长九尺，髯长二尺；面如重枣，唇若涂脂；丹凤眼，卧蚕眉，相貌堂堂，威风凛凛。"与其忠义气概正好互为表里。然后手提青龙偃月刀，胯下骑赤兔马，左有关平、右有周仓二人相随。一位盖世英雄的形象，在奇特的髯、面、唇、眉、眼的描述中，栩栩如生地呈现在人们的面前，俨然是一尊威严无比的神塑再现。

再说那位面如冠玉，唇若涂脂，双耳垂肩，双手过膝，目能自顾其耳的客官，姓刘名备字玄德。他性情宽和，不好言语，喜怒不形于色，用现在的话来说，就是那种在心里做事的主儿。不过从那熠熠发光的眼神里，看得出来是位素有大志的人物。他本是西汉景帝刘启之子、中山靖王刘胜的后代，不过家境官道都早已衰败，父亲刘弘只曾担任过地方小官。到了他这辈更是有点凄惨，幼年父亲早丧，只能孤儿寡母相依为命，靠编织麻鞋、贩卖草席为生。好容易有人愿意掏钱接济他去学堂，他却不肯用功读书，倒是专爱交结朋友，拉帮结伙，天生就是一块做官的料，很有点领导才能，所以在结拜时坐了头把交椅也就不足为奇了。

若论粗线条的形象，张飞可以算是刻画得最为生动：身长八尺有余，生得豹头环眼，燕颔虎须，嗓门洪亮，说话像打雷一样落地有声。他字翼德，世居涿郡，以卖酒屠猪为业。现在看来，张飞是属于那种"前店后厂"的半地主半资本家性质。别看张飞生性鲁莽，说起话来直言快语，好似胸无城府，其实错矣。历史上他是一位勇武将军，有"万人敌"之誉，而且猛中有智，粗中有细，武中有文，《三国演义》里"喝断长坂坡"一处，就是他智勇双馨的最好体现。罗贯中也作诗赞扬说："长坂桥头杀气生，横枪立马眼圆睁。一声好似轰雷震，独退曹家百万兵。"

若能读透《三国演义》，不难发现字里行间无不浸透着刘备的"仁"，关公的"义"，张飞的"勇"，后来加上诸葛亮的"智"，于是构成了一个举世无双的"信"的组合，从而将几个人的心紧紧地连在了一起，也将蜀国的创业辉煌史编织得严丝合缝。也许正是因为有了这位"羽扇纶巾"的出世，加入到"三结义"一行的队伍中，才使得中国的历史改变了原有的运行轨迹。

在人们看来，诸葛亮运筹帷幄，神机妙算，是一个"近乎妖"的形象。这个形象，是经过《三国演义》加工演绎而成，甚至有些也是炒作出来的。因为在那种时代，统治者需要一个忠心耿耿的楷模，读书人需要一个待价而沽的榜样，双方又都需要一段君臣际遇的佳话，于是这样偶像便被创造出来了。如若不是，何以关公独处荆州战事危机，诸葛亮既然料事如神，为什么不提前派兵协助，生生贻误战机而坐失荆州呢？

历史人物的后世描述，多有后人猜测的成分。这几个人的特质，是在经过几千年的历史演变，才在百姓平民口耳相传和文人墨客笔生妙花中塑造出来。与此同时，根据时代与社会的需要，将这一切优异品质又不同程度地嫁接到关公的身上。于是合成了一个集"忠义仁勇"而为信的人物，产生了一种"历代英雄有几能称帝，世上忠义唯公号为神"的奇异现象，从而将中国神坛渲染得金碧辉煌。纵观这一切"历史伟绩"，皆是从"桃园三结义"始。

刘、关、张结义之处在河北涿州，至今遗迹依稀可见。当时因为是在张飞的地盘上，所以一切都由张飞做主说了算。于是《三国演义》里描述道，在某年某月某日，阳光明媚，百花盛开，张飞吩咐家人在桃花园里设置好祭天的香案，摆上白马、乌牛等12样祭品。然后刘备、关公、张飞三人净身沐浴，牵手来到园内，焚香磕头祭告天地。开始的记载略显简单，在《平话》

和元杂剧的表述里，三人的誓词仅有 25 个字。大概罗贯中觉得太过于言简，并未表现出意赅来，所以在《三国演义》里，才"演绎"成我们今天所见的誓词：

> 念刘备、关羽、张飞虽然异姓，既结为兄弟，则同心协力，救困扶危；上报国家，下安黎庶，不求同年同月同日生，只愿同年同月同日死。皇天后土，实鉴此心，背义忘恩，天人共戮！

也许在刘、关、张之前，中国历史上曾经有过勇士、有过壮士，也曾经有过义士，甚至也曾有过结拜，但是不曾有过这般刻骨铭心的"结义"。由此，"桃园结义"开辟了中国生命嫁接的先河，形成了一种超越生命价值的结晶。也许当年的主人公们并没有想到，从那一刻起，他们的这一不经意的一拜，竟在中国历史上写下了异常灿烂，而且永不褪色的厚重一页。

事物永远是一分为二的，他们为之付出的代价也是异常沉重的。也是从那一刻起，他们就已经永远失去了自我，生命中只融入一个没有形体的"信义"之中。这个"信义"，就是伴随他们兄弟三人一生，彪炳千古的大义与诚信。从此他们以结义始、以死义结，成就了对于这一信诺"至死靡他"的忠实行为。也正是为了实践这个"信义"，在关公被害身亡后，刘备才有了宁可舍弃江山社稷，也要为二弟报仇的举动。于是，兄弟三人在很短的时间内归天，真正实践了结义时立下"不求同年同月同日生，只愿同年同月同日死"撼天动地的誓言。

有道是男儿膝下有黄金，也许在他们弯下腰进行那一拜时，就已经对"跪"的这种最原始的礼拜方式，注入了一种全新的内涵和诠释。这一跪，不同于过去、现在一些所谓的结拜，它不仅是一种形式上的结合，更是从此每个人就将别人的生命，置放于高于自己生命之上的位置。他们这一跪，跪出了前所未有的大义，跪出了心灵至尊的赤诚，跪出了华夏疆土"三分有其一"的江山，跪出了超越生命光华、千秋万代传诵的精神财富。

应该说，这是人与人之间的一种更高形式的结合，需要结拜者纯洁无瑕的、没有任何附加条件的道德境界。其时关公 25 岁，长刘备一岁，但是在封建社会里有"拜德不拜寿"的风俗，且刘备又为汉天子的同宗之后，所以他毫不犹豫地推举刘备为兄，并从此把刘备作为君主侍奉。可见如果当一个人连自己生命都作为"赌注"抵押给别人时，留给自己的还有什么？就只有灵魂的升华与救赎。以此来解释关公在后来人生中的所作所为，也就顺理成章不足为奇了。

回首历史，三人心甘情愿结为"生死之交"，有着一个牢不可破的价值取向，即"效忠天子，匡扶汉室"的"参天大义"。所以才能情同手足，不分君臣尊卑，"寝则同床，恩若兄弟"，成为对人类友谊最经典的诠释。从此抱着"救黎民于涂炭之中，解天子于倒悬之急"的信念，踏上了中国政治历史舞台。此后关公一生赤胆忠心、始终不渝地追随刘备，"随其周旋，不避艰险"，着实令后人感动。明人赵璞题诗《大王冢》写道：

神器将为诈力移，英雄奋起共维持。许身刘氏坚惟一，报效曹公示不欺。敌破襄樊奸胆落，名垂竹帛壮心知。古来不没称忠义，吊客常过荐酒卮。

14 关公刀弑黄巾将

一出"桃园三结义"，不仅使兄弟三人食则同桌，寝则同床，互相关照，情同手足。而且也揭示出这样一个真理，在"物竞天择、弱肉强食"的自然法则面前，要想出人头地，在纷乱的时局里占有一席之地，就必须面对强敌拼死而搏，除此而无他途。其时的黄巾军，恰恰给他们提供了用武之地……

东汉末年，是中国社会历史上的一个多事之秋，天下纷乱，群雄并起，各路豪杰皆怀着篡权做皇帝的野心图谋，你方唱罢他登台。这种朝野纷争的政治局面，恐怕在中国历史上也是独一无二的。而其时登台亮相的历史人物中，有诸如袁氏兄弟的名门之后，有诸如孙坚的割据诸侯，更有诸如曹操"挟天子以令诸侯"的豪杰英雄。相比之下，刚刚举行了结拜仪式，且有着"除贼扶汉"共同志向的刘、关、张"三兄弟"，就未免相形见绌了。

是当时错综复杂的时事将他们推上了社会舞台，也把他们推向了与黄巾军面对面的战场。刘备作为皇室之后，素怀匡扶汉室、建功立业大志，只是苦于势单力薄，因此一直卧薪尝胆，暗自奋发图强。自打结识关公、张飞后，他如虎添翼，看到了实现远大抱负的曙光与希望。于是广交豪侠，收集徒众，力量益发强盛，曾经的念头更加强烈地爆发出来。这样与当时"贼"势日炙且是"犯上作乱"的黄巾军交战，已是在所难免的事情了。

只是当人们把一切精力都注重于历史的过往时，是否曾经想到，我们是用现在的眼光去审度早已逝去的历史？当初假若没有桃园结义，没有关、张二人鼎力辅佐，也许就不会有再后来的"三顾茅庐"，请出旷世奇人诸葛亮，那么织席卖草鞋的刘备，真的还能起事成事吗？我想大概不会，充其量只是把卖鞋的地摊，鼓捣成批发部或者前店后厂之类的企业而已。应该说是这次饭铺的奇遇，改变了三人的命运，也改变了中国历史的进程，从而多了一个三国时代，甚至让大多数中国人忘记了东汉末年的衰落，却记住了"三国鼎立"的辉煌。

倒是应该从另一个角度思辨，也许正是有了桃园结义，才使得曹操的形象更为鲜明、更为充实。因为红花须绿叶相配，才显得艳丽；拳手需要有力的对手，才显得雄壮。可以说正是有了这一经典结义故事，有了这三人的"无理搅局"，才使得在后来的历史舞台上，刘、曹两人的形象形成互补，相得益彰。我们设想一下，如果没有这三人出来折腾，其后谁还能阻挡住曹操的狼子野心？也许就不会有后来的吴国，或者说魏国诞生得就会更早些。正如曹操曾经说过："设使天下无有孤，不知几人称王，几人称帝！"此话虽然有些不甚谦虚，但是用在刘、关、张三人身上，倒确实是一语中的。

不过历史不同于未来，是没有假设让我们选择的，只是我们用哪种眼光、从哪个角度去审度罢了。倒是刘备在结义以后，偕关、张两兄弟一同前行时，才越来越渴望着成功，从此张家庄的后花园喧嚣起来了。在经过一段厉兵秣马充分准备筹划后，刘备在关公、张飞的辅佐下，选了一个好日子，扯起举事的大旗，起兵参与镇压黄巾起义运动，开始了他们人生中最为波澜壮阔的历程。

关公随刘备讨伐黄巾军之事，《三国志》关公本传没有记载，《先主传》里记有三次，其战况为二胜一负。史实不过如此，但后来的宋元讲史家们为了突出自己喜爱的人物——刘、关、张的英雄形象，就根据自己的意图和猜测，创作出了许多人们喜闻乐见与黄巾军作战的故事来。到了罗贯中的笔下，这些故事情节经过重新编排，几乎成为尽善尽美的史实，表现出了刘、关、张英勇无比的英雄气概和不畏强权的高贵品质。

在描写或表现手法上，罗贯中一改民间侧重描写张飞的倾向，而是依据他们三人不同的地位和特点，采取了有所选择的态度和笔法。对于关公的描写似乎比对刘备、张飞更为细致，着墨也更为浓重，甚至在某种程度上，刘、张居然成了关公的陪衬。在《三国演义》里，罗贯中这样写道，中平元年（184年），刘备在关、张两兄弟的护卫下，带着刚刚组织起来的兵马，首先投奔涿郡的校尉邹靖。

俗话说得好，来得早不如赶得巧。这不他们刚投到邹靖门下，黄巾军就跟着打到了涿郡，于是历史给他们提供了英雄用武之地。三人还没有喘口气，就接到邹靖的命令，配合官兵直至大兴山下。偏偏在这里，他们与黄巾起义军不期相遇，为首的头目叫程远志。两军阵圆处，关公当仁不让，舞动大刀纵马飞迎上去，一个招式下来，早将程远志挥为两段。此时张飞也挺着丈八蛇矛，将副邓茂一枪挑于马下。

罗翁笔下大气，场面真是痛快！弟兄三人首战告捷，旗开得胜立了大功，一出手便是大手笔。可以说是刚刚登上表演的舞台，就来了一个精彩的"亮相"，直博得满堂喝彩。后人有诗赞赏道："英雄露颖在今朝，一试矛兮一试刀。初出便将威力展，三分好把姓名表。"在《三国志》本传赞语中，关公被称为"为世虎臣"。所以在这一段记载中，虽然张飞与关公各杀一将，手段也同样干净利索，但是关公所杀的对手远比张飞的要厉害得多。这无疑是后世作者们着意安排刻画的，让张飞在不知不觉中做了陪衬。又如"北海解围"一节，作者为了突出关公的英雄气概，先以管亥在数回合之内杀了孔融手下一大将作为铺垫，然后才让关公出场与管亥精彩厮杀：

管亥忿怒直出。太史慈却待向前，一匹马早先飞出，蒲州解良（梁）人也，文读《春秋左氏传》，武使青龙偃月刀，云长径取管亥。两马相交，众军大喊，正如燕雀之物，而慕冲天之栖；犬羊之蹄，而移近日之步：势不可也。量管亥怎敌云长，数十合之中，青龙刀起，劈管亥于马下。

罗贯中如此描写管亥之勇，其实只是卖个关子，最终是为了衬托关公的勇猛，所以在这次大战中，刘备与张飞都处于从属的地位。小说描写得精彩纷呈，作者却有个立场观点的问题，且不说弟兄三人的功过是非，如果按照传统的史观，黄巾军算是犯上作乱，刘备三人杀之有理。但是如果按照后来所谓的唯物史观，黄巾军属于官逼民反，农民起义，那么刘、关、张弟兄三人的这种行为，又该作何种解释呢？看来只好是在什么船上唱什么歌了。

这些也许是小说家言，多为后人杜撰，但由于符合了动乱频繁时代中下层百姓的心态，所以对后世影响巨大。对于关公与黄巾军之间的交战杀戮，一直以来都是一桩说不清谁是谁非的公案。如此暂且不管孰是孰非，还是接着当初的历史记述。弟兄三人离开涿郡，前去投奔正在广宗（在河北省威县东）围攻黄巾首领张角的中郎将卢植。卢植是刘备的老师，深得刘备敬慕，谁知到广宗后，才知道卢植因耿直遭到诬陷被押回京师。刘备很是懊丧，便决定返回涿郡，然而在归途中却遇到黄巾军天公将军张角，正在追击接替了卢植职务的董卓。

机遇向来是给英雄们准备的。刘备一声令下，关公和张飞各带一支人马，猛虎般地向黄巾军横杀过去，救了董卓性命。只是没有想到他们这一"见义勇为"，却也给东汉朝野留下了无穷后患。现在看来，刘备之所以能够像磁石一样，把关公和张飞紧紧地吸引在他的身边，几经挫折和磨难而无二心，是因为刘备性格中具有某种吸引人的魅力。所以每遇刘备处理公务，或者在人稠广众的场合，关、张二人总是侍立左右，终日不倦，为维护大哥刘备的威严至死不渝。

其时，朝廷对于在镇压起义军中有功的将领，都给予了极高的赏赐，但是刘备由于职低身微，在皇帝周围又没有世故人情，所以就只被任命为定州安喜县（今河北省定县东）县尉。不过在刘备看来，官小是小了些，但是比起当初织席卖鞋的营生还是要强得多，所以也没有更多的想法，便领着关公、张飞和他们那支不足千人的人马来到任所。或者是弟兄三人初入官场，又都是满腔热血要报效刘汉朝廷，就没有去研究其时社会"媚上欺下"做官的潜规则，结果就惹下了麻烦。

在任上他们兄弟勤政清廉，从不骚扰百姓，因此县府上下对他们是十分的爱戴，好评如潮。半年后，郡里派了一位督邮（郡太守的助理）来县里考察官吏政绩，刘备很是当一回事儿，一方面亲自动手写好"述职报告"，一方面带领关公、张飞两位兄弟，随同县令急急忙忙出城迎接。他们站在路边，毕恭毕敬地向督邮施礼问候。然而那督邮却稳坐在马鞍上动也不动，只轻轻地挥了挥手中的马鞭，算是对他们的回答。其实他们哪里知道，这督邮是在察言观色，先给他们点颜色看看，接下来的事儿才叫离谱得出奇。

督邮见刘备是个新手，想着有利可图，来到馆驿后就先将县令打发走，有意识地把刘备留下进行单独开导。谁知刘备前收拾后打扫，白白忙乎了一阵子，就是没有猜出督邮葫芦里面卖的什么药，整个儿所答非所问，也不看督邮的眼色和脸色的变化，一个劲地讲他的身世和战功。惹得督邮是大动肝火，破口大骂，根本就没有给这位织席卖鞋子出身的"刘皇叔"一点儿面子。

当然那时候刘备还没有被皇帝"认祖归宗"，所以督邮也就没有什么后顾之忧。关公、张飞一旁看了，几乎是怒发冲冠。在他们看来，大哥受到的屈辱，远比自己挨两巴掌还难受，所以其愤怒的程度就更为强烈。不过当他们看着哥哥一副恭恭敬敬的样子，却又不得不将怒火强咽下去，以免惹得大哥生气，因此也没有太敢造次。等三人回到县衙同县令说起此事时，才算是弄清楚了事情的幕后原委：有钱能使鬼推磨。

次日，督邮见这个新手县尉是榆木脑袋，三板斧都劈不开个缝儿，就变了个招儿，将县令传到馆舍，逼他告发刘备残害百姓的罪状。好在这个县令还有良知，不愿意嫁祸于部属，结果可想而知，被督邮软禁起来。关公见大哥刘备愁眉苦脸，唉声叹气，干脆让张飞闯进馆驿放了县令，且把督邮捆绑起来暴打，一连打折了十数枝柳条。然后再将县尉的印信挂在督邮的脖子上，弟兄一走了之，投奔到山西代州刘备他族叔刘恢处去了。宋人张商英曾作一首《咏辞曹事》放在这里，也可见关公品质一斑：

> 月缺不改光，剑折不改芒。月缺白易满，剑折尚带霜。趋利寻常事，难屈志士肠。男儿有死节，可杀不可量。

15 关公温酒斩华雄

在《三国演义》中，罗贯中的主题思想非常明确，就是要着力打造关公这个人物形象，将其刻画成继温侯吕布后的三国武艺第一高人。为此，罗贯中不惜张冠李戴，对关公进行大肆渲染。于是便有了斩华雄、诛文丑等赫赫战绩，且描写得极为生动传神，颇有"武圣"之风……

在历史上，刘备的起家之路是非常艰难曲折的。他在对督邮大员一怒鞭打挂冠而去后，从此转战南北东西，一度屡战屡败，立锥之地尚不可得，而关公、张飞却甘苦与共，矢志不渝地追随左右。罗贯中是小说家，当然可以点石成金，所以在他的笔下，关公被塑造成一个神威勇猛、忠肝义胆的英雄而驰骋历史舞台。他自与刘备、张飞"桃园三结义"后，就开始了长达几十年的军事生涯，他们先后追随或者投靠过北平太守公孙瓒、徐州牧陶谦、讨伐董卓的副盟主曹操和盟主袁绍、荆州刺史刘表，跃马疆场，多有战功。为了突出关公的形象，罗贯中甚至不惜张冠李戴，将孙坚斩华雄的功劳，都记在了关公的头上，并进行大肆地渲染和彰扬。

东汉末年的烽烟愈发浓烈，其时汉灵帝新死，少帝刘辨被其舅何进拥立登基。然而好运不长，不久却因引董卓入朝，活脱脱地引狼入室，不仅何进被戮，而且逼走袁绍后，董卓即刻废少帝刘辨为弘农王，扶九岁刘协篡位，是为献帝。只可怜少帝四月即位，不到九月，就又被打入冷宫，从此朝政大权落入董卓手中。

董卓何许人也，纯系中山之狼。尤其是在得到吕布后，更是甚嚣尘上，"入朝不趋，赞拜不名，剑履上殿"，有甚者还常常带剑入宫，昼卧龙床，肆意奸淫和污辱嫔妃公主，俨然以"太上皇"自居，"宫女见之，个个心悸肉颤"。而且暴虐无度，他去阳城狩猎，适逢民间举行庙会，于是拘回全部年轻女子，供士兵淫乱后再行杀死，以车辆把头颅运回洛阳，用油浸布匹包裹后，在洛河岸边纵火焚烧取乐，其手段残暴，馨竹难书，令人发指。

历史的规律：多行不义必自毙。董卓的残暴，激怒了时任典军校尉的曹操。曹操本姓夏侯，因其父夏侯嵩被中常侍曹腾收为养子而改姓曹，这个以后"挟天子以令诸侯"的年轻人，在行刺董卓未果后，于献帝初平元年（190年），借用朝廷主事"三公"（太尉、司空、司徒）之名，假造了一份诏书历数董卓罪行，然后分发到各个州郡，宣召各地军马起兵勤王。有时候真亦假来假亦真，关东诸侯不知其理，竟然一呼百应，会集于酸枣（今山东济宁处）结为联盟，合计20万兵马，公推袁绍为盟主，开始了声势浩大的讨董战争。

这一轩然大波，也唤起了避难在山西代州刘备的雄心，当他闻说北平太守公孙瓒出兵勤王的消息后，即刻带了关、张二人赶到幽州。公孙瓒为刘备同学，又恰值用人之际，当然格外欢迎他们，于是他们一同赶往酸枣。后来刘备因屡立战功出任平原相，关公和张飞担任了别部司马，分统部属，弟兄三人这才拨云见日，总算有了属于自己的"立锥之地"。

对于这段历史，《三国志·先主传》中及裴松之注引《英雄记》中，虽有"刘备亦起军讨董卓"之语，但是三兄弟在这次战争中的表现如何，史书却没有更为翔实的记载。不过在《三国演义》中，罗贯中却采用较多的篇幅进行了描述：董卓的骁将华雄在汜水关非常了得，他先杀死济北相鲍信的弟弟鲍忠，又打败了长沙太守孙坚，接着杀死其部下祖茂。而南阳太守袁术的骁将俞涉、冀州刺史韩馥的上将潘凤，也相继成为他的刀下之鬼。在做了这些铺垫后，罗贯中这才笔锋一转，着力描写关公的飒爽英姿，可谓匠心独运，精彩纷呈：

……众诸侯皆失色。（袁）绍曰："可惜吾上将颜良、文丑未至！得一人在此，何惧华雄！"言未毕，阶下一人大呼道："小将愿往斩华雄头，献于帐下！"众视之，见其人身长九尺，髯长二尺，丹凤眼，卧蚕眉，面如重枣，声如巨钟，立于帐前。绍问何人。公孙瓒曰："此刘玄德之弟关羽也。"绍问现居何职。瓒曰："跟随刘玄德充马弓手。"

帐上袁术大喝曰："汝欺吾众诸侯无大将也？量一弓手，安敢乱言？与我打出！"曹操急止之曰："公路息怒。此人既出大言，必有勇略，试教出马，如其不胜，再责不迟。"袁绍说："使一弓手出战，必被华雄所笑。"曹操曰："此人仪表不俗，华雄安知他是弓手？"关公曰："如不胜，请斩某头。"

曹操叫热酒一杯，与关公饮了上马。关公曰："酒且斟下，某去便来。"出帐提刀，飞身上马。众诸侯听得关外鼓声大震，喊声大举，如天摧地塌，岳撼山崩，众皆失惊。正欲探听，鸾铃响处，马到中军，云长提华雄之头，掷于地上。其酒尚温。后人有诗赞之曰："为振乾坤第一功，辕门画鼓响冬冬。云长停盏施英勇，酒尚温时斩华雄。"

这无疑是一场酣畅淋漓的描述，遍翻历代小说名著，除此罗贯中夫子的《三国演义》中的关公而外，哪一名武将能如此疾马飞刀，荡气回肠？作者虽然没有直接描写关公温酒斩华雄的具体场面，却通过当时强烈的情势和氛围烘托，以及借用众诸侯的表情变化，将关公的"神"与"勇"描述得淋漓尽致。尽管后来一些人对关公的勇武提出疑问，说他"温酒斩华雄"实在谈不上是什么英雄壮举，因为他们对华雄的能力提出了质疑。

在他们看来，《三国演义》的通篇中，虽然罗贯中对华雄做过大肆描写，如败孙坚、斩二将等，但都不足以突出华雄有什么超常的本事。而且如果还原历史真实，华雄又是被孙坚杀，因此在人们心目中，就很难形成华雄英勇无比的形象。如此用这样的人物来陪衬关公的所向无敌，似乎是有些滥竽充数，牵强附会，也就难以消除华雄在人们心目中的质疑，尤其还是虚构的艺术情节。

不过我并不同意这种观点。因为《三国演义》是小说，是文学作品，罗贯中的本意当然是旨在塑造关公这位英雄人物形象。虽然史实上华雄为孙坚所杀，文丑为曹操所斩，许多情节是罗贯中的创造，但是为何尽管史实真相极其明了，然《三国演义》中所描写的"温酒斩华雄"等故事，却依然能够脍炙人口，流传千古？从作者想要表达的艺术效果上来看，不能不说罗贯中是非常成功的。

既然《三国演义》嵌入了小说的因素，按照小说写作的要求，就不能不夹杂着许多虚构的情节。而人们在阅读小说时，除了个人的感情好恶外，更多的是注重人物的形象、故事的情节，跟着作者亦喜亦忧、亦哀亦乐。因为大多数读者在阅读过程中，追求的多是感官的效应，以及心理上的满足，有多少人能像史学家那样披沙沥金、煞费苦心去寻找历史的真实呢？

疑惑稍先搁置，我们还是走进罗贯中描述的环境。有道是行家一出手就知有没有，关公在这种场合的精彩表现，一下子让各路英雄们刮目相看，刘备也跟着扬眉吐气，虽说当时还没有成什么大气候，但在人面处也有了几分豪气。接着罗翁就立即将战争推向了高潮，弟兄三人也名正言顺地参加到八路诸侯讨董卓的行列之中，正式打出了"刘"字的旗号。而且关公一出手，就让华雄成了刀下之鬼，顿时吓得董卓慌了手脚，因此先杀了袁绍的叔父袁隗，再亲自率军前来抗拒西进盟军，从而引出了虎牢关战吕布的故事。

众所周知，董卓的厉害全在于他的义子吕布。此时看去，果然是赞叹中的"人中吕布，马中赤兔"。这会儿吕布就横戟立马于汜水关前，弓箭随身斜插，手持方天画戟，胯下是嘶风赤兔骏马，面对八路诸侯的如云战将，毫无一点儿惧色，东冲西杀竟如入无人之境。先是杀了河内太守王匡的名将方悦和上党太守张扬的部将穆顺，接着又砍伤北海太守孔融的部将武安国。几个回合下来，八路诸侯接连损失了几员大将，被逼得无计可施，只好全部出动将吕布团团围住，于是在《三国演义》里，就有了"三英战吕布"的传奇佳话：

八路诸侯齐出。公孙瓒挥槊亲战吕布。战不数合，公孙瓒败走。吕布纵赤兔马赶来。那马日行千里，飞走如风。看看赶上，吕布举画戟望公孙瓒后心便刺。旁边一将，圆睁环眼，倒竖虎须，挺丈八蛇矛，飞马大叫："三姓家奴休走，燕人张飞在此！"

吕布见了，弃了公孙瓒，便战张飞。张飞抖擞精神，酣战吕布，连斗五十余合，不分胜负。云长见了，把马一拍，舞八十二斤青龙偃月刀，来夹攻吕布。三匹马丁字儿厮杀。战到三十余合，战不倒吕布。刘玄德掣双股剑，骤黄鬃马，斜刺里也来助战。

这三个围住吕布，转灯儿般厮杀。八路人马，都看得呆了。吕布架隔遮拦不住，看着玄德面上虚刺一枪。玄德疾闪。吕布荡开阵脚，倒拖画戟飞马便回。三个哪里肯舍，拍马赶来。八路军兵，喊声大震，一齐掩杀。吕布军马望关上奔走，刘、关、张随后赶来，直到关下。

罗贯中无疑是文学巨匠，描写高手，他只是利用名闻遐迩、所向披靡的吕布来做陪衬，便卓有成效地塑造了刘、关、张的英雄形象。如果说"温酒斩华雄"是关公演的"独角戏"的话，那么这一次"三英战吕布"，就是三弟兄的"群英会"了。而这一次激战，更让各路诸侯看到了"刘席匠"的未来实力，就如同今天的"绩优股"一样，存在着巨大的潜力空间。

虎牢关是黄河岸边的一处险要关隘，属于河南荥阳市，据说缘于西周时周穆王将各诸侯进献的猛虎养于此而得名。秦始皇统一中原后，眼见此处地势险要，为了战略的需要，遂在此处设立关卡派重兵把守。千余年来，这里曾发生了许多著名的战争，诸如秦末楚汉之战，东晋末年五胡乱华，匈奴族刘渊、羯族石勒和鲜卑族慕容氏都曾在此处做过殊死拼杀。唐代初期，秦王李世民围攻洛阳守军王世充，曾带兵与前来增援的窦建德在关前展开激烈战斗……但历数史册战事记录，都不曾有哪一次像"三英战吕布"的故事广为流传，深入人心。

岁月虽然流逝，但遗迹并不会轻易泯灭。如今的虎牢关，依然还残存着没有了墙垣的"吕布城"，以及半沦于河中的"吕布点将台"。在虎牢关西的华雄岭，据说就是当年关公温酒斩华雄的地方，关前的"三义庙"里，依稀还能看到"三英战吕布"的壁画。庙侧竖有一块莲座石碑，上刻"虎牢关"三个大字，成为这一古战场的骄傲标识。

我们翻阅史书，从未有提到汜水关或虎牢关是讨伐董卓的战场，而且在东汉末年时只有虎牢关，是唐代以后才将虎牢关改名为汜水关的。这么看来是罗贯中偷梁换柱，借用障眼法把唐代"汜水关"的名称移用于汉代，又把汜水关和虎牢关分为两地，实在是以讹传讹、错上加错。但从文艺创作的角度上看，他无疑是取得了巨大的成功，对于这一壮烈场面，罗贯中自己也作诗赞曰：

　　三人围绕战犹酣，遮拦架隔无休闲。喊声震动天地翻，杀气弥漫斗牛寒。吕布力穷寻路走，遥望家山拍马还。倒拖画杆方天戟，乱撒销金五彩幡。顿断绒绦走赤兔，翻身飞上虎牢关。

16　关公跪救张文远

　　历史上，关公是一条顶天立地的汉子，很难与屈膝下拜的行为联系起来。在我看来，关公一生的跪拜，大约有两种类型：上跪天地，下跪父母，这是天经地义的事情，关公肯定不会例外。再就是作为"忠义仁勇信"的楷模，史料上记载他曾跪拜过君师与结义弟兄。然而还有一跪，则多是大家预想不到的……

　　虽然时过境迁，物换景移，曾经的历史人物皆已作古，但目睹旧址遗物也会让人一片遐思，心中充满了忠义之气。事实上，历史有时说起来也非常简单，就是将曾经发生过的事情联系起来，梳理成有条理性的东西而加以记载。当然只能是粗线条的印象，绝不可能过多地去盘诘细节，否则对于历史没有几个人说得清楚，或者说根本就没有人能说得清楚。因为由于各种条件的限制或者是传播时的误差，历史本来就是一本不太精确的账册，所以并非完全像史书上所写的那样明白无误。

　　关公一生共跪拜过几人？史书上没有记载，传说中也没有表述，因此准确数字不得而知。不过关公一世忠孝为本，天地君师肯定跪过，父母亲更是无疑了，当他悯冤除霸离家出走时，就给父母亲三跪九拜，分外悲壮分外感人。桃园三结义也是虔诚地跪拜，自那以后弟兄三人生死与共信义终生，成为天下最为壮美最有价值的"一跪"。不过还有一跪，则是为了朋友张辽而向曹操叩首求情。

毛宗岗在批注《三国演义》时，指出书中有"三绝"："奸绝"曹操，"智绝"诸葛亮，"义绝"关公。这是罗翁偏心，在《三国演义》里，他将曹操描写为乱臣贼子，诸葛亮则是忠臣良相，且几乎成为历史定论。但是仔细想想，事实果真如此吗？忠奸自古有别这很正确，只是很少有人会认真地想一想他们忠在何处，奸又在何处呢？东汉末年，中国社会渐渐地进入了群雄割据时代，在尔虞我诈的争斗中，曹操成了联合讨伐董卓的倡导者，从此走进了政治舞台的中心，如此而论，我们说其时的曹操对于朝廷是"忠"还是"奸"呢？

虎牢关一战，董卓被杀得大败而逃。但是董卓属于四足蛇之类，是死而不僵，眼见曹操关东军人多势众无法抗拒，便干脆来个金蝉脱壳，夜以继日窜回洛阳。而且一不做二不休，先将前少帝弘农王刘辨用酒毒死，然后再一把火，将洛阳方圆100千米的宫室、官府和民宅全部化为灰烬。再下来就是釜底抽薪，胁迫着汉献帝将都城迁往长安。据正史所载：

> 丁亥，车驾西迁，董卓收诸富室，以罪恶诛之，没入其财物，死者不可胜计。悉驱徙其余民众百万口于长安，步骑驱蹙，更相蹈藉，饥饿寇掠，积尸盈路。卓自留屯毕圭苑中，悉烧宫庙、官府、居家，二百里内，室屋荡尽，无复鸡犬。

失去了目标，就没了行动的方向。董卓这一"战略撤退"的招数还真奏效，原本就各怀鬼胎的"诸侯联盟"，眼见董卓撤退到了关西，也就失去了作战的动力，渐渐地有点儿分崩离析，后来竟发展到互相火拼而各自退却。看着这种情景，曹操也只好打道回府，来到亳州老家养精蓄锐，以图东山再起。直到几年后，董卓被王允的"连环计"所杀，曹操也卧薪尝胆攻占了兖州。

历史上的曹操城府极深，老百姓称之为"白脸奸贼"，此时却也掩饰不住攻城略地的兴高采烈，即刻差人去亳州接家眷。谁知喜极生悲，就在他父亲曹嵩走到琅琊一带时，却被徐州太守陶谦部下张闿无辜杀害。张闿原为黄巾军的降将，属于流寇式人物，哪有什么信义可言？在抢得了一批金银财宝后，就又鞋底抹油入山落草去了，把打点"理赔"曹操的活儿扔给了陶谦。

这个曹嵩是个被阉割过了的宦官，并非曹操的生身亲养。但志向高远、气势正盛的曹操，哪里能咽得下这口恶气，发誓要报这杀父之仇。兴平元年（194年），他亲率10万大军，一路杀气腾腾地直奔徐州而来。陶谦是个忠实憨厚的长者，自知理亏，实力也不接济，根本不敢与曹操抗衡，就派人前去赔礼道歉。但是曹操气头正火，根本不理这个茬口。陶谦思来想去，就想到了汜水关前战吕布的"刘、关、张"三兄弟，于是急急忙忙地派使者找到刘备求救。

此时的刘备，早已不是那个刚从涿州举旗起事的"刘席匠"了，言谈举止已经有了一些刘皇叔的味道。就像如今市面上一些有头脸的人那样，不仅可以被人请去帮忙，而且自认为已经积下几分威望，有了可以从中"调停是非"的本钱了。也许是第一次被人请的感觉很好，所以刘备毫不犹豫地应承下来。但是想到自己的兵力单薄，而且觉得这"一手托两家"的事情，决然不能少了服众的气势。于是就向公孙瓒借了赵云及两千人马，然后便像模像样地以关公为先锋，自己与张飞居中，再叫赵云殿后，浩浩荡荡地向徐州进发。

来到徐州城外扎好营寨，稍作休息就来了个"先下手为强"的招数，让关公、赵云在两边接应，命令张飞带着主力向曹兵发起攻击。曹军原来自恃兵强马壮，根本就没有把老朽陶谦放在眼里，不想半路里杀出这么个程咬金来。主帅于禁还正在洋洋得意思谋着如何赚开城门，将陶谦老贼捉拿归案以报主公的杀父之仇，不料却遭到刘备大军的突然袭击。这里稍一走神，哪里还抵挡得住张飞的凌厉攻势，只几个回合就败下阵来。

历史上，刘备并非如文学作品描述的那般诚信。此时心里正盘算着自己的"小九九"，见时机成熟了也不去强攻，就借了陶谦的纸墨笔砚，顺手给曹操写了一封亲笔信。在信中，他巧舌如簧，绵里藏针，先将曹操恭维了一番，再劝其以国家社稷为重，放弃私仇罢兵言和。当然做这样的事儿需要有个前提，就是对方要承认你的地位、你的威信，说白了就是你要有实力，对方要买你的账，否则你就是猪八戒照镜子，里外不是人了。当然还有个机遇的问题，本来曹操是下决心要消灭陶谦以报弑父之仇的，却突然接到吕布袭占兖州、进据濮阳，后方受到严重威胁的消息。于是顺水推舟卖了个人情给刘备，自己则撤兵西去返救兖州，这才解了徐州之围。

自出道以来，刘备很少有这么风光过，这一次可是"吃了原告吃被告"，赚了个钵满盆盈，一方面赚得了曹操的人情，一方面在陶谦这里也得到不少的好处。更让刘备开心的是，陶谦怕曹操再来寻衅闹事，便让他屯驻在小沛以壮自己的声威。不久陶谦病重，硬是主动将太守位置让给了刘备。于是刘备带着关公、张飞，居然做起代理徐州太守的差事来，而且还因为陶谦的病故，很快就堂而皇之地"转了正"。此时吕布在曹操的攻击下无路可走，也投奔到了刘备的旗下。想一想，这才是天上掉下来个林妹妹，你说刘备能不高兴吗？

刘备守徐州是他的一个重要转折点。徐州地势险要，又正值汉末极度动乱的时期，袁术、吕布、曹操都在觊觎这里。俗话说，人怕出名猪怕壮。刘备做了徐州太守有了地盘，也就意味着有了被人攻击的风险。而且祸事说到就到，建安元年（196年）七月，盘踞在淮南的袁术心血来潮，遂派大将纪灵率领10万大军来攻取徐州。刘备虽身为太守，却没有太多的兵力可用，便采取守势战略，谁知新降的吕布是一个吃里爬外的"三姓家贼"，稍不留神倒反客为主，与袁术里应外合，轻而易举地就夺去了徐州，兄弟三人倒"寄人篱下"了。这才是一着不慎，满盘皆输，落了个一头脱担两头空，刚刚煮熟的鸭子好端端地被吕布端走。刘备当然是夜不能寐、食不甘味，不过十几年来几经沉浮，使他已习惯了"卧薪尝胆"的滋味，于是前往许都投奔了曹操。

乱世出英雄。历史上的曹操绝非池中之物，也并非所谓的"奸绝"，作为杰出的政治家、军事家，他不仅能广募贤能，且有识才的目光，用才的胆魄，容才的胸襟。自讨伐董卓起家，先后消灭了杨奉、韩暹等人，奉迎汉献帝驾临许都后，他被封为大将军、武平侯，录尚书事，独掌军政大权，从而成为当时政治舞台上的"主角"。但是曹操虽说占尽了天时，却不享地利之宜，南有袁术，北有袁绍，均是实力强大的的藩镇诸侯。而且随着徐州的失守，眼皮下面又多了个虎狼般的吕布，这怎么能让曹操睡得着安稳觉呢？

机遇选择了英雄。就在这个时候刘备寻上门来。曹操也并非不怀疑刘备的诚意，当时经过权衡利弊后，他还是给足了刘备面子。当然曹操是醉翁之意不在酒，而是意在牵制吕布。于是他就向朝廷推荐，任命刘备为豫州刺史，并拜关公、张飞为中郎将（次于将军的武官）。还拨给刘备三千名士兵、一万石军粮，让其去豫州（今河南省禹县）赴任发展。正因此，刘备也才有了"刘豫州"之称，时隔不久，刘备就在豫州重整旗鼓，又从吕布手里夺回了小沛。

有句俗语，叫作世无英雄，遂使竖子成名。吕布是英雄，也是竖子，一生中反手云、覆手雨，有奶便为娘，现在看来充其量只能是算作乱世"草莽"。他东倒吃猪头、西倒吃羊头的品行，虽然让他在东汉的市面上混了几次"满堂彩"，最终却落了个死无葬身之地。他见刘备夺走了小沛，就再次与袁术混到了一块儿，派高顺、张辽等来攻打刘备。只是谁也没有预料到，这一次的收获是关公与张辽相逢，虽略显仓促没有什么深交，却让两人英雄相惜，也为以后的故事情节发展埋下了伏笔，《三国演义》这样写道：

次日，张辽引兵攻打西门。云长在城上谓之曰："公仪表非俗，何故失身于贼？"张辽低头不语。云长知此人有忠义之气，更不以恶言相加，亦不出战。辽引兵退至东门，张飞便出迎战。早有人报知关公。关公急来东门看时，只见张飞方出城，张辽军已退。飞欲追赶，关公急召入城。飞曰："彼俱而退，何不追之？"关公曰："此人武艺不在你我之下。因我以正言感之，颇有自悔之心，故不与我等战耳。"飞乃悟，只令士卒坚守城门，更不出战。

一般来说，在战场上敌我交战分外眼红，不可能有放水的"嫌疑"，除非你是"卧底"奸细，或者是想"弃暗投明"，否则不会有什么交情可讲。像关公与张辽这样的事情，也许只有在充满仗义之气的两人身上才能发生。不过在高顺、张辽、吕布三支兵马的夹攻下，最后张飞、关公先后失利，退到了附近山里，刘备只得弃了家小，单身匹马落荒而逃。后来在曹操的帮助下，兄弟三人在曹仁营中相会，才又走到了一块儿。接下来曹、刘联手攻下了下邳城，并且活捉了吕布、陈宫、高顺、张辽等人。

下邳城的白门楼，历史上非常有名。其时吕布并不害怕，自以为曾经"辕门射戟"对刘备有救命之恩，所以刘备一定会替他给曹操求情，保住性命当不是问题。没想到吕布还未开口，刘备却对着他微微一笑，那笑里分明饱含着杀气。也许这会儿，刘备想的是对忠的人讲忠，对义的人讲义，对奸的人讲奸，总之是"以其人之道，还治其人之身"吧。所以在曹操征求意见时，他不仅没有为吕布求情，反而提醒曹操道："前车之鉴，后事之师。不要忘了丁原、董卓的教训。"吕布见刘备如此之说，气得直骂："最无信者，大耳贼也！"

吕布骂刘备为贼，世人多作为笑谈而已。但吕布当时心里该做如何理论，外人已不得而知，骂归骂，反正他是被缢死以后又挨了刀砍的。杀了吕布，曹操与刘备接着审问张辽。张辽不像吕布，面对血淋淋的刑场，他大义凛然毫无惧色，指着曹操破口大骂，伸长脖子要求处死。曹操拔出佩剑正欲杀死张辽，一个惊人的场面出现了，关公扑倒在地，双手抱拳举过头顶，对着曹操道："文远重义守信，是个忠勇之士，我愿意用性命来担保！"

关公一生铁骨铮铮，傲视天下，但是为了忠义之士免遭杀害，居然向曹操下跪求情，堪称是人世间少有的"义"举。曹操向来珍惜人才，史书、后人多有表述，记载都非常清楚。他见关公如此仗义执言，念及张辽也铁骨铮铮，武艺高强，本就有意留为己用，于是就顺水推舟扶起关公，又走上前去给张辽解绑，取来战袍给张辽换上，并随即任命为中郎将，赐爵关内侯。后来，张辽成为曹操最有名的战将之一。

刘备历来是道德形象，给人的感觉是宽厚仁慈，但白门楼上你所看到的刘备，是"仁"还是"奸"呢？看来人们的千古定论，还有待于再斟酌细论。在这里，我们暂且不去讨论刘备的做法对与错，只是他的行为向人们昭示了一个道理：胜者王侯败者寇。消灭了吕布，曹操任命车骑将军车胄为徐州刺史，然后与刘备一起回到许都。此时的曹操，也许是真正从内心敬佩刘备的为人，也许对他只是一种利用，或者是一种放长线钓大鱼的谋略，反正在那一段时间里，他与刘备是出则同乘一车，食则同坐一席，并且一同入宫谒见献帝，形影不离，风光不尽。

曹操奸吗？也许。但这一次他却给刘备提供了出头之日，献帝问起刘备的情况，得知他是汉室之胄，经过查询家谱，论辈分刘备居然还是他的宗叔，于是刘备便有了个"皇叔"的头衔，并被加封为左将军、宜城亭侯，协助曹操参与国事。关公、张飞也任职中郎将，成为朝廷任命的中级军官。屈指数来，从涿郡聚义兴兵到这时候，已经15年光阴了。因此后人多赞美刘备，唐朝著名诗人刘禹锡在拜了蜀先主庙后，就曾写道：

天地英雄气，千秋尚凛然。势分三足鼎，业复五铢钱。得相能开国，生儿不像贤。凄凉蜀故伎，来舞魏宫前。

17 关公降汉不降曹

皮之不存，毛将焉附？弟兄三人深知这个道理。因此关公始终将信义看成是高于生命的东西，无条件地维护着刘备的地位与权威。在以后同甘共苦的多年里，恪守信义，始终不渝，尤其是每到危急时刻，决然是一种鞠躬尽瘁、死而后已的忠诚。即使白马被擒，也是降汉不降曹，终于复归刘备，留下了"身在曹营心在汉"的美谈……

历史上关公曾投降过曹操，这的确是一件不甚光彩的事情，按照关公酷爱《春秋》又刚烈忠勇的性格，结果应是"杀身成仁""舍生取义"，如若活下来，难免会给人"苟且偷生"之嫌。但是关公被俘时，曹操是"挟天子以令诸侯"的枭雄，是汉朝的宰相，因此关公是"降汉不降曹"，他归顺的是汉家的朝廷。而且在曹营里，他无微不至地保护和照料着兄长刘备的两位夫人。

可以说，这是一个十分特殊的"忠义双全"案例，自春秋战国到清代，尚无任何相类似的情况记载。而且由于关公的自身品质和坚强意志，人们不仅没有上纲上线予以谴责，反而对他的行为表示了极大的谅解。认为在这一场变故中，关公通过了严峻的政治考验和伦理考验，凝聚成"身在曹营不忘旧恩"的千古美谈。也许这就是历史辩证法的"奥妙"。

我们重新回到下邳之战后，曹操擒杀吕布天下震悚，谋士程昱乘机劝说曹操行王霸之事。曹操嘴上虽然推辞，心里却暗自等待时机。为了试探一下朝野的"风向"，曹操遂请献帝到许田围猎，并让刘备与关公、张飞也一同前往。围猎场上，曹操故意借机蔑视献帝，惹得关公怒目而视欲斩曹操。刘备怕乱中出错伤了献帝，就急忙摇首送目暗中加以制止。《三国志·关羽传》裴注引《蜀记》云："初，刘备在许，与曹操共猎。猎中，众散，羽劝备杀公，备不从。"

不过历史上的汉献帝，根本没有参加过什么"许田打猎"之事，罗翁之所以如此渲染，无非是替关公杀曹操找一个理直气壮、名正言顺的理由而已。因为只有这样，才能突出关公疾恶如仇、大义凛然、誓死忠君报国的忠义风采。清代毛宗岗读到这一精彩处，都不禁扼腕称快："义气凛然，须眉如睹。"后来《三国演义》中又铺垫了一个关公"华容道义释曹操"的故事，这一"杀"一"释"截然不同的表现，更是渲染了关公忠朝廷、义恩公的高尚气节。

那么既然是正义之举，关公却为何又没有杀掉曹操呢？完全是因为刘备的缘故。关公与刘备既是主臣更是兄弟的关系，在没有弄清楚刘备的真实意图之前，他肯定不会贸然行事。唯刘备之命是从的描写，更进一步体现了关公对刘备的忠诚。在封建社会里，关公这种视兄弟譬如一体之"义"高于报效君臣之"义"的行为，虽然不受某些士大夫的赞赏，但却是为百姓大众所极为称道的。汉献帝眼见曹操如此无礼，当然是心中非常愤恨，碍于曹操淫威，只得割破手指，用血拟就了一道密诏，藏于锦袍玉带之中。后交由国舅董承传出宫来，嘱托刘备、马腾等人设法灭曹兴汉。这就是历史上所说的"衣带诏"。

刘备当然是政治家了，懂得欲擒故纵的道理。他自从接诏以后，深知责任重大，只怕一着不慎误了"勤君"大事，因而丝毫不敢大意。为了避免曹操的疑心，只好暗中与董承等人寻找机会，表面上则虚以应酬，躲在小园里以种菜取乐为借口。然而偏偏曹操寻他吃酒，这就引出了"煮酒论英雄"的插曲，好在一声惊雷，让刘备随机应变躲过了一劫，只落得"勉从虎穴暂栖身，说破英雄惊煞人。巧借闻雷来掩饰，随机应变信如神"的惊险场面。

其实应该质疑罗贯中，曹操何许人也？如果按其描述"曹操至奸"之人，难道他还看不出刘备的野心？早该将刘备杀掉以除后患。然而事实上曹操不仅没有杀掉刘备，而且在建安四年（199年），提升他为中郎将，并派遣他与朱灵一道出兵徐州，东击称帝失败的袁术残部。曹操是否有借刀杀人的图谋，让袁术来消耗刘备的实力，还是为了放长线钓大鱼，养着刘备以图后事？史书上没有记载，因此不能擅自妄断。不过曹操压根儿没有想到这次做了一件"放虎归山"的错事，也许让他后悔了一辈子。而且他也没有想到袁术貌似强大却不堪一击，很快退回寿春，不久就吐血而亡。凭智谋，朱灵哪里是刘备的对手？旗开得胜却空手而归，缴获的兵马钱粮全部归了刘备所有。于是刘备摆脱了曹操的控制，重新在徐州一带站稳了脚跟。

曹操知道后悔恨莫及，于是就想亡羊补牢，暗使徐州刺史车胄伺机袭杀刘备。历史与现在一样，失败多是窝里乱，车胄做梦也没想到，他的同僚陈登受父亲之命暗里出城报知了刘备。这一次机会又戏剧性地让关公赶上了，他将计就计，以曹军衣甲、旗号假扮张辽援军，趁夜叫开城门，骗得车胄列着阵仗出迎。关公见了车胄的模样，差点儿没有笑出声来，丹凤眼也眯成了一条缝儿。他先是装模作样地慰问了几句，就在车胄洋洋得意时，冷不防关公顿时变脸，破口直骂曹贼言而无信谋杀功臣。车胄大惊失色，急忙拨马回走。关公眼疾手快，哪容他再有活命，于是手起刀落斩车胄于城下，随即攻克徐州。

俗话说天不灭曹，其实天也不灭刘。建安五年（200年）正月，车骑将军董承等人的"衣带诏"阴谋败露，与王子服、种辑皆被屠灭三族，唯独参与密谋的刘备却侥幸逃脱，且势力越来越大。刘备的崛起，引起了各路诸侯的关注，曹操更是卧榻之旁，岂容他人酣睡？遂亲自率军征讨刘备。羽翼未丰的刘备，惊悉曹操大军将至，带了数十骑出城瞭望。果见曹军旌旗招展，军队铺天盖地而来。无奈之下只得仓促应战，结果可想而知，曹操一鼓作气先攻下小沛，又接着攻陷了下邳。刘备则弃盔卸甲，逃到邺城（今河北临漳西南）投奔了袁绍，独独留下了关公被曹操围困于城郊的土山之上。

曹操向来对武艺出众、勇猛过人的关公十分爱慕，也很敬佩关公生性刚烈、忠贞守义的为人，便下令只许活捉而不得伤害。而且曹操知道张辽与关公同是山西老乡，又曾有过"跪拜救辽"的义举，就派张辽前去劝降。也许曹操非常自信，张辽也非常自信，他两人自信的基础是关公的"义"。不过令他们没有想到的是，这时关公的"义"，早已融入到了桃园结义那深深的一拜之中，而且不能有半分的亵渎。所以劝降还没有开始，其结果是早已决定了的。

张辽与关公见过礼后，就在土山上坐下，推心置腹地谈了起来，于是便有了历史上的"三罪""三约"之说。以关公的气节和性格，比较容易的是选择死去，当时关公是抱着宁死不屈的决心，但是在听了张辽的劝说后，他妥协了。应该说张辽也是看中了关公性格中的本质特性，其实还是那个"义"字，于是张辽就用尖刻的话，拣关公的软肋处去戳：说他如果死了是背信誓言，误主丧身；说他辜负兄长，致使夫人无所依托；说他不谋匡扶汉室，拯救生灵。因此你关公"三罪在身"，是天下最不忠不义不信的逆人。

在张辽的"三义之说"面前，关公屈服了，因为他觉得在这个非常时刻，嫂子们更需要他活着，所以他选择了屈辱。暂归曹操，是他艰难的选择，也是更为痛苦的精神牺牲。这种牺牲，比肉体牺牲更痛苦，但关羽承受了，担当了。按照关公的人生哲学，这其实是一种活着比死了更难受的选择，需要付出更大的勇气和更坚强的毅力，因为他将要面对各种异样的眼神，多少人的冷笑与唾弃。不过为了大哥的荣辱，他不能过多地考虑自身的荣辱，为此他向张辽提出了三个条件，即历史上所谓的"屯土山约三事"：即我关某人是降汉不降曹；要礼待我二位兄嫂；一旦得知主公下落，定当即刻辞去寻兄。

关公提出的这些"苛刻"条件，曹操虽有些不快，但是他想先走一步是一步。在他看来只要功夫深，铁杵磨成针，所以还是一一应诺下来。然后又亲自来到辕门之外，用高规格的礼仪，把关公迎进中军大帐。接下来小宴三日，大宴五日，专拣那些山珍海味、奇食异菜招待，主陪的当然是张辽。而且只要有时间，曹操还领着他那一帮子文臣武将，来与关公谈天说地，讲古论今，甚至切磋一些阵法战术、文韬武略的事情，总之就是变着法儿让关公开心。

历史上说曹操是"奸绝"，尚待商榷，但在对待关公这件事上，曹操不但是"奸"，而且是"贼奸""阴奸"，你看他出的招数，个个都是阴招损招。你关公不是义吗？那就让你与你的嫂子同居一室。你若讲义，无动于衷。好，那就给你换个法儿。有道是英雄难过美人关。你关公是英雄，那就每天都给你送来一个花枝招展的女子，穿着打扮非常性感，天天在你的面前招摇过市，卖弄风骚。若你万一动了心思，超越了道德底线，闹出个"吕布戏貂蝉"，或者是河东一带所谓的"小夫嫂，胡乱搞"的花边新闻来，还怕你不心甘情愿地归附我曹某人吗？

想一想，曹操的这招数够毒够狠的了吧？可以说为了笼络关公无所不用其极。若是吕布之流，肯定早已是"言听计从"、风流倜傥了。不过假如关公上了曹操的贼船，那么还能有今天关公的道德形象吗？难怪运城籍一位关公文化学者，在闻知一部影视剧作品中，生生编出什么关公"叔嫂恋"的情节后，执意将官司打到了中宣部。当然从另一个角度讲，曹操又是一位政治家，他这样做完全是为了笼络人才。假若是个贪生怕死、忘恩负义之流的人，曹操会这样做吗？也许早已是一剑封喉了，何必如此煞费苦心呢，吕布就是例证。

曹操见关公敬酒不吃，也不吃罚酒，更为关公忠义守信的行为所感动。于是他又换了招法，先是授以金印、丝帛、厚礼。见效果不佳，就又投其所好，拣战将喜欢的东西送。只是曹操赠送战袍，关公将它穿于衣底，上面用刘备所赐的旧袍罩着。曹操不解，问他。他不卑不亢地说，关某不敢以新忘旧。曹操又拣了吕布的赤兔马送他。这一次关公不仅受了，而且还一再地拜谢称快。

曹操笑了，笑得非常开心。英雄爱美人，良将喜战马，他自以为得逞，看来再冷的冰也被他暖化了。谁知关公却是另有图谋，他告诉曹操是因为乘此宝马，可一日能见到大哥。曹操听后好一会儿没有言语，只是对关公更加尊重。到后来曹操也是"黔驴技穷"，实在拿不出什么招儿，也就改用"讲义气"的撒手锏，使张辽以好言相劝，希望关公能够留下来为自己效力。

张辽晓之以理，关公则动之以情，婉言谢绝道："关某深知曹公厚爱，但关某与皇叔情同手足,曾有誓约愿与共死,哪能弃信背之？请将军转告曹公，他的大恩关某将立功而报之，然后乃去。"关公这话说得于情于理都落地有声。张辽将此话转告给曹操，曹操是敬佩不已，叹息道："事君不忘其本，天下义士也。"于是奏请汉献帝，拜关公为偏将军，还发出"文件"，让他的部属要多多学着点关公的气节。

不久后官渡之战爆发，冀州牧袁绍调动10多万人马进军黎阳（今河南滑县东北）征伐曹操，并派大将颜良率军进围白马，攻击曹军侧翼东郡太守刘延，以保障主力渡河南进。其时颜良是天下名将，有万夫不当之勇，攻守皆备所向无敌，连杀曹营几员大将。刘延束手无策，众将更是闻风丧胆，哪里还有人敢去应战。这话传回朝廷，曹操亲率大军北救刘延，并听从谋士程昱建议，从许都请来关公助战。

曹操与袁绍之间的战争，乃是军阀的互相残杀，原无正邪可分，但是曹操身为汉朝宰相，而且为了守信"屯土山三约"，关公必须报效朝廷为曹操助战。于是关公握起偃月刀，非常专注地整理着战袍，然后踩着斜蹬提刀上马。霎时间只听得赤兔长啸，青龙怒吼。颜良正在立马叫阵，不料被关公手起刀落砍于马下。袁军见主帅已死，顷刻间如鸟兽散，躲之唯恐不及。关公将颜良的首级挂于马前，跃马挥刀如入无人之地。接下来又再接再厉杀了文丑，遂解"白马之围"。

关公"义不负心，忠不顾死"的行为，让曹操更加厚爱，于是再次上奏朝廷，表封其为"汉寿亭侯"（汉寿，地名；亭侯，侯爵名），至此关公也算正儿八经地有了爵位。不过令曹操没有想到的是，在这一次作战中，关公却意外地收获了刘备在袁绍处的消息。而这一次，张辽再以"杀颜良而得罪了袁绍"的理由去劝降关公时，得到的回答却是斩钉截铁：关某与皇叔为生死之交，远非春秋时期管仲与鲍叔牙相知之交、你我之间互敬之交所能相提并论，就是死，也要魂随皇叔而去。张辽听后瞠目结舌，始知何为真正人格。

欲望原是人类最本质的东西，然能慎独戒欲视财物如粪土者，天下之居伟矣！关公归心似箭，便数次去找曹操辞行，均遭曹操悬牌回避。关公自知曹操之意，遂将曹操所赐锦帛一一封记，悬"汉寿亭侯"印于房中，并拜书一封，发自内心地感谢曹公的盛情款待。然后"封金挂印"，义无反顾地保护皇嫂家眷，连夜离开曹营直奔刘备而去，谱写了一曲跌宕起伏的忠义大旋律。诚如元代人火鲁胡达写道：

　　来谒崇宁庙，遗容古貌寒。奋戈扶寒祚，斩将报曹瞒。忠烈条山并，英烈解土安。未能并吴魏，常使后人叹。

18 关公过五关斩六将

关公正是因为有着"忠与义"的精神支柱，又有着向往大哥的信念，才使得他在曹营里，充满了不竭的动力与勇气，因而能够抵御外来的一切物欲，上演了一出"灞陵桥挑袍别曹"的精彩传奇。而当他面对种种非难时，也才能够浩气凛然，勇往直前，谱写下"千里走单骑""过五关、斩六将"的壮丽诗篇……

许昌是曹操经营多年的政治中心，至今这里还存有多处三国时代的遗址遗迹，供人凭吊思索。关公曾两至这里，一次是曹刘联军击败吕布以后与刘备在这里小住，另一次则是曹操击溃刘备，关公被擒软禁于此。关公一生刚烈，为何此次会降服曹操？小说"土屯约三事，降汉不降曹"的故事真实吗？这就要从《三国志》其他记述综合考论。实际上这是一个有充分根据的故事，从元代开始便有人用"代言体"为关公代拟了几封书信。而关公也的确信守当初诺言，这对于阐释孟子的著名辩题"守经从权"尤其具有重要意义。

关公身在曹营数月，先是为义而生，接着尽忠报曹，然后"尽封其所赐，拜书告辞，而奔先主"。既报答了曹操的新恩，又不忘刘备旧义，既不贪图高官厚禄，又不羡慕金银财宝，充分反映了关公"威武不能屈，富贵不能淫，贫贱不能移"的高尚气节。然陈寿却"偷工减料"，只几句话敷衍而过。但在罗翁的《三国演义》里，则形成了屯土山约三事、降汉不降曹、报恩斩颜良、挂印封金、灞陵桥挑袍别曹等一个个花团锦簇、精彩纷呈的故事。特别是"过五关、斩六将"的传奇，更是妇孺皆知、脍炙人口。

哲人云：言必信，行必果。通俗点讲，就是说话算数，说到做到，此谓之大丈夫也。追溯中国历史，各个朝代不乏诚信之人，但以关公而论，他降汉不降曹之意决，为忠者；他降而不死以护兄长之家眷，为仁者；他杀颜良、文丑等敌以报曹操的恩典，为义者；他闻知刘备下落即"封金挂印"追寻而去，为信者。如此美轮美奂的表现，真可称为天下坚守"忠义仁勇信"第一人。

中国有句古语，叫作："忠臣不事二主，好女不嫁二夫。"这句话听起来好像是很难辩驳的。然而中国的古语实在太多，与此相对的名言如："良禽择木而栖，良臣择主而事。"二者针锋相对，其中是非原委谁又能说得清楚？不过关公的所作所为，倒是为我们提供了参照。清代毛宗岗在其《三国演义回评》里，对罗贯中笔下关公"封金挂印"一事，给予了高度的评价：

> 人情未有不爱财与色者也。不爱财与色，未有不重爵与禄者也；不重爵与禄，未有不重人之推心置腹、折节敬礼者也。曹操所以驾驭人才、笼络英俊者，恃此数者已耳。是以张辽旧事吕布，徐晃旧事杨奉，贾诩旧事张绣，文聘旧事刘表，张郃乃袁绍之旧臣，庞德乃马超之旧将，无不弃故从新，乐为之死。独至关公，而心恋故主，坚如铁石。金银美女之赐，不足以移之；偏将军、汉寿亭侯之封，不足以动之；分庭抗礼、杯酒交欢之异教，不足以夺之：夫而后奸雄之术穷矣。奸雄之术既穷，始骇天壤间不受驾驭、不受笼络者，乃有如此之一人。即欲不吁嗟景仰，安可得乎？

秉公而论，曹操作为一名政治家也非常守信，虽然关公多次登门请辞，曹操为了挽留都借故高挂"免见牌"。也许是惺惺相惜，当他知道关公不辞而别时，也独自为关公的信义流下了几滴清泪。然而手下有些人却很不舒服，蔡阳、程昱之辈更是煽风点火，请求追杀关公以免留下后患。曹操挥了挥手说道："我昔日许之，岂可失信！彼各为其主，来去明白，真丈夫也。你们都应效仿才是，何以言追！"寥寥数语，使在场扬言要追的人诺诺而退。不仅如此，曹操还令张辽随他为关公赠袍送行，彰显了其肚里能撑船的博大胸怀。这就是历史著名的"灞陵桥挑袍别曹"故事。

灞陵桥坐落于许昌市西郊八里外，因此也叫作"八里桥"。桥系青石所筑，单拱双柱，桥栏上雕刻着148幅仿汉画像，东西拱端均建有月台。东端立有青石雕塑关公勒马横刀巨像，南侧有唐代画圣吴道子所画的关公戎装石刻像碑，北侧是明末将领左良玉手书的"汉关帝挑袍处"六字碑石。而罗翁在《三国演义》里那一段精彩绝伦的对话，更是将曹操与关公两人的内心世界，表述得酣畅淋漓、尽善尽美：

曹操见关公横刀立马于桥上，令诸侯勒住马匹，左右排开。关公见众人手中皆无军器方始放心。曹操曰："云长行何太速？"关公于马上欠身答道："关某前曾禀过丞相。今故主在河北，不由某不急去。累次造府，不得相见，故拜书告辞，封金挂印，纳还丞相。望丞相勿忘昔日之言。"

曹操曰："吾欲取信于天下，安肯有负前言？恐将军途中乏用，特具路资相送。"一将便从马上托过一盘黄金。关公曰："累蒙恩赐，尚有余资，留此黄金以赏将士。"曹操曰："特以少酬大功于万一，何必推辞？"关公曰："区区微劳，何足挂齿？"曹操笑曰："云长天下义士，恨吾福薄，不得相留。锦袍一领，略表寸心。"令一将下马，双手捧袍过来。

云长恐有他变，不敢下马，用青龙刀尖挑锦袍披于身上，勒马回头称谢曰："蒙丞相赐袍，异日更得相会。"遂下桥望北而去。许褚曰："此人无礼太甚，何不擒之？"曹操曰："彼一人一骑，吾数十余人，安得不疑？吾言既出，不可追也。"曹操自引军回城，于路叹想云长不已。

人常说：阎王好见，小鬼难缠。这话听起来是丑了一点，然细做分析，理儿还是蛮端正的。可能是"大义相投"的缘故，曹操虽说对关公的不辞而别耿耿于怀，但对关公效忠刘备的赤胆忠心却是内心佩服大加赞赏，于是才赶上前去赠袍送银。不过有时候事情就坏在那些不得要领、曲义理解领导意图的人身上。这不"阎王"痛痛快快地放行而去，可一些连手握铁笔的"判官"都不是的"无常小鬼"，却龇牙咧嘴手舞足蹈地招摇过市，惹是生非，结果是五处关城倒送出了六条小命。

第一个，是东岭关的守将孔秀。那天关公告别了曹操，一路上不敢怠慢，悉心地护着嫂嫂的车仗前行。次日清晨，谢过前夜款留招待的胡华老人，就直向洛阳赶去。途中有个东岭关，守将名叫孔秀，手下只有五百兵马。这次关公非常有礼有节，不仅下马施礼，而且向守将说明情况。孔秀却不识敬，鸣鼓聚军，披挂上马杀下关来。关公见他敬酒不吃，就冷笑了一声，约退车仗，遂纵马提刀直取孔秀。孔秀挺枪来迎，只一个回合，青龙偃月刀起处，孔秀便横尸马下。

第二、三个，是洛阳太守韩福及牙将孟坦。说起来韩福比孔秀要聪明一些，也知道关公前不久才杀了颜良、文丑的厉害。所以比较谨慎未敢轻易造次，先是请来部属商议，决定采取佯败诱关公前来追赶，然后计取擒拿以得曹丞相重赏。所以等关公刚到，孟坦便依计行事，一马当先抢双刀来取关公。

关公独自拍马来迎，孟坦战不三合，就有意识地拨马便回。不想关公马快，只那么一刀，就将孟坦砍为两段。韩福哪里还敢露面，就在暗处放了一箭，正中关公左臂，顿时血流如注。关公顾不了许多，用嘴拔出矢箭，吐了一口血沫，飞马径奔韩福，又是手起刀落，可怜的韩福被连头带肩劈于马下。然后从曹操送来的战袍上扯下一块布来将箭伤裹了，即刻保护车仗，连夜赶往汜水关。

第四个，叫卞喜，守着汜水关。汜水关前面说过，就是所谓的"虎牢关"，也就是关公斩华雄、战吕布的地方。这个卞喜有些不够意思，说来还是山西老乡，而且也知道关公的英名，却想用埋伏来擒拿关公，地点设在镇国寺，结果是聪明反被聪明误。他压根儿没想到寺内一和尚是河东人，法名普静，在与关公叙旧之间，以手举所佩戒刀示意。卞喜眼看阴谋败露，急忙让左右动手。

卞喜那一点招数，还不是小儿科的水平？关公早持剑在手，没费吹灰之力，周围就横三竖四地倒下一片。卞喜哪里还敢恋战，拔腿下堂绕廊就跑，关公顺手拽过大刀，将卞喜劈为两段。却说这位普静，便是后来玉泉山上那位普静，关公死后魂灵曾归附那里，与之还有一段对话。这会儿，两人虽有好多话要说，但是事情紧急，只好执手含泪依依惜别。关公暗自伤神，心情稍平才又护着车仗向前进发。

第五个是荥阳太守王植，与韩福是儿女亲家。得知关公的到来，就想设计用火烧死关公，来为亲家报仇雪恨。于是亲自出关以笑脸相迎，将关公安排在上好的馆驿里，并且甜言蜜语蒙骗关公。不过王植没想到的是，他让放火的人叫胡班，却是胡华的儿子，向来敬佩关公。夜深人静胡华正准备动手时，却见关公左手挈髯，于灯下凭几拜读《春秋》，便走进去将王植的阴谋告知关公。关公急忙披挂提刀上马，请出二位嫂子一路出了馆驿，果然见众多兵马都手持火把。此时王植正从后面追来，拍马挺枪直取关公咽喉，却被关公拦腰一刀，碎为两段，拎着小命向阎王报到去了。

第六个是秦琪，把守滑州黄河渡口。秦琪向来很傲，自以为天下无敌。他冷笑了一声指着关公说道："你一路过关斩将，不过杀的都是些无名小将，今天将军到此，敢杀我吗？"秦琪也是聪明一世却糊涂一时，他根本没有想到关公这一次更为利索。没等他一句话说完，二马已经相交，就只那么一个回合，关公刀起，秦琪头落。于是关公请二位嫂嫂上船渡河，一直到了袁绍的地盘这才放下心来。

这一段描述，真是荡气回肠。不过关公心里却很不是滋味，他手提大刀，回首看着滔滔东去的黄河，想着几天来所历关隘五处，斩杀曹将六员，不由得叹道："我关某并非要一路杀人，实在是被迫无奈呀。如曹公知道，必然怪罪关某是忘恩负义之人。"说罢又是长长的一声叹息。这就是关公，直到此时脑子里还是仁义的事情，可见"义"的因子已经融入骨子里了。可惜历史不能重复，如果现在让这些"倒霉蛋"活过来，也许就应该好好地反思犯得着吗？曹主公都有活命之意，你们何必去鸡蛋撞石头？真是半夜里刨锅台，倒灶等不到天明。

不过最倒霉的当数蔡阳了。他原本知道放人是主公曹操之意，也知道关公的超强武艺，却死里活里地从千里之外赶来，硬是把还值一点钱的命扔在了古城脚下。这下可好，不但为关公在三弟张飞面前洗刷了羞辱，证明了清白，还用自己的身子和头颅，为关公一路过关斩将，画上了一个层次分明、详略得当的感叹号！于是有了历史上"出五关斩六将，古城壕里斩蔡阳"的美谈。

从历史上看，关公英名的传播，靠的是神勇与忠义。关公"千里走单骑""过五关斩六将"，仗的还是神勇，为的还是忠义，讲的还是信诚。连关公自己都说："吾非欲沿途杀人，乃事不得已也。"什么事呢？完全是为了兄弟之义、君臣之忠。在罗贯中的笔下，关公成了神勇无比的忠义完人。为此他作诗赞道：

挂印封金辞汉相，寻兄遥望远途还。马骑赤兔行千里，刀偃青龙出五关。忠义慨然冲宇宙，英雄从此震江山。独行斩将应无敌，今古留题翰墨间。

第四章　九天云揽，
壮志未酬身先死

有人说，性格决定人的命运。细细咀嚼，似有几分道理。遍读描述关公的文章，从常平老家悯冤除霸，到败走麦城，字里行间无不充满了"忠义"二字。是忠义，造就了关公的威名；也是忠义，残害了关公的性命。真可谓成也"忠义"，败也"忠义"。关公从生到死，都被"忠义"紧紧地包围着。

19 "三顾茅庐"之关公

历史上的"古城会"，是刘备曲折一生中的新的起点，他不但夫妻团圆，兄弟相会，更重要的是，所有追随他的文臣武将均在此会聚一堂，就连分手多年的赵云也寻踪而来，关公也收编了周仓。而且在此后不久，便演绎出"三顾茅庐请诸葛"的故事，为争得三国鼎立的局面奠定了坚实的基础……

一幕"过五关斩六将"的夺目光彩，让"古城兄弟会"似乎略显暗淡，然而在经过血与火的洗礼后，方显兄弟的"信义"更加纯洁。关公千里单骑一路保护着两位嫂嫂，好不容易在一座古山城前，意外地遇见了失散数月的三弟张飞。没想到张飞却怀疑关公背叛大哥投靠了曹操，因此反目成仇，竟弄得差一点儿大动干戈。好在吉人天相，此时蔡阳却是甘露相送"以身作则"，用死来"证明"关公的清白，这才让弟兄二人冰释前嫌。

依照戏剧的描述，两人是先相拥而泣，然后在关公的引领下，张飞拜见了刘备的两位夫人，互相诉说了小沛战败后分别的情形。当听到两位夫人历经艰辛、备受磨难的情景，动情处铁汉子张飞竟然号啕大哭，由此可略见弟兄三人真情实感之一斑。

中国旧时，朋友可分为"五类"：道义相砥，过失相规为畏友；缓急可共、生死可托为密友；肝胆相照，不避利害为挚友；甘言如饴，游戏征逐为昵友；利则相攘，患则相倾为贼友。刘、关、张三兄弟为何友？自然不容分说。

"古城会"的历史地位固然重要，然而其真实地址却扑朔迷离。据考证，故事发生的大致方位为河南与河北交界处，有数个"古城"地名，但均与关公所行的路线不甚相符。如果说关公确实是从洛阳渡河的话，似乎新乡地区辉县城北十里的"张飞城"可能性较大，因为这一地区位于当时曹操和袁绍割据之地的交界处。可是在《三国演义》中却另有一说，即关公在滑州地区得遇孙乾，告知刘备已去汝南。汝南在黄河南岸驻马店地区，与这里相距遥远，如此那"古城会"的地点又将在黄河以南。地理志中淮北地区的濉溪县西南确有一个叫作"古城"的集镇，假如这一史迹真实，却又与"斩蔡阳"之处有误，因为史书所载此事发生在黄河北岸。

历史地址有误，史实却非常翔实，总之弟兄三人不仅重逢古城，而且又新得小弟赵云。赵云虽非刘备的结义兄弟，但自从结识刘备以后，就准备矢志不渝地紧跟刘备。尽管他在公孙瓒处与刘备分手多年，却始终念念不忘，终于千里迢迢寻到这里，从此在任何艰难困苦中，都不曾再动摇过这种坚定不移的信念。与此同时，关公又在卧牛山招收了周仓，自此身边多了位一生形影不离、"早晚执鞭随镫，死亦甘心"的河东老乡。真所谓花团锦簇，猛虎添翼，刘备于是杀牛斩马，拜谢天地，犒劳诸军，欢喜无限，连饮数日。后人有诗为赞："当时手足似瓜分，信断音稀杳不闻。今日君臣重聚义，正如龙虎会风云。"

经过数度沉浮的刘备，此时所倚重的不仅有关公、张飞、赵云三员武将，而且还有糜竺、孙乾、简雍三位文职人员，全都是一心一意地为刘备创业任劳任怨的"铁哥们"，无形中形成了刘备集团的"领导核心"。而刘备，也正是依赖于他们的同心协力，忠义信勇，才能百折不挠地战胜一个又一个困难，也才使之勇于大胆向前，敢与曹操、孙权争夺天下。《三国志》中曾这样评价刘备："先主之弘毅宽厚，知人待士，盖有高祖之风，英雄之器焉！"

那么是否可以说刘备是以"仁"而得天下？这话断然不能去问罗贯中。

就是他在《三国演义》里，竭力将刘备渲染成志存高远、德隆望重的谦谦君子。不过在一些故事描写里，罗翁也让刘备的形象受到了"轻微"伤损。兄弟们在袁绍处相会，刘备以"各为其主"的理由，搪塞了袁绍对关公的不满和猜疑。不过眼见袁绍这个"靠山"即将成为"冰山"，就想"另攀高枝"，于是假惺惺地建议袁绍与荆州的刘表结盟，然后南北夹击合力破曹。你说这是"忠臣不事二主"，还是"良臣择主而事"呢？或者对于政治人物来说，这就是智慧与谋略的体现。

刘备本是英雄，心中藏有夺取江山的图谋，按袁绍的智商，肯定是没有摸透刘备的心思，就稀里糊涂地采纳了刘备的建议，并派他带着本部兵将去和刘表联络。这正是瞌睡给了个枕头，让刘备美滋滋地带着关公、张飞、赵云等人鞋底抹油，很快投靠了荆州牧刘表。刘表也很高兴，在他看来刘备既是同宗兄弟，又是一颗"政治新星"，还有个"皇叔"的头衔，故而以礼相待，让他屯兵荆州附近的新野。至此，刘备总算又获得发展自己势力的机遇，先后并吞了那里的小股地方武装，开始经营起自己的"一亩三分地"来。

有了田野，就能耕种收获。在新野的几年里，刘备得到徐庶的谋略，一战而胜曹仁，并且巧取了樊城。这是刘备出道十多年来第一次认识到人才与智谋的价值，于是他致力于礼聘人才，为以后事业的发展积蓄力量。特别是在建安十二年（207年），他在徐庶的推荐下"三顾茅庐"，终于请出了"鞠躬尽瘁，死而后已"的诸葛亮，从而给他的前程带来了转机，也以此改变了中国历史的进程。

从史书上看，关公当初对刘备三请诸葛颇不以为然。也许以忠义当先的关公，生来就是一块辅佐别人的料，他压根儿就没有刘备一心要做帝王的意图。在他看来只要有自己与张飞，还又新添了赵云，就足以让刘备的"一亩三分地"旱涝保收吃喝无虞。所以当刘备遍访人才，向司马徽问起诸葛亮的才能时，他就眯缝着丹凤眼，表情属于那种不屑一顾。当不耐烦地听完司马徽的介绍后，正要争辩几句，泼上一瓢凉水，却看到刘备脸色不快，才只好将嘴巴闭了起来。

刘备当然与关公的想法不同，他是要干一番大事业的帝室之胄，因此求贤心切。不过开始时他并没有在意司马徽的提议，倒是七年后因为徐庶被曹操要挟掳走后，才又急不可待地去请诸葛亮。这会儿是要从大局出发，根本就不顾及关公他们的感受，当下叫人挑着礼品，叫上关公、张飞一同来到襄阳隆中（今湖北省襄樊市城西10千米处）去拜访诸葛亮。历史上的事儿有时也说不清楚，其时诸葛亮是外出了，或者压根儿就不想见到他们，还是嫌他们迟迟不来？反正不巧得很，刘备他们等了半天也没有见上，只得上马依依不舍地离去。

不过隆中确实是个山清水秀的好地方，这里北临汉江东望襄阳，而且平畴沃野一片葱茏。隆中山有如蟠龙，隔谷相望的大旗山又形如伏虎，因此有"龙虎宝地"之称。应该说刘备很有诚意，仅仅过了数天，听说诸葛亮回到了家中，即刻吩咐备马，又带着关公、张飞赶往隆中。这天漫野风雪天寒地冻，关、张一路颠簸心里早觉烦躁，正准备发发牢骚，却见大哥心情急切，也只得一路颠着屁股紧紧相随，不敢说出半句风凉话来。或者是上苍对刘备的考验，或者是作者的有意编撰，这一次老天爷并没有开眼，兄弟三人依然是吃了闭门羹。

刘备却并不死心，新年刚过，就拉着关、张二人再次去隆中。这次关公真有些不耐烦了，嘴里嘟嘟哝哝地说道："为了一个无名之辈，哥哥都亲自跑了两趟，就算按礼节也该知足了。依二弟看，这位孔明先生恐怕也是徒有虚名，所以才退避三舍不敢与我们相见。"张飞更是暴跳如雷，吼叫道："诸葛亮不过是个种地的村夫，算得什么贤人？何须两位哥哥动劳，让小弟带一条麻绳去，将他绑来算球！"

刘备当时心里是怎么想的，别人不得而知，后来的文人学者恐怕也是揣摩不透。刘备的确是声色俱厉地说道："尔等休要胡言乱语，春秋时期，齐桓公去拜访一名小臣，都亲自跑了五趟。何况咱们拜访的是一位治国安邦的雄才大贤呢？你们如果嫌弃我就一个人去！"大哥一动怒，两个人是面面相觑，哑巴见了他妈——张口无言了。

皇天不负有心人。这一次刘备终于见到了诸葛亮，他怕关公、张飞无理，干脆让他们在屋外守候，自己则整好衣冠，走进树竹丛中的四合小院，毕恭毕敬地向诸葛亮请教。诸葛亮何许人也？正如清人程文炳在他的《抱膝亭跋》中所说："虽在小隐，未尝须臾忘天下事焉。"诸葛亮几经寒暄客套后，从董卓专权谈起，先是将东汉末年全国政治、经济、军事和人事等方面的情况罗列开来，再把纷杂混乱的社会局面梳理得有条不紊，清楚透彻，接着又取出一张地图，叫书童挂在墙上，对刘备详尽地分析了当时的形势。

大约是还怕刘备没有弄清形势的利害关系，就又从曹操现在拥兵百万，挟天子以令诸侯，充分占有天时之势，切不可与其争锋的话题说起，又讲到孙权据有江东已历三世，且国险民富，占了地利之势，所以最好是与他结盟，而不得谋求并吞的现实形势，然后才语重心长地指出：

将军既帝室之胄，信义著于四海，总揽英雄，思贤如渴，若跨有荆、益，保其岩阻，西和诸戎，南抚夷越，外结孙权，内修政理，待天下有变，则命一上将，将荆州之军以向宛、洛，将军身率益州之众，以出秦川，百姓孰敢不箪食壶浆以迎将军者乎？诚如是，则大业可成。

诸葛亮这一"三分天下"的战略构想，便是闻名古今的"隆中对"。在这里诸葛亮明确指出，如要成霸业，须先取荆、益二州（今湖北、湖南和四川省的大部分地区）作为根据地，形成与曹、孙的鼎足之势，再与西南各民族和睦相处，取得"人和"的优势，进而方可称霸天下。这对原来眼睛总是盯着中原的刘备，真可谓是高屋建瓴、醍醐灌顶。据说那一次，诸葛亮讲得头头是道、无微不至；刘备则听得津津有味、茅塞顿开，心悦诚服拜请孔明出山相助。得到诸葛亮应允后，刘备才把关公、张飞叫到屋内，三人一同鞠躬施礼，郑重其事地拜见了孔明先生。对于这段历史，后人曾有诗赞道："豫州当日叹孤穷，何幸南阳有卧龙。欲识他年分鼎处，先生笑指画图中。"

关公随刘备三顾隆中茅庐，终于请出诸葛亮，拜为军师。从此，刘备对这位年仅27岁的"诸葛军师"非常敬重，像对待师长一样，吃住同席，言必称先生，整天商讨天下大事。看到刘备和诸葛亮关系日益密切，关公和张飞心里很不是味儿，脸色也就不那么好看了。刘备察觉以后，怕坏了大事，就将他们二人叫到内室，严厉地批评道："孔明先生对孤来说，犹如鱼有水一样。希望你俩真心实意，摆正位置，不要惹是生非！不然的话……"

两人见大哥如此器重诸葛亮，并且动了真格，从此就从大义出发，将自己的意见深深地藏了起来，再没有表示过反对。而且诸葛亮的才能很快便得到了印证，博望坡一战，曹军的全部行踪均在诸葛亮的预料之中，结果是一场大火把夏侯惇烧得焦头烂额，只好夹着尾巴逃回许都。于是在后来的岁月里，关、张也打心眼里佩服诸葛亮，真心地言听计从，共同为辅佐刘备蜀汉，谱写出了肝胆相照的壮丽诗篇，至今在襄阳一带，还留有"三义石"的遗迹。

"三义石"在汉江岸边的万山上，是三块人形的巨石。据说当年刘备和关公、张飞，第二次去隆中相请诸葛亮不遇而回。为了欣赏汉江雪景，他们三人登上万山，关公满腹怨气无处发泄，便手挥青龙偃月刀，将一块积满大雪的巨石劈为两半。张飞见状，也跟着举起丈八蛇矛，一枪戳出口水井来。如今这"关公石"与"张飞井"依在，而那挺然耸立的三块人形巨石，传说就是他们兄弟三人的身影。对于诸葛亮的神奇，后人的赞誉颇多，著名诗人杜甫就曾写道：

诸葛大名垂宇宙，宗臣遗像肃清高。三分割据纡筹策，万古云霄一羽毛。伯仲之间见伊吕，指挥若定失萧曹。运移汉祚终难复，志决身歼军务劳。

20 "赤壁之战"之关公

退避三舍，说的是晋文公为报楚成王的礼遇之恩而进行的退让之举。想一想，当时晋文公的主动退让，真的是为了报答知遇之恩吗？不过，罗贯中为了突出关公"重义"的特点，在"赤壁之战"中演绎了关公华容道义释曹操的情节，还有长沙之战不杀黄忠的感人故事，至今脍炙人口……

有道是江河横流，方显英雄本色，似有几分道理。博望坡一战烧得夏侯惇焦头烂额，却也烧得曹操怒火中烧。到了建安十三年（208年），刘备就遇到了"引火烧身"的麻烦。曹操在休整了一段日子后，觉得兵强马壮该到问罪各路诸侯的时候了，遂亲率50万而号称80万大军南征荆州刘表。刘表年迈体弱，哪里受得了这样的惊吓，很快一命呜呼，次子刘琮更是望风而降。

刘备眼看风声不对，为了躲避曹军锋芒，便主动撤离新野向江陵（今湖北江陵）退去，并派关公率领一万多水军，从汉江沿水路往江陵会合以作接应。按说刘备的战略抉择是对的，但是战术上却没有按常规出牌，领着数十万老百姓，开始了历史上恐怕只有他才能做出的浩浩荡荡的仁义大撤退。那场面才叫个壮阔，一路上拖儿带女，人哭马叫，就像蚂蚁搬家一样，等大军撤退到当阳长坂坡（今湖北当阳东北）时，早被兼程追来的曹操骑兵打得大败，去江陵的道路也被曹军截断。

刘备这会儿才如梦初醒，只好撒腿向汉津撤去。好在三弟张飞这一次粗中有细，"长坂桥头杀气生，横枪立马眼圆睁。一声好似轰雷震，独退曹家百万兵"，上演了一人"喝断长坂坡"的大剧，才使刘备得以逃生。紧接着关公率领水军前去接应，保护着刘备安全退到夏口。对于刘备这次"携民大逃亡"的事情，历史上褒贬不一。从军事战略上讲，绝对是败笔一处。不过刘备是政治家，他需要的是民心，所以在多数人看来，如此大敌当前，自身处境危急，刘备却能不忘百姓，其行为更是难能可贵，因此后世史学家多赞誉他"以仁待人，以诚结友，即使逆境中仍不肯有失道义"，并普遍认为，这正是刘备"三分天下有其一"的关键所在。

孟子曾说过，"仁者人也"，正是对刘备一生中待人处世的概括与写照。如《蜀记》所载，当年刘备在许昌与曹操一起打猎时，关公就曾准备乘混乱之际，诛杀曹操以绝后患。但是遭到刘备的拒绝。这次来到汉津，看着他漂泊无依的狼狈情景，关公愤愤不平地说道："当年大哥若听二弟之言，何来今日困厄之灾。"刘备解释道："二弟不知，此一时彼一时也。其时为兄是为朝廷计，怕一时不慎伤及皇帝，才忍气吞声。不过，如果天意要真正辅助我们，又焉知今日的漂泊不是兄弟们的福分？"据说关公听后未置可否，只是眯缝着眼睛，望着远处衔山的夕阳默默无语。

历史的岁月在时代的迸发中走过，就在刘、关兄弟或许还为那次坐失良机反思懊恼时，得以活命的曹操却不理会这些，占领江陵后气势更盛，沿着长江浩浩荡荡向东挺进，大有吞没"无立锥之地"刘备和消灭"独傲江湖"

孙权之势，踌躇满志地为平定江南占据全国铺平道路。不过令曹操没有想到的是，刘备现在也早已今非昔比，身旁除了关公、张飞、赵云等武将外，还有了诸葛亮、庞统等一干谋士们，要想征服他已不是当年那么轻而易举的事情了。

国家之间，或者是政治集团之间的战争，在战场上的输赢，无疑凭的是武将，然而真正的较量却靠的是幕僚的智谋了，即所谓的"运筹帷幄之中，决胜于千里之外"。何况诸葛亮又为三国时期第一谋臣，肯定是有"几把刷子"，他为了与孙权方面磋商联合抗曹的事宜，亲自请命出使东吴，以他的三寸不烂之舌，说服孙权部下的主降派，促成了孙、刘两家的结盟，即历史上著名"舌战群儒"的典故。

接下来就更为精彩，在诸葛亮的导演下，孙、刘联手共同筹划了"赤壁之战"，一顿紧锣密鼓后，演出了环环紧扣诸如"祭借东风""草船借箭""火烧连营"等的连幕大戏，大败曹操于赤壁（今湖北省蒲圻县西北）一带，曹军20多万将士即刻死伤过半。这是一处中国历史上"以少胜多"的著名战例，一下子使曹操元气大伤，原来还想吃狗肉，没想到连铁链子也给带跑了。只得放弃东下南进的打算，留下曹仁、徐晃、乐进几员将领驻守江陵、樊城、襄阳几个据点，自己带着残兵败卒北还邺城（今河南省临漳县西），三分鼎立局面从此形成。

有道是无巧不成书，而且历史也常常偏爱英雄义士，罗翁在这一次精彩纷呈的演出中，又一次将表露信义的机遇送给了关公。也就是在这一次战役中，关公率水军万余人追曹军至江陵，连收江南诸郡，为刘备"三分荆州"起了非常重要的作用。罗翁为突出关公"重义守信"的高贵品格，在小说《三国演义》里，演绎了"华容道义释曹操"的细节，至今点石成金，读来回味无穷：

曹操言未毕，一声炮响，两边五百校刀手摆开，为首大将关云长，提青龙刀，跨赤兔马，截住去路。操军见了，亡魂丧胆，面面相觑。操曰："既到此处，只得决一死战！"众将曰："人纵然不怯，马力已乏，安能复战？"程昱曰："某素知云长傲上而不忍下，欺强而不凌弱；恩怨分明，信义素著。丞相旧日有恩于彼，今只亲自告之，可脱此难。"

操从其说，即纵马向前，欠身谓云长曰："将军别来无恙！"云长亦欠身答曰："关某奉军师将令，等候丞相多时。"操曰："曹操兵败势危，到此无路，望将军以昔日之情为重。"云长曰："昔日关某虽承蒙丞相厚恩，然已斩颜良，诛文丑，解白马之围，以奉报矣。今日之事，岂敢以私废公？"操曰："五关斩将之时，还能记否？大丈夫以信义为重。将军深明《春秋》，岂不知庾公之师追子濯孺子之事乎？"

云长是个义重如山之人，想起当日曹操许多恩义，与后来五关斩将之事，如何不动心？又见曹军惶惶，皆欲垂泪，一时心中不忍。于是把马头勒回，谓众军曰："四散摆开。"这个分明是放曹操的意思。

操见云长回马，便和众将一齐冲将过去。云长回身时，曹操已与众将过去了。云长大喝一声，众军皆下马，哭拜于地。云长愈加不忍。正犹豫间，张辽纵马而至。云长见了，又动故旧之情，长叹一声，并皆放去。后人有诗曰："曹瞒兵败走华容，正与关公狭路逢。只为当初恩义重，放开金锁走蛟龙。"

怎么样？罗翁通过一连串的"面面相觑""皆欲垂泪""哭拜于地"，以及关公一系列的"低首良久不语""不忍杀之""又动故旧之情"等细小动作和心理变化，把关公复杂的心理世界和恻隐之心描绘得活灵活现，表现得淋漓尽致。不过从刘备的事业着眼，或者在一些人看来，关公的这个行为无论如何都不应该得到肯定。然而在我国古代封建社会里，"信义"作为人们道德观念的重要内容，就是要"有恩必报""恩怨分明"，百姓大众对此是赞不绝口。正如清代学者毛宗岗所说：

怀惠者小人之情，报德者烈士之志。虽其人之大奸大恶者，得罪朝廷，得罪天下，而彼能不害我，而以国士遇我，是即我之知己者也。我杀我之知己，此在无义气丈夫则然，岂血性男子所肯为乎？使关公当日以公义灭私恩，曰："吾为朝廷斩贼，吾为天下除凶。"其谁曰不宜？而公之心，以为他人杀之则义，独我杀之则不义，故宁死而有所不忍耳。（毛本《演义》回评）

怜悯是"义"的具体体现，尽管曹操是大奸、大恶之人，但他当年对关公有恩，极度尊重关公，使关公保全了自己的节操，因此关公宁肯接受军法处置，也不愿以擒曹而建立功勋。这就是罗贯中从古代"重义"的道德观念出发，所赋予的必然结局。不然罗贯中是绝对不会把"华容道捉放曹"当作件"美事",让诸葛亮自己说出来又让刘备听后大喜,而最后再让关公去坐享此美名桂冠。后来虽有刘备要动军法处置关公之说,但不论出于何种原因,最终都还是不了了之。对此我们不能不顾及时代的局限性去苛求作者,责备关公。

华容道是小说之言,历史上多无记载,不过刘备得了胜仗当然高兴,就奏请汉献帝任命刘琦为荆州刺史,先稳住荆州地区长江以北的大片土地。然后凭着诸葛亮的智谋,带着关公、张飞、赵云等将领,乘机攻占了属荆州管辖的武陵、长沙、桂阳、零陵四郡(均在今湖南省境内)。历史上,关公、黄忠皆为刘备集团的重要将领,又是人们极为崇拜的英雄,因此罗贯中借助黄忠投降刘备这一历史事实,虚构了关公攻打长沙义释黄忠的故事,变关公在取得荆南四郡的间接作用为直接功勋。

其时长沙太守韩玄部将黄忠,是天下数得着的好汉,与关公厮杀一百余回合互不分胜负。次日二人接着再战,又斗了五六十回合,仍然是胜负难分。关公思谋诈败,欲用拖刀计斩杀黄忠。黄忠随后赶来,忽然马失前蹄被掀在地。面对这天赐良机,关公如果此时斩了黄忠,无疑就会被誉为天下第一英雄。然而关公不愿乘人之危,而是立马挽刀,对黄忠大喝一声道:"而今饶你性命不死,快换骏马再来厮杀!"黄忠略一迟疑,这才飞身上马奔入城中。

韩玄知道黄忠射箭百发百中,便令黄忠以箭暗射关公。等到次日交战时,黄忠诈败引诱关公追赶。眼看时机成熟,却想起关公昨日不杀之恩,两次虚拽弓弦不发,直到第三次射中关公盔缨,使"关公方知黄忠有百步穿杨之巧"。黄忠回城后,韩玄欲以通敌罪处之。魏延挺身而出诛杀了韩玄,黄忠才幸免于难。如此,关公不仅取得了长沙,并且纳降了黄忠、魏延等几员勇将,成为平定荆州之地的头号英雄。

拥有荆州是刘备一生事业发展的转折点,他从此有了稳固的后方。于是,刘备任命诸葛亮为军师中郎将,将二弟关公任命为襄阳太守、荡寇将军,镇守荆州,成了名正言顺的封疆大吏。关公当然不含糊,除了兢兢业业做好防务,并在辖区内建立地方政权,征派赋税徭役,筹集作战物资,为蜀军进行割据战争提供经济物资,像模像样地当起了"太守大人"。天降大任于斯人,刘备集团终于在荆州站住了脚跟。

荆州是华夏古城，地处长江中游，镇巴蜀之险，据江湖（长江与鄱阳湖交汇处）之会，历来为兵家要塞。当时的荆州，正位于东吴与西蜀的咽喉部位，所属之地包括南阳、南郡、江夏、武陵、长沙、桂阳、零陵七个郡治，辖区相当于如今的湖北、湖南两省及河南、广西、贵州的部分地区，是美丽富饶的鱼米之乡。而且水陆畅通，交通发达，商贾云集，百业兴旺，因而成为曹操、刘备、孙权三方必争的战略要地。其时关公虽然名为"襄阳太守"，但樊城等重镇还被曹操控制，孙权则占据着江夏郡和南郡的南部。

由此可见，荆州地区就是缩小了的"三分天下"，大家都虎视眈眈，谁占了就有主动权。按说荆州本是刘表的地盘，刘备认为理所应该归他所有。机会似乎也偏爱英雄，不久吴国年少英俊的周瑜病死，孙权为了自保，于是主动把南郡"借"给刘备示好。而且为了进一步巩固两家的结盟，还把妹妹孙尚香许配给刘备为妻。这便是历史上所谓的"借荆州"之说。但是塞翁失马，福祸相依，刘备虽然"借"得了荆州，解除了心头之病，为他以后打拼基业提供了保证，不过也给日后二弟的杀身之祸埋下了伏笔。因此明人范涞在游历三国遗迹时，曾写下《过荆州东南山关公寨》：

万劫难销正气存，英雄遗迹迈荆门。帝留先生天心定，将有关侯国势尊。铃铎似传军夜令，山岚犹护阵云屯。掀髯可释吞吴恨，江左如今不属孙。

21 "单刀赴会"之关公

谋事在人，成事在天，一处"单刀赴会"的壮举，成就了关公"智勇双全"的美名。不过也许正是这个让世人津津乐道的"壮举"，使这位原本性格就有些"孤傲"的英雄，成为歇后语"刘备借荆州——有借无还"的尴尬注脚。其时有谁知道关公内心深处的痛苦，又有谁知道"借荆州"本是一桩冤案……

欲望是人类最本质的东西，"得陇望蜀"的成语，是东汉开国鼻祖光武帝刘秀下命令给岑彭执行："人苦不知足，既平陇，复望蜀。"就是叫他在平定陇西（今甘肃一带）以后，继续领兵南下攻取西蜀（今西川一带）。200年后，刘秀已说不清楚是多少代的嫡系或者庶系子孙刘备，也面临这样的选择。

赤壁一战，不仅让具有帝王之气的刘皇叔名扬天下，而且还有了荆州作为安身之地。但权衡再三，他总觉得毕竟不是长久之计，再说荆州又处于是非漩涡之中，曹操和孙权都虎视眈眈。所以为了实现当年《隆中对》中所筹划的跨据荆、益二州，待时机成熟时直下宛（今河南南阳）、洛（今陕西南部），最终完成统一大业的战略谋划，就必须要有个安全可靠的后方根据地。

刘备与诸葛亮选来选去，还是觉得老祖宗光武帝的主意不错，便把眼光瞄向了西川之地。若按风水学来说，西川之地依山傍水，物阜民丰，地理险要，正是历代兵家必争之地。不过算盘敲定以后，刘备还是犯了难，因为益州太守刘璋不仅与他同宗，而且其父亲刘焉还曾是他起兵的恩师。这会儿挥师西下，岂不让天下人指脊梁骂自己忘恩负义？说你刘备是吃谁饭砸谁锅的货色？但是眼看形势越来越复杂，而且传言曹操也有占据西川的心思。这下子刘备急了，反正你刘璋面临灭顶之灾，如若让曹操吞并还不如让自家人享用哩。于是先下手为强，为了自身的生存与发展，舍此计而已别无他法可求。

对于政治家来说，目标才是唯一的根本，至于其他一切的一切，都无外乎是途径与手段。而所谓的"信义"之类，只不过是政治家利用的工具蛊惑他人而已。既然是早有隆中对的"既定方针"，又有与时俱进的"现时决策"，于是在诸葛亮和庞统等人的策动下，刘备便开始了大规模的"西川行动"。经过三年的攻防，刘璋只得"心甘情愿"地开城迎接刘备，交割了印绶文籍，拱手把益州让给了兄弟。只是刘备刚夺了益州，脚跟还没有站稳，孙权就派诸葛亮的哥哥诸葛瑾为使来找刘备，说是你刘备已有了自己的地盘，是否该把荆州南部的几个郡归还给我们东吴。已经到口的肥肉，哪有再吐出来的道理？再说荆州的归属权根本就没有个定论。《三国志·诸葛亮传》就曾说道：

夫"借"者，本我所有之物，而假与人也。荆州本刘表地，非孙氏故物。当操南下时，孙氏江东六郡，方恐不能自保，诸将咸劝权迎操，权独不愿。会备遣诸葛亮来结好，权遂欲藉备共拒操，其时但求敌操，未敢冀得荆州也。亮之说权也，权即曰：非刘豫州，莫可敌操者。乃遣周瑜、程普等随亮诣备，并力拒操。

由此可见，荆州主权原为刘表父子所有而不在孙权。孙权所以参加赤壁之战，目的只是为了借盟自保，这会儿催讨荆州是名不正言不顺的。而且这时的刘备，已非昔日颠沛流离的"帮闲食客"，早成为响当当的"刘皇叔"，也有了与孙权抗衡的资格与实力，所以刘备找借口软磨硬推，就是不答应孙权的"无理取闹"。

孙权呢？虽然有曹操"生子当如孙仲谋"的赞誉，但确实不能算一个"ＡＡＡ"级诚信人物。眼见软的不行就来硬的，派去一批官吏强行接收长沙、零陵、桂阳三个郡。这岂不是"活人眼里塞指头"，"啥脚都要往鞋里蹬"？坐守荆州的关公岂肯容忍这种近乎无赖的挑衅行径，于是一顿拳脚交加，将孙吴的官吏全部轰了回去。孙权一怒之下，即刻派吕蒙率领两万兵马强行夺得长沙、桂阳两个郡。

刘备一看，这孙权也太"不把皇叔当干部"了，急忙亲率5万大军赶到公安，命令关公务必夺回长沙、桂阳的控制权。孙权其时年轻气盛，三十而立不到，因此也不甘示弱，即刻派鲁肃带领一万兵马扎在益阳，专门寻衅闹事与关公"对着干"，从此开始了旷日持久的拉锯战。就在这当口，不甘寂寞的曹操来了个"第三者插足"，也率10万大军攻击汉中蜀将张鲁，其前锋将领夏侯渊、张郃屡屡取胜，直逼蜀汉的"核心利益"区域。

三路大军齐聚一堂登台表演，这出大戏就热闹好看了，原本就扑朔迷离的局面，因为曹操这一搅和，就更加难以收拾了。好在关公势力强盛，不仅增强了刘备同孙权角逐江南的实力和地位，而且直接对曹操的后方构成一定的威胁，所以才不至于让局势一塌糊涂。其实现实如戏剧一样，经历着诡异奇谲的故事发展。而当时的局面是，孙、刘两家依然在为荆州而剑拔弩张，仇恨相向，仿佛不决出个鱼死网破不罢休。

东吴的领兵主帅周瑜被诸葛亮"三气"归天后，已换成了鲁肃，他是一位胸怀全局、颇有远见的政治家。就在刘、孙联盟即将破裂的紧急关头，他担心两败俱伤让曹操坐收渔翁之利，于是从战略大局考虑，主动提出会见关公，希望两家坐下来，通过谈判解决双方的争端，然后共同对付曹操，当然前提是"实现共赢"。因为不论何时何地，臣相将帅们都是各事其主，尤其是封建时代的诸侯大臣，更是以"讲政治"为重，所以这个"谈判"看上去是冠冕堂皇的，私下里鲁肃已与孙权讲好，就是在岸口周边先埋伏下若干的刀斧手，如果与关公话不投机，那就让刀斧手来"讲和"好了。现在看来什么是为"会盟"的友善之举？生生就是一处居心险恶的"鸿门宴"。

这是东吴的绝对机密，除了孙权、鲁肃等少数君臣外，知道的人当然不多。所以东吴的部将们听说后，都害怕鲁肃在谈判时遭到关公的暗算，纷纷表示反对。尤其是程普、黄盖等这些与鲁肃有刎颈之交的"哥儿们"，更是设身处地劝他要防叵测，切不可掉以轻心吃了"暗亏"。鲁肃心里清楚却不便讲明，只是含糊其辞地力排众议，亲笔写了一封言辞恳切的邀请信，派人送给了关公。

其时关公心情很好，接到鲁肃的来信，仔细看了一遍，当即告诉使者："你即可回去禀报子敬将军，就说我关某承蒙厚爱，明日定当如期赴约。"吴使走后，儿子关平和谋士马良等人都劝他别贸然行事，关公只是笑而不语。一些人还准备相劝，都被关公一一制止，并叫来关平与周仓，如此这般耳语了一番。直说得二人面带微笑，领命颔首离去。接下来，《三国演义》里面这样写道：

使者回报鲁肃，说云长慨然应允，来日准到。肃与吕蒙商议："此来若何？"蒙曰："彼带军马来，某与甘宁各人领一军伏于岸侧，放炮为号，准备厮杀；如无军来，只于庭后伏刀斧手五十人，就筵间杀之。"

次日，肃令人于岸口遥望。辰时后，见江面上一只船来，艄公水手只数人，一面红旗，风中招飐，显出一个大"关"字来。船渐近岸，见云长青巾绿袍，坐于船上；旁边周仓捧着大刀，八九个关西大汉，各挎腰刀一口。鲁肃惊疑，接入庭内。叙礼毕，入席饮酒，举杯相劝，不敢仰视。云长谈笑自若。

酒至半酣，肃曰："有一言诉与君侯，幸垂听焉：昔日令兄皇叔，使肃于吾主之前，保借荆州暂住，约于取川之后归还。今西川已得，而荆州未还，得毋失信乎？"云长曰："此国家之事，筵间不必论之。"肃曰："吾主只区区江东之地，而肯以荆州相借者，为念君侯等兵败远来，无以为资故也。今已得益州，则荆州自应见还；乃皇叔但肯先割三郡，而君侯又不从，恐于理上说不去。"

云长曰："乌林之役，左将军亲冒矢石，戮力破敌，岂得徒劳而无尺土相资？今足下复来索地耶？"肃曰："不然。君侯始与皇叔同败于长坂，计穷力竭，将欲远窜，吾主矜念皇叔身无处所，不爱土地，使有所托足，以图后功；而皇叔愆德隳好，已得西川，又占荆州，贪而背义，恐为天下所耻笑。惟君侯察之。"云长曰："此皆吾兄之事，非某所宜与也。"肃曰："某闻君侯与皇叔桃园结义，誓同生死。皇叔即君侯也，何得推托乎？"

云长未及回答，周仓在阶下厉声言曰："天下土地，唯有德者居之。岂独是汝东吴当有耶！"云长变色而起，夺周仓所捧大刀，立于庭中，目视周仓而叱曰："此国家用事，汝何敢多言！可速去！"仓会意，先到岸口，把红旗一招。关平船如箭发，奔过江东来。云长右手提刀，左手挽住鲁肃手，佯推醉曰："公今请吾赴宴，提起荆州之事，吾今已醉，恐伤故旧之情，他日令人请公到荆州赴会，另作商议。"

鲁肃魂不附体，被云长扯至江边。吕蒙、甘宁各引本部军欲出，见云长手提大刀，亲握鲁肃，恐肃被伤，遂不敢动。云长到船边，却才放手，早立于船首，与鲁肃作别。肃如痴似呆，看关公船已乘风而去。后人有诗赞关公曰："藐视吴臣若小儿，单刀赴会敢平欺。当年一段英雄气，尤胜相如在渑池。"

罗贯中的《三国演义》本意是"拥汉扬刘"，为刘、关、张极尽了赞美之词，然而在这里却留下一处"不可饶恕"的败笔，即后来人们常说的"刘备借荆州——有借无还。"背信乎？弃义乎？背信弃义乎？且不说这个歇后语是褒是贬，可信度如何，单就用这个事例来诠释关公"单刀赴会"的壮举，似乎让人感到理不直、气不壮，言不由衷。怪不得关公当时被鲁肃问得理屈词穷，难以应答，只得以一句"此皆吾兄之事，非某所宜与也"来敷衍推辞，然后借助周仓的鲁莽行为，才逃离了那个场面尴尬又深藏杀机之地。

那么"借荆州"之事是孙权无理取闹，还是刘备强词夺理呢？有人曾以清人王夫之在其《读通鉴论》里的言辞，为鲁肃所谓的"良苦用心"做"公正客观"的评价，似乎错在刘备一方："羽争三郡，贪忿之兵也。肃犹与相见，而秉义以正告之。羽无辞以答，而悻悻不忘，岂尽不知肃之志气与其苦心乎？"

　　按照《三国演义》所说，鲁肃作为借荆州给刘备的一个"中间人"，因为刘备一再拖延不还，东吴朝野对他的舆论谴责是不言而喻的，所以他不得不向刘备多次索取荆州。同时他也是"孙刘联盟"的主要拥趸者，又想竭尽可能来维护这一联盟，故此，在孙刘双方为争夺三郡闹得不可开交的关键之时，他才从大局出发冒险与关公相会，力争通过政治谈判手段和平解决问题。这便是王夫之所说的"志气与其苦心"。

　　普天下史书上的谬误，多是百姓的口传与文人的笔误流传下来的。有句俗语想必大家清楚，差之毫厘，谬之千里。这一种让刘备失分不少、让关公受冤枉的貌似公允的"说法"，其实是在史实不清的前提下提出的。那么以此作为"刘备借荆州不还"的理论依据，岂不是"滑天下之大稽"吗？不过如果换个角度来看问题，先且不说"这番言论"的前提错对与否，就其结果而言，谁又能说关公不也正是为了蜀汉的"大义"，而忍受良心受责的"小辱"呢？

　　当年关公单刀赴会的地点，在如今赤壁西南40千米的新店镇古城村，鲁肃曾在此地筑有土城，名叫太平城。古时这里是湘鄂两地陆上交通要道，北通武昌，南达岳阳，对面则是荆州地面，所以赤壁之战时，东吴粮草均集中于此以供军需。关公这次"单刀赴会"，又"借机脱险"，可以说是"智勇双全"，既争得了"面子"，又保住了"里子"（荆州），当然就有了"傲"的资本，不过这只是后人的猜测而已。

　　倒是此时的孙权，虽然做好了与刘备动武的准备，却也是手持麻秆打狼——心里没底儿，掂量再三也同意与刘备重结盟好。于是双方出于各自的政治目的，几经讨价还价终于达成了以湘水为界，把荆州南部地区一分为二，以东的长沙、江夏、桂阳三郡属吴，以西的南郡，零陵、武陵三郡归蜀的协议，似乎是"皆大欢喜"。不过这"借荆州"只是小说家之言，历史上并非如此。乾嘉学派著名考论史家，常熟人赵翼曾条分缕析总结诸说，以《三国志》记述为据，从四个方面分析了借荆州说法的谬误，最后的结论是"皆出吴人事后之论"：

> 其后吴、蜀争三郡，旋即议和，以湘水为界，分长沙、江夏、桂阳属吴，南郡、零陵、武陵属蜀，最为平允。而吴君臣伺羽之北伐，袭荆州而有之。反捏一"借荆州"之说，以见其所取应得。此则吴君臣之狡词诡说，而"借荆州"之名，遂流传至今，并为一谈，牢不可破，转似其曲在蜀者，此耳食之论也。

学者论证当为实言，这次谈判虽没有结果，但通过双方的接触沟通，使两家一触即发的紧张局面得到缓和。诸葛亮是个明眼人，他担心曹操再借机插上一杠子，挥戈南下进取益州，造成蜀军两面作战的被动局面，就建议刘备派使者主动与东吴讲和。可见政治这东西，有时候真不好说也说不清楚，两国之间或者两个统治集团之间，一会儿城下结盟，一会儿分道扬镳，今日群英会，明天可能就是鸿门宴。别说当局者迷，就是旁观者又有几人能看清楚？明时张舜臣对此感慨万分，留诗《谒荆州庙》以颂之：

> 义勇英灵代不沉，千秋遗庙俯江浔。荆襄割据三分计，甲马驰驱万里心。曙岭云霞看日出，晚潮风雨听龙吟。桓桓庙貌还今古，寂寞吴曹何处寻。

22 "威震华夏"之关公

威震华夏，是关公一生事业的光辉顶峰，《三国志》用此四字来形容一个战将，这在整部二十五史中绝无仅有。正是因为关公的英勇善战，运筹帷幄，擒于禁，斩庞德，水淹七军，周围守将望风披靡，降者如云。连一世英雄的魏王曹操，也如惊弓之鸟，跟百官商议准备暂时放弃都城许昌，以躲避蜀军锋利的势头……

犬牙交错的地理环境和错综复杂的政治关系，常让曹、刘、孙三方君臣将帅对形势估摸不透，于是便千方百计地分化拉拢，其手段卑劣得有时候不亚于春秋战国时期的"鸡鸣狗盗"。刘、孙两家化干戈为玉帛，使得争夺荆州的风波暂告一段落，在此后的两年里，关公得以专心治理荆州。按现在的话来说，就是在安定团结的大好政治局面下，一手抓经济，一手抓军事，备战备荒为人民。现存荆州城墙墙基依然完整，可以看到关公坐镇荆州十年，不断完善荆州防御能力的丰功伟绩。

当然关公也没有忘记自己的历史使命，按照刘备与诸葛亮"联孙拒曹"的大政方略，采取"东守北攻"的战略部署，始终保持高度警惕，剑指襄阳、樊城方面，不敢有丝毫的松懈。雄踞荆州的关公日益壮大，让曹操和孙权都极不舒服，仿佛是一根刺在心头上的钢针，总想拔去而解心头之患。尤其是"盟友"孙权之辈更是怀恨在心，这也许是至今多数人都没有想到的。孙权偷袭的原因更重要的是怕关公北伐成功后"臂大于股，反受其殃"，所以在结盟期间派兵偷袭，创造了史无前例的恶劣先例。

赤壁之战以后，"三雄逐鹿中原"的格局基本形成，接下来便开始了"各怀鬼胎"的运作，相互间觊觎着其他两方的动静。有道是鹬蚌相争，渔翁得利。曹操正是看到孙、刘两家为争夺荆州而钩心斗角，才想着借机浑水摸鱼。没想到刘、孙两家很快握手言和，而且还搞了个"孙刘联姻""进妹固好"的闹剧，将荆州分而治之，曹操对此心里很是懊恼。眼见此处"不纳爷"，便去寻"纳爷处"，因此就加快了兼并张鲁的步伐，企图借机收取东、西二川，然后再行图谋江南吴地。

史书上说刘备忠厚诚实，其实只是一种表象而已。自"三顾茅庐"请出诸葛亮后，他的胃口就已膨胀得绝不仅仅只"吃素的"而已，在得了益州后眼光也瞄向了汉中一带。他在安下荆州那一头后，请诸葛亮坐镇成都，叫法正当随军谋士，亲自率领大军向汉中进兵。正所谓"英雄所见略同"，曹操没想到刘备先下手为强，眼看着让他占据汉中的美梦成空。然而大军已长驱直入至此，岂能竹篮打水空手而归？便亲自马不停蹄地赶到长安，去指挥汉中战事。

双方相持了一年不分胜负，谁知到了第二年形势却急转直下。孙权眼见魏蜀"两虎相斗"，就趁着曹操手忙脚乱派大军进犯合肥，使曹操首尾难以相顾，只好留下夏侯渊和张郃，自己则率主力赶到淮南防备孙权去了。不想曹操刚走，阳平关一战刘备大胜，曹军主将夏侯渊被杀。不得已曹操只好放弃了汉中这块"食之无味，弃之可惜"的鸡肋，把部队撤退到长安一带。虽然兵是败了，不过曹操也没闲着，在手下一批文武官员的拥戴下，"被"献帝赐为"魏王"，舒舒服服地使用起天子车服銮仪来。

经过十余年努力，刘备既得汉中地区，又打通了沿汉水东去的通道，更加巩固了在益州的地位，少了许多后顾之忧。于是诸葛亮一伙也仿效曹操的做法，申报朝廷将刘备立为"汉中王"。天下为"王"者，自要有王者的风范，刘备当然也不能例外，于建安二十四年（219年）秋七月筑坛于沔阳，举行了隆重的就职典礼仪式，立刘禅为王世子，继室吴夫人为王妃；封诸葛亮为军师，分封关公、张飞、赵云、马超、黄忠为五虎上将；任命魏延为汉中太守。然后率众文武官员返回成都，营建宫舍官邸。一切安排就绪，便按照诸葛亮的战略部署，决定乘势从东面的荆州直接攻打中原。镇守荆州的关公接到命令，即刻留南郡（今湖北江陵）太守麋芳守江陵，将军傅士仁守公安（今湖北公安西北），自己则亲率主力北攻襄樊要塞。

襄阳、樊城隔汉水相对，互成犄角，是曹军抗拒孙刘北上的战略要地。其时曹军由征南将军曹仁驻守樊城，将军吕常驻守襄阳。曹操历来诡计多端，从长安归来后，就让平寇将军徐晃率军进驻宛城，原以为两城防守固若金汤，没想到关公北伐进军神速，偷袭襄阳一举成功，并挥师渡过汉江直逼樊城。曹操接到曹仁急报，眼见形势吃紧，即刻又派左将军于禁、立义将军庞德前往助守，屯驻于樊城以北和城中互相呼应，试图阻挡关公猛烈的进攻。

关公水淹七军的地点，在如今樊城以北的罩口川、麕战岗、团山铺一带。由于于禁很少单独统兵，因而犯了兵家大忌，竟未考虑到该处为低洼地带的因素，便把所率领的七支人马全部在那里驻扎。刚开始时，双方势均力敌相持不下，倒也相安无事。不曾想时值初秋，一夜暴雨汉水狂涨，平地水深数尺。关公运用气象、地理优势，借机决开汉江大堤，樊城外很快成了一片汪洋。于禁七军全被困在大水之中，只得率少数将士避到高阜之处，进退不能，好不狼狈。

两军交战，一定是你死我活，关公即使再仁慈，也决不会放过这样的机会。其时关公站在一只大船上，威风凛凛，厉声喝道："于禁将军，你已走投无路，还不快快投降！"于禁也是没有血性，眼见左右只五六十人跟随，也都无力应战，只好乖乖降了关公。这便是历史上的"水淹七军"。其时关羽北伐，意图统一中国，"恢复汉室"的毕生事业也达到了辉煌的顶点。

大树参天也会有枯枝败叶，因而并不足怪。只是树倒猢狲散，于禁的投降恰似骨牌效应，魏军顿时作鸟兽散，只剩下庞德和他的几名将士，宁死不屈顽强抵抗。关公眯缝着丹凤眼，命将士把山头团团围住，然后掀髯喝道："庞德小儿，赶快束手就擒，免你不死！"庞德也不答话，拈弓搭箭就向关公射来。关公一时大怒，命军士一齐放箭，庞德身边的士卒顷刻间倒下一大片。

在历史上，庞德也算是个人物。他虽是由西凉马超部下投降曹操，却忠心赤胆，矢志不移，据《三国演义》所载，他是抬着棺材上阵作战的。其时他们退到坡上，有个部将害怕，对着庞德战战兢兢地说道："我们还是投降吧！"庞德怒不可遏，将他的首级悬于戟上，厉声高叫道："良将不惧死而逃命，烈士不求活而失节，谁再敢劝我投降，这就是下场！"

英雄更喜战场，烈士何惧刀枪？庞德越战越勇，双方从早晨一直战到午后。眼见蜀军箭如雨般射来，庞德拔出宝剑，挥舞得呼呼作响，将密不透风的箭根根斩落。这时候，大水越涨越高，堤上露出的地面越来越小，庞德部下纷纷投降。关公见状派了几个士兵驾着小船，准备上堤捉拿庞德。庞德眼明手快，趁着乱哄哄的当口纵身一跃，跳上一只小船，然后一手提剑，一手摇桨，往樊城方向逃去。

如若将天下一切成败因果全都归于天意，显然是错误的，但许多事情的确又难以摆脱神奇的色彩。庞德正拼命行船时，却只见上游处一只大筏顺流而下，荡起的浪头袭来，偏偏把庞德所乘的小船掀得底儿朝天。庞德不识水性，顿时在水里上下扑腾，船上那将军跳下水去，只一个回合就将庞德活捉上来，用手抹去脸上的水珠哈哈大笑，原来是为关公牵马执刀的大将周仓。

蜀军大胜，得令回朝，将士们押着庞德来到关公大营。庞德双手反剪却依然不失英雄气概，见了关公傲然站立并不下跪。对于庞德的刚烈性格和高强武艺，关公早有耳闻，知道庞德是条硬汉，当下好言劝道："你老哥庞柔今在汉中，效力我家大哥，将军何不弃暗投明？"没料到庞德却破口大骂："魏王大军百万，威震天下，你家主子刘备，充其量不过是个织席卖鞋的，怎能和魏王相敌？我堂堂庞德宁可做魏王的鬼，也不愿做卖鞋的贼！"

关公是英雄相惜，料到庞德会骂，而且会骂得很严厉，但是他肯定是没有想到庞德会骂出这样的话来。大概庞德错就错在骂归骂，但是不该骂刘备，而且是揭老底的臭骂。这一骂就如同骂关公的祖宗一般，惹得关公脸上没了颜色，于是一挥手命刀斧手推出庞德斩了。

这一战，关公生擒了三万曹军，乘胜进攻樊城，其势头凶猛，吓得曹魏的荆州刺史胡修、南乡（今河南淅川东南）太守傅方，均缴械投降。陆浑（今河南嵩县东北）人孙狼等，也愤杀官吏起兵响应。就连以智多谋广而著称的曹操，此时也已如惊弓之鸟，准备放弃都城许昌以避关公锋利势头。后人有诗赞叹道："夜半征鼓响震天，襄樊平地作深渊。关公神算谁能及，华夏威名万古传。"对于这一段历史，《三国志·关羽传》载曰：

（建安）二十四年，……羽率众攻曹仁于樊。曹公遣于禁助仁。秋，大霖雨，汉水泛滥，禁所督七军皆没。禁降羽，羽又斩将军庞德。梁郏、陆浑群盗或遥受羽印号，为之支党，羽威震华夏。曹公议徙许都以避其锐。

《三国志》为"拥曹贬刘"的陈寿所作，因而对关公就略有微词，整个传记不足千字。而对于关公的英武气概，陈寿更可谓惜墨如金，仅云关公"随先主周旋，不避艰险"，又在《张飞传》中略缀一笔："飞雄壮威猛，亚于关羽，魏谋臣程昱等咸称羽、飞万人之敌也。"只是到了水淹七军，于禁受降，庞德被杀，曹孟德也吓得"议徙许都以避其锐"时，才不得不写下这金贵的"威震华夏"四字。

也许是出于对关公的崇拜，或许是对陈寿的成见，后人多认为《三国志》对关公的评价欠高。其实整个二十五史中，古今名将多有记载，但唯有《关羽传》中赫然有"威震华夏"四字考评，实已道尽其于当时的声威影响，可谓黄钟大吕响世，声名远播惠及千年。这与《汉书·霍光传》"威震海内……四夷宾服"，或同书《吴主传二》中孙权诏书里自谓"威震逴方"等词语都明显不同，足以流芳千秋而传诵万世。

兵围襄樊，水淹七军，可谓是关公一生事业的光辉顶峰。但不知什么原因，宋、元时的讲史家们在其《平话》里，对此描写得却异常简略，并且错误百出。襄樊战役本是关公主动发起且取得了巨大成功，讲史家们却把这场战争的肇起归咎给了曹操。或许在他们看来，这场战争的后期于关公的形象塑造不利，所以才"节衣缩食"予以简化。倒是罗贯中在其《三国演义》里拨乱反正，依据历史事实做了最大限度的艺术夸张和渲染，用来显示关公作为一员大将的智勇双全。

据实讲，于禁和庞德所率七军被淹本系天灾所致。不过罗翁为了彰显关公的神勇智谋，在《三国演义》中便描述为他在仔细考察樊城以北的地形时，发现襄江和白河的水势甚急，又见于禁和庞德的军队均屯于山谷之内，于是派人堵住各处水口，然后趁一个风雨大作的夜晚，放水淹没了敌军，从而取得了降于禁、斩庞德的巨大胜利。这样，天灾就变成了人谋，偶然就成了必然，所以就免去了侥幸的成分，至少可以说是"天意所致"，关公当然也因此而名声大振，正如罗贯中借他人之口所赞：

开疆施妙略，决水运良谋。功盖三分国，英雄敌万夫。
孙权应丧胆，曹操欲迁都。华夏威风震，声名绝代无。

23 "痛失荆州"之关公

"明枪易躲，暗箭难防。"这是一个非常浅显的道理。但是正直的人仅仅只能够想到，而往往无法躲避暗箭的袭击，可谓防不胜防。细想之，除非你总是揣着以暗箭伤人的心，否则就只能像关公一样遭到算计，而且还会落下"大意失荆州"的不实讽喻，不过作为历史人物的千古定谳，我们是否应该反思商榷呢……

一座古城，承载着太多的重负，将一个事件甚至一个朝代的兴亡，都归咎于一个城市甚至一个人时，是否显得太残酷了一些？拂晓的夜静悄悄的，深蓝色的天幕上闪烁着亮晶晶的星辰。热爱天文的人们，常常会对着星空寻找自己喜欢的星座，而那每一颗闪烁的星辰，又都会给我们带来许多美丽的故事。于是我们就会对号入座，在历史的星空里，去努力寻找自己热爱的人物与事件。

不过我们是否知道，在那浩瀚的太空里，还有着多少不被人知道的星座，还隐藏着多少不被人知道的故事？诸如关公一生为我们留下了诸多的精彩片断，也为我们创造了诸多难以磨灭的精神财富，至于"刮骨疗毒"的故事，更是尽人皆知，给世间留下了万人敬仰的千古绝唱。而痛失荆州，败走麦城的背后，又有多少鲜为人知的曲折经历？

正如在"威震华夏"的辉煌里，有着关公付出常人意想不到的努力，也使人们看到关公性格坚毅的内心世界。在樊城战事如火如荼、势如破竹之时，关公却被曹军带毒的乱箭穿透其左臂。后来伤口虽然愈合，但一遇到阴雨天气，骨头里就有一种蚂蚁攻心般的煎熬。华佗诊断后皱着眉头说道："矢镞有毒，毒入于骨，只有破臂作创，刮骨去毒，此患乃除也。"这样的精彩情节，史学家肯定不会疏忽，尽管陈寿对关公是惜字如金，却也给世人留下了一段精彩绝伦的描述。

我们应该钦佩陈寿写人状物的文字功力，仅用百余字，就将关公的坚毅描述得动人心魄、呼之欲出。至于"臂血流离，盈于盘器，而羽割炙引酒，言笑自若"几句，更是将一个令人敬佩又为之动容的旷世英雄送给了读者。对于陈寿的笔生妙花，罗翁似乎感到仍不过瘾，于是在《三国演义》里进一步描述道：

其时，关公本是臂疼，恐慢军心，无可消遣，正与马良弈棋，闻有医者至，即招入。礼毕，赐座。茶罢，华佗请臂视之。关公脱下衣袍，伸臂令佗观看。华佗曰："此乃弩箭所伤，其中有乌头之药，直透入骨，若不早治，此臂无用矣。"关公曰："用何物治之？"华佗曰："某自有治法，但恐君侯惧也。"关公笑曰："吾视死如归，有何惧哉？"华佗曰："当于静处立一标柱，上钉大环，请君侯将臂穿于环中，以绳系之，然后以被蒙其首。吾用尖刀割开皮肉，直至于骨，刮去骨上箭毒，用药敷之，以线缝其口，方可无事。但恐君侯惧耳。"关公笑曰："如此，容易！何用柱环？"令设酒席相待。

关公连饮数杯。酒毕，一面仍与马良弈棋，伸臂令佗割之。华佗取尖刀在手，令一小校捧一大盆于臂下接血。华佗曰："某便下手，君侯勿惊。"关公曰："任汝医治，吾岂比世间俗子惧痛者也！"华佗乃下刀，割开皮肉，直至于骨，骨上已青。华佗用刀刮骨，悉悉有声。帐上帐下见者，皆掩面失色。关公饮酒食肉，谈笑弈棋，全无痛苦之色。须臾，血流盈盆。

华佗刮尽其毒，敷上药，以线缝之。关公大笑而起，谓众将曰："此臂伸舒如故，并无痛矣。先生真神医也！"华佗曰："某为医一生，未尝见此。君侯真天神也！"

这则极具鲜明英雄色彩的历史故事，充分显现了关公的精神气质，以及惊人的忍耐毅力，因此颇受民众、艺人和小说家们的青睐和赞誉，并且不断地被加工和充实。罗贯中不仅描写了治疗的全过程，更写出了关公泰然自若的音容笑貌，读来如见其人，如闻其声，而且通过"两惧""两不惧"的对话描写，使这则故事更加臻于丰富和完美。后人有诗曰："治病须分内外科，世间妙艺苦无多。神威罕及惟关将，圣手能医说华佗。"

意志和毅力是衡量人精神品质的天平，而自制力是人自身修养的保障与支柱。可以肯定地说，一个没有自制力的人，很难实现其有价值的人生。关公的"刮骨疗毒"，是在向人的意志、毅力和自制力的极限挑战！也许"拥曹贬刘"的陈寿怎么都不会想到，仅仅这一情节，就足以使关公成了顶天立地的千载伟丈夫！只是罗贯中在运用这一历史题材时，稍微做了一下时间的推移，把"刮骨疗毒"放在了"水淹七军"之后，为后来的撤离樊城埋下了伏笔，起码让人们觉得关公抵挡不住徐晃的进攻，乃是因为伤势未愈，因此更为关公的形象增加了一层传奇的色彩。

历史的神奇，就在于存在着无数个未知数，而往往在一瞬间，就会因为一个未知数的难解或者破译，促成一个事件性质的转变，甚至会是改变历史的进程。就在关公乘胜围攻樊城，曹操为之震惊准备迁都以避锋芒时，有两个人对此却嗤之以鼻。谁？一个是后来夺了曹魏政权的司马昭的父亲、时任丞相的司马懿，还有一个叫蒋济的曹掾。他们认为：于禁等人是为大水所没，并非战守所失，对于国家大业未有所损。而此时选择迁都既示敌以弱，又使淮沔之人惊慌失措。再说刘备和孙权表面上很亲热，其实是各怀鬼胎，这次关羽得意了，孙权一定不乐意。我们何不派人游说孙权，约他一起夹攻关羽，这样樊城就自然解围了。

曹操向来喜欢听取幕僚的计谋，有此妙计，何乐不为？于是采纳了这一破坏孙刘联盟，以坐收渔翁之利的策略，急忙打发使者满宠到孙权那里去游说。同时命令徐晃率军火速出动援救曹仁，而且下了军令状，必须待后续部队进至阳陵陂（樊城北）会齐后方可进击。曹操这次吸取了于禁失利的教训，打的是有准备之战。他看到关公前部屯驻郾城（樊城北约2.5千米），便让徐晃佯筑长堑，仿佛要切断蜀军后路。

而更为要命的是，东吴的情况也发生了很大的变化，极力维护"孙刘联盟"的鲁肃已死，继掌军权的吕蒙又是一个好战分子，加之孙权妹妹孙尚香也已回归东吴，因此孙权对刘备兴兵作战已毫无顾忌。倒是维护"孙刘联盟"的另一位官员、诸葛亮的兄长诸葛瑾，已看出曹操一箭双雕的险恶用心。因此他婉言相陈，提出愿意去荆州聘关公之女给孙权为儿媳，以此来免除双方同室操戈的后顾之忧。没想到关公不知是出于对孙权人品的厌恶，还是出于对孙权的戒备心理，总之是一口回绝了诸葛瑾的提亲。所以有人认为正是关公此次傲慢之举，导致了"孙刘联盟"的加速破裂。

说穿了这只是"皇帝新装"般的"寓言童话"，因为此时东吴大营里，吕蒙正振振有词地向孙权建议：赶紧出兵除掉关羽，以便夺取荆州，否则后患无穷。孙权开始还有些顾忌，正在权衡利弊，曹操的使者满宠来了，约他夹攻关公。孙权不是糊涂人，马上复信曹操，表示愿意袭击关公的后方，但必须是以占据荆州作为前提条件。这样两面夹击的局面形成，关公的日子就不好过了。而且曹操与孙权的阴谋，关公却浑然不觉，还沉浸在"刮骨疗毒"身体康复的喜悦之中。

关公并非麻木不仁，他也知道孙、刘联盟的脆弱，但是他既要夺取樊城，又得防备孙权偷袭荆州，真是有些力不从心。当看到东吴大将吕蒙屯兵陆口时，他对于自己的后方并没有放松防备，不仅派麋芳守江陵，傅士仁守公安（其中公安城就是刘备修筑专门用来防备孙权集团的），而且再三嘱咐他们要格外小心，并将大部分军队留在南郡。同时还沿江设置了"屯候"（类似长城防卫的烽火台），以便随时侦察动向及时报告信息。实际上，沿江的屯候、公安以及江陵内外套城，已经形成了防备孙权的四道防线。而且江陵距樊城前线只有180千米路程，按当时轻骑一日一夜行150千米的速度，只需一天多就能赶回。因此在关公看来，对孙吴的防务，可以说是铁桶一般严严实实，固若金汤万无一失。

也许关公的失误，就在于只是正面思考问题，偏偏忽视了战场背后的故事。所以令他猝不及防的是从友邦射来的暗箭，而且是带了毒的暗箭，甚至采取"刮骨"也无济于事。曹操使者返回洛阳，带来孙权派兵袭击关公的密信，但要求严格保密，以防关公得知后有所防备。曹操的谋士董昭却独持异议，他认为应佯允保密而暗予泄漏。为什么呢？你想嘛，关公如果知道孙权来攻，肯定要撤兵回防，那么樊城之围不解而破，我们可以顺手牵羊。如果关公南返与孙权交战，鹬蚌相争，我们正好坐收渔利。若是为其保密使孙权得了势，就等于狼走虎来、养痈成患，必将得不偿失。再说被围将士久不见救，担心缺粮产生恐慌，一旦发生意外局面将难以收拾，所以还是泄密为好。

这话让曹操舒服，即刻采纳了董昭的意见。兵家之事，讲究贵在神速，曹操主意已决，即刻率主力由洛阳进抵摩陂（今河南郏县东南），并先后派殷署、朱盖等十二营兵进至偃城，统归徐晃指挥。而这时，处心积虑的孙权也开始了活动，他在得到曹操的密信后，就召吕蒙回建业，共商夺取南郡的计划。其时吕蒙驻扎在陆口，探知关公防守严密，根本无懈可击。于是出谋划策假装生病，请求孙权派了一个无名小辈陆逊，接替了他的职务。

陆逊到任后没几天，从陆口特地派人拜见关公，还送去了礼物和密信。信上恭维关公的水淹七军之战，其功大过于晋文公的城濮之战和韩信的拔赵之略，大拍了一通关公的马屁。读着这封信，关公似乎隐隐约约感到了一种不安。但到底是什么？关公没有过多的琢磨，因为他的思维还停留在"刘孙联盟"的基础上，根本没有想到会有背信弃义的暗箭射来。他只是觉得陆逊态度谦虚老实，将来也许会是个很好的合作伙伴，就把原来防备东吴的人马陆陆续续调到樊城前线。他要一门心思集中与曹军的作战，打算趁徐晃的兵马还未赶到、大水又未完全退去的时候，先攻下樊城再说。关公在襄樊的兵马越来越多，加上新得于禁降军数万人，粮食就显得匮乏。他曾经责备南郡太守糜芳和傅士仁的粮草运送不及，将两人骂得狗血喷头，因此埋下祸根。当然这是对不忠不义之人所言，假如是关公遇到刘备如此责难，他会背信弃义卖主求荣吗？这且不说，此时关公军主力屯在围头，另一部分屯在四冢。俗话说兵不厌诈，徐晃虽然与关公有旧，但这会儿是曹军主将，便决计采取声东击西战术，扬言欲攻回头却出其不意突袭了四冢。

关公恐怕四冢有失，遂亲自率领5000步骑出战迎敌，但终因兵力不济而被徐晃击退。就在退回营寨时，徐晃率军穷追不舍紧随其后。当时关公营寨外围深壕及鹿角十重，障碍设施极为严密，然而正应了那句古语，堡垒最容易从内部攻破。徐晃趁蜀军混乱之机突袭内部，一举杀了降蜀之将胡修、傅方，占领了四冢。在不知不觉中，厄运已经渐渐地向关公袭来，使他陷入了两难的境地。对于此，元朝何溟作《题大王冢》叹道：

四海纷纷汉鼎移，将军委质愿扶持。欲除曹氏眼前害，岂料吴儿肘后欺。报国忠心千载著，复仇遗恨几人知。我因王事行郊邑，特向高坟酹一卮。

24 "败走麦城"之关公

荆州城外，关公冷静地凝视着，眼前是一条蜿蜒的道路，不宽不窄，却怎么也看不见尽头。两旁是丛生的芦苇，此起彼伏随风摇荡。他的身后已无退路可言，于是他再次纵马挥刀，义无反顾地冲进阵中。最终，青龙刀的坠地，赤兔马的悲嘶，和着那萧萧的风，奏出了麦城道上一曲旷世的英雄挽歌……

日到中午时分，就预示着即将斜阳西下，因而最辉煌的时刻，也许就是没落的开始。孙权得知关公败退樊城后，觉得时机成熟，便任命吕蒙为大都督，让他迅速袭击关公的后方。吕蒙何其了得，他知道对于关公只能智取，如果硬拼，庞德的下场就是前辙。于是他率军队隐蔽到了寻阳（今湖北广济东北），采用"白衣渡江"之计，将军士扮作白衣商人借"避风"之名，昼夜兼程溯江急驶，停泊在沿江岸的哨所周围，并以重金贿赂蜀军守哨将士，以麻痹其防范心理。

等一切准备就绪，吕蒙选择一天晚上，率领"白衣商人"一举擒拿各哨台士兵，神不知鬼不觉地占领了北岸，然后施以威胁利诱，令降将诱开江陵（荆州的治所）城门。留守江陵的麋芳，原本就是一个不学无术狐假虎威的庸官，哪里经受得了这样的阵仗，很快就献城出迎。吕蒙遂率大军进据城内，从而一举夺回被刘蜀长期占据的江陵。这个吕蒙，虽然外貌不佳却是很有心计。为了笼络人心，他进城后秋毫不犯，还派人慰问蜀军将士家属，给有病的送医药，给饥寒者赐衣粮，使城内秩序迅速恢复正常。用现在的话来说，就是"治理环境""安抚民心"成效显著。

与此同时，徐晃也在用脑子做事，他率领援军在靠近樊城前线后，先把孙权答应曹操夹攻关公的信抄写了若干份，分别射入樊城及关公大营中，顿时立竿见影。曹仁的部队读了信后士气大振，更加坚定了拼死待援的信念；而关公见到信后，却是左右为难，既恐怕腹背受敌，又不愿意前功尽弃，因而处于左右徘徊、进退维谷的境地。就在他前思后想犹豫不决之时，徐晃乘机发起进攻，失去军心的蜀军顷刻间土崩瓦解。

兵败如山崩溃，关公不得已只好撤去对樊城的包围。当他撤军回营时，孙权已先期到达江陵，并派陆逊攻占夷陵（今湖北宜昌）、秭归（今湖北秭归），切断关公入川退路。关公曾不时派人到江陵探问消息，但每次吕蒙都是礼待来使，并领着他们周游城中，展示"勤政爱民"之成果。使者回到关公军中后，经过一番加油添醋的描述，要使将士们斗志松懈归心似箭，多数都半途而逃。关公自知势孤，除了派马良去成都求援外，还派廖化向驻扎上庸的蜀将刘封、孟达求援。然而事与愿违，因关公在刘备益州分封时的一句公道话，刘封与其私怨甚深，从而以上庸新定为由，拒绝派兵支援。

正所谓福不双至，厄运相连，刘封的落井石还未落地，更大的打击却接踵而来。等关公听到吕蒙占领江陵的消息后，才知道对东吴的防守已出了问题，从此陷入了进退失据腹背受敌的困境。可是为时已晚后悔也都来不及了，他自知要想夺回荆州已毫无希望，只好接受儿子关平提出的西往麦城暂驻的建议。于是关公紧握手中的青龙偃月刀，笼着赤兔马的缰绳，在阴风凄雨里踏上了退守麦城（今湖北当阳东南）的哀痛之路。十一月，关公终于冲出重围，带着数百名残兵败将到达麦城。

历史上麦城既是个军事重地，又是个经济繁荣的城市，所以关公审时度势，决定选择这块"风水宝地"驻守待援。古麦城遗址，在今湖北当阳县城东南处，沮漳二水绕城而过，是战国年间楚昭王所筑，用来作为楚都郢城（今荆州市北纪南城）的北方门户。当年伍子胥为报父仇率吴兵攻打楚国时，曾以这里做驻军之地养精蓄锐，从而一举攻破楚都。然而不曾想追身的厄运已华盖罩顶，古城却成为关公"大义归天"的葬身之地。

两千年来的改朝换代政治风浪和自然风雨冲击侵蚀，使这座古城早已是城破人空，失去了一切城防的特征，平地隆起的那一条土坝，是仅存古城墙的残垣断壁。除此之外，只有那大堤上的震水石兽，还保持着当年的英武雄姿。当年孙权也是仰慕关公的忠义为人，曾派人去麦城劝关公归降，希望也能够和曹操一样挽留关公，至少能像土屯山那样与关公相处数日，谈心聊天叙叙感情，甚至可以问问关公，何以能说出"虎女焉能嫁犬子"这样的话来？

孙权实在是不自量力异想天开，且不说天时地利不同，因为在关公眼里，他的人品德行情操与曹操就不可同日而语。已近六十花甲早已知天命的关公，对死亦无所顾忌，更重要的是此时没有招呼皇嫂安危的重负，因此他不会也没有必要奴颜媚骨去做生的乞求。同时他心中也存满了疑惑与遗憾，为何会遭到朋友的暗算与战友的背叛？是骄傲，是大意，是无能？总之百思不得其解，只觉得自己未能替大哥守住荆州而充满了一种负罪感。他想回到益州当面向大哥谢罪，即使被军法处置，做鬼也要守在大哥的身边。因为在他的灵魂里，除了大哥已没有丝毫属于自己的情欲空间。

天黑了下来，黑得如漆染得一般，伸手看不见五指。东吴的军队在孙权和吕蒙的督战下，随即尾追而至，将麦城团团包围。突然一阵寒风呼啸着卷了过来，横扫着厅堂周围的残枝败叶，关公不由得打了个寒噤，他感觉出来了，是一股极凛冽的旋风。在自己的家乡河东，这种旋风扑身的现象绝不是什么好的兆头，他连着唾了几口唾沫，似要唾出胸中晦气。然而就在这不经意间，抬头却见天空的西北方向，一颗星星陨落了。他知道，那是老家的地方。

关公归心似箭，丹凤眼久久地眯缝着凝视着西方，然而看到麦城周围全是吴军的幢幢旗幡。他在做着人生最后最艰难的抉择，为了突围回到西川，他再一次准备在敌人面前"妥协"，以换取能够再一次回到大哥身边的机会，只是他不会也没有提出任何条件。然后派人在城墙上树立旗帜、假人，用以迷惑吴军，并留下王甫、周仓、廖化等人守城，自己则带着关平、赵累和数名骑兵，准备从麦城北门突围。他心情沉重地与大家告别："今日关某兵败势孤，累及各位前程。假如与平儿、赵将军能回到西川，定将带兵杀回荆州报仇雪耻。"

真是生离死别，情境异常悲壮。王甫、周仓执手语噎："山高林密，道路崎岖，吴军必设埋伏，君侯务必格外当心。"关公何尝不知？为了振奋军心，他拍了拍手中的青龙偃月刀："诸位放心，有这口宝刀护身，即使孙策再世，吾亦有何所惧？"说罢与关平和赵累等数骑悄悄出了北门。关公的假降欺骗不了吕蒙，他早对孙权说道："云长是个宁折不弯的刚烈之人，决不会背刘而降吴。"

关公一行借着夜色向西奔袭，风更大了，路也更加崎岖难行。忽然一声鼓响，朱然带领伏兵从草丛中跃出。关公骑在赤兔马上，捋着髯须双目微开，或许冥冥之中真有一位战神，用智慧之光照耀着他的宠儿？于是他拍马抡刀朝朱然砍去，没有几个回合朱然就被杀败落荒而逃。他再一次胜利了，然而前方又喊声四起，火把照得通明，原来潘璋带领人马横在路中。关公再度挥刀厮杀了几十个回合，潘璋也败在关公的刀下。

然而大厦将倾独木难支，关公已远非昔日"过五关斩六将"的勇武，也没有了"单刀赴会"的豪情。他渐渐地感觉到体力不支，而且赵累此时已经战死，随行的将士也多被吴军冲散。望着愈来愈重没有边际的夜色，关公的心情有些沉重，他知道辉煌已不再属于自己。但是开弓已没有回头箭，自己只能向那幽暗的深远处走去，直至走到最后的归宿。他也知道属于自己的时间愈来愈少，但最重要的是在血腥的厮杀中，决不能丢掉君子的风度。于是他重新整理了一下战袍，然后叫来关平断后，自己则横刀纵马向前冲去。

远处传来几声晨鸡啼鸣，借着晓色已能辨认出附近的山形沟影。关公正要喘口气，突然赤兔马的前蹄被绊，紧接着一声鼓响，埋伏在路边草丛中的潘璋部将马忠跃出，用长钩、套索捉住关公。关平见中了埋伏，急忙跃马前去救父亲，怎奈吴兵人多势众，终因寡不敌众也被吴军生擒。

据说当孙权见了关公，态度极其虔诚地说道："孤久慕将军励德，欲结秦晋之好，当初为何不从？"我想孙权这句话是发自内心的。因为他对关公素有敬慕之心，早就渴望收为己用，逢此良机绝不会轻易放弃。假如就此而已，关公未必会大动肝火，或许还会给后世留下几句精彩的对白。恰恰孙权却好自逞强，吹毛求疵地又多问了一句："将军自傲天下无敌，何以被孤家小将擒获？"

曾有人分析，孙权之人正如其名，为人做事喜弄权谋，而且不惜丧失人格，有时竟如鸡鸣狗盗一般。孙权这次错了，错就错在没有认清他谈话的对象，站在面前的是顶天立地忠义盖世的关公；错就错在你孙权既然赢了，就应该宰相肚里能撑船，将军额上跑得马，至少应像曹操那样礼贤下士，更不该盛气凌人专拣别人的痛处戳。关公闻得此言，顿时怒发冲冠，卧蚕眉倒竖，丹凤眼微微睁起，是一种蔑视与仇恨的目光。面对着这个将信义蹂躏于股掌之间的无耻小人，他知道自己已无法拒绝死神的召唤，那么唯一的归宿就是以忠绝以义亡，从而信守自己一生的诺言。于是他指着孙权厉声骂道："碧眼小儿，短须鼠辈，吾与刘皇叔桃园结义，誓扶汉室，岂与汝叛汉之贼为伍？我今误中奸计，有死而已，何必多言！"

关公一顿臭骂，孙权面红耳热，心却依然不甘，就环顾众官员说道："云长世为豪杰，孤深爱之。今欲以礼相待，劝他归降孤家，众卿以为何如？"孙权也是的，既然有留人之意，作为君主定了就定了吧，却冠冕堂皇地发扬什么"民主"作风？也合该关公命休，孙权问过后，周围一圈大臣都闭口不言，却有一个叫左成的主簿献媚谏言道："主公不可。昔曹操得此人时封侯赐爵，三日一小宴，五日一大宴，上马一提金，下马一提银，如此恩礼毕竟留他不住，听其斩关杀将而去，致使日后反被其所逼，几欲迁都以避其锐。今主公既已擒之，若不即除恐贻后患。"孙权沉思良久，叹了口气说道："斯言是也。"遂命与其子关平一道推出斩首。

一生英勇骁战，所向披靡，曾有"过五关斩六将"辉煌业绩的关公，终于没有突破"麦城"的重围，时为建安二十四年冬十二月，亡年60岁。关平随父而遇难，时年42岁。关公不辱一生诚信，临终前依然大气凛然，视死如归，将一代英雄的豪气表现得淋漓尽致，因而历来被人们津津乐道，树为华夏"忠义仁勇信"的偶像。回首就义处，刀影寒光血溅白绫，身首分时气贯长虹，自古英雄都当与霸王项羽："生当作人杰，死亦为鬼雄。至今思项羽，不肯过江东。"

天涯无处不芳草，何须马革裹尸还？死于炕角书案的英雄，总是缺少几缕豪气悲壮！是天意吗？同属英雄，名皆为羽：项羽自刎乌江，关羽被斩临沮；一是江东猛将，一为河东义士；一功显扬威于西汉初始，一义昭辉映于东汉末年；一姓项，一姓关，皆为羽义归天，身遗水旁。善始善终，遥相呼应，相伴云水何其相似，"相关"一词谐音足矣。或许读罢清朝女词人李清照的《乌江》，就会赫然悟之：这就是英雄关公的必由之路，亦是"生以辱不如死以荣"的英雄最终应有的归宿。

如今关公被擒之处名为"回马坡"，是因关公在此回马而得名。坡旁山沟石岩上，残存着几个深深的马蹄印，人们称之为"马蹄滩"。立有一座石亭内嵌石碑，刻着："呜呼！此乃关圣帝君由临沮入蜀遇吴兵回马处也。"明朝马淑援的《关帝庙》这样写道：

忆昔威仪振洛东，高光相望后先空。将军虎踞雄江表，帝胄龙兴跨汉中。汤沐漫言休故里，须眉如见动秋风。吞吴灭魏赍遗恨，鞠躬还同诸葛公。

第五章　盖棺未定，
　　　谁使英雄泪沾襟

　　一个碌碌无为的庸人，难以为世界留下精彩绝伦的丰功伟绩；一个豺犬不如的奸雄，又何以能让世人千古不绝虔诚敬奉？关公既是千古忠义之人，又是举世无双的绝代神灵，因而既有波澜壮阔的业绩，也受到经年不衰的景仰。然身后却有许多疑问与不实之词，需要我们剥茧抽丝予以澄清。

25　关公英灵归何处？

　　一曲长歌悲华夏。关公去世后，首级埋洛阳，身体葬当阳，衣服存成都，一人三冢，庙祠更是不计其数，在中国历史上，也许只有关公享此殊荣。而这一切，也形象地映射出其时"三分天下，鼎足而居"的政治格局：刘备退居四川，孙权固守江东，曹操占据北方，从此成三足鼎立之势……

　　出师未捷身先死，长使英雄泪满襟。关公满腔热忱出战襄樊，原本占尽天时地利人和：大哥刚在益州称王，上下左右群情振奋；虽说与东吴略有嫌隙，但两家有盟约在手；而曹营七军水淹新败，更是如同惊弓之鸟。此时襄阳已占，樊城危在旦夕，也许只需再加那么一点点劲儿，破城就是举手之劳了。然而就在这时，背后之箭却刺向他的心脏，让他的梦想与身体一道成为江河里的泡影。风萧萧兮沮水寒，壮士一去兮不复还，留给关公的只有"威震华夏"的盖世英名。

　　历史的奇妙，就在于某些瞬间惊人的相似，而且多验证了自古英雄多悲歌的古语，或许是悲壮之死更让人感觉到英雄气概。也许关公在世时能够想到他会成为英雄，但绝对没有想到自己会死得那么悲壮，更不会想到会像"战神"蚩尤一样身首异处。然而更是让善良的人们及他的敌人对手，诸如曹操、孙权之辈没有想到的是，关公的逝世只是一种身体的消亡，而精神却得到了涅槃与升华，从此演绎出诸多加害他与怀念他的人都始料不及的事情。

英雄末路，将星陨落，这场悲剧迅速改变了东汉末年诸侯割据的政治格局。不论是以"鹬蚌相争，渔翁得利"来比喻也好，或是以"熊虎相争，两败俱伤"来形容也罢，反正最终形成了"一损俱损，一荣俱荣"的局面。回首往事，关公的败亡，孙权的偷袭，使孙刘联盟彻底破裂，两家也因此丧失了同曹操对抗的根本基石。从某种角度上讲，这是继赤壁大战之后三雄逐鹿局势发展的又一个转折点，成了历史进程中的一座分水岭。

正如大战过后的暂时沉寂，三方进入了一个攻守相对平衡的阶段，不过大局盘死细节却远未搞定。别看孙权得了荆州，杀了关公，似乎看到了称雄三方的曙光。然而高兴的劲儿才刚刚冒出点热气，却发现捧在自己手中的关公头颅，岂止是一颗烫手的山药，完全是比一块烧红的烙铁还要棘手，搞得他心神不定，四魂不安。直到这会儿，孙权才看出来杀关公不仅是一个损招儿，而且还是一步臭得不能再臭的死棋，是一个重大的战略失误。

为啥？道理明摆着，孙权既担心刘备报杀弟之仇，又怕蜀魏两家连起手来对付自己。他越想越是后怕，早知如此，何必当初呢？可是吃后悔药已经来不及，而偏偏就在此时，又出了一件让孙权大惊失色的事情。他在擒斩关公收复荆州后，于公安城里大会群英摆宴庆功时，最大的功臣吕蒙却当场昏厥过去。

孙权心惊肉战，急忙命人将吕蒙抬进内殿，自己亲自主持了抢救，尽管使用了各种能够想到或者能够使用，甚至不堪入耳的治疗手段，并且还做出重重地赏格："有能（治）愈蒙疾者，赐千金！"然而一切都是徒劳。这位杀关公、复荆州，为东吴立下汗马功劳的战帅，就这样不明不白地离开了人世，丧时才42岁，同关平年龄一般，可谓英年早逝。孙权哀痛之余，得知吕蒙临死前，将"所得金宝诸赐尽付府藏"，还叮嘱"丧事务约"，不要铺张浪费，更是"益以悲感"。

事情远没有结束，吕蒙的死引来诸多流言蜚语，都说他是被关公的灵魂缠杀而亡。更有甚者，说他是被关公直接捉回阴曹地府，而且被吸干了浑身的血浆，抽取了灵魂，总之，后世人们都说他的死是擒杀关公的报应。这当然是"感情用事"的话，但也不能说就没有一点关系，或许吕蒙因为杀了关公，内心不得安宁，自己煎熬出病来，也不是没有道理。

反正吕蒙一死，孙权更是寝食不安，经过一番苦思冥想，总算想出一个金蝉脱壳之计：把关公首级用金丝楠木盒盛装，郑重其事地派人星夜驰奔，献给了远在洛阳的曹丞相处邀功。而且美其名曰谄媚曹操，说杀关公完全是为曹公痛失庞德报仇雪恨，并上书曹操表示自己愿意真心诚意地臣服魏王。"战士军前半死生，奸徒幕下弄阴谋"，此时孙权两面三刀的"丑恶嘴脸"昭然若揭，暴露无遗。不过孙权也真是半夜做梦娶媳妇，净想些不着边际的好事情，本来是馊主意，却还想收到一石二鸟的效果。

说曹操"奸诈"，虽是今人的看法，但历史上他确实是一个性格十分复杂的人。当然曹操的智商远不是蜀国阿斗那样的"弱智"，他一生在政治和军事上的才干以及历史功绩无可厚非，但在人格品质方面却也留下了许多令人发指的罪责，尤其是他生性多疑，错杀、滥杀无辜无数，诸如吕伯奢、孔融、杨修、荀彧甚至连神医华佗以及"梦中杀人"的侍从，都成了他刀下的冤魂。

不过客观地说，曹操是一位具有出色才华和鲜明个性的枭雄式人物。他文韬武略才华横溢，以不凡的政治才干和魄力，逐鹿中原削平群雄，经过20多年的征战，统一了北方大半个中国，其雄才大略、胸襟气度、治国之道、用兵之神，无不给人们留下深刻的印象。而且历史上曹操向来爱慕贤才，与关公有着千丝万缕斩不断理还乱的情结，更是敬佩关公为人处世的忠义和勇猛，所以当他接到孙权的密报后，一眼就识破了东吴"嫁祸于人"的鬼把戏，于是把孙权所上之书遍视群臣而后感慨道："孙仲谋这小子真贼，是要将老夫放在火炉之上炙烤呀！"

更为奇异的是，当曹操打开那个盛装首级的木盒时，只见关公颜面如生，口自开启须发皆张，致使曹操大惊扑地，很长时间方才苏醒过来。曹操不愧是老练的政治家，等静下心来仔细分析了当时的形势后，便反其道而行之，非常得体地处理了这件事情：设牲醴隆重祭祀关公"义弟"，令工匠用沉香木刻成躯体，以王侯之礼厚葬于洛阳南门外。并令大小官员披麻戴孝送至陵园，而且亲自拜祭赠关公为荆王，故今河南洛阳有关公墓，是为关公"首级冢"，被称为"关林"。

孙权一看大势不对，这岂不是"想吃狗肉却让带走了铁链子"的蠢事？偷鸡不成反蚀了把米。于是也不敢怠慢，急忙将关公的尸体盛装收殓，铸以金头配奉，也以王侯之礼葬于当阳，是为关公"尸骸冢"，被称为"关陵"。据说关公尸体下葬的前一天晚上，虽时值寒冬却雷鸣电闪风雨交加，墓地里原本枝叶繁茂大树的树冠全部被吹断，形似随同关公麦城一起赴难的将士身躯，至今依然如故，留下千古之谜。

刘备惊闻二弟麦城殉职，悲愤之余痛定思痛，也在蜀都举办隆重葬礼，用黄泥塑以关公凡身，留守臣僚将士全部出席，其规模更出孙、曹之上，因此四川成都曾有关公"衣冠冢"。至此，关公身后之事总算有了圆满结局，也给民间留下了"头定洛阳，身困当阳，衣藏成都"的传言。一个人死后而享有三冢，并分属三个不同的政治团体，且均获王侯葬礼，这在中国封建社会史上独一无二。

虽说传闻关公死后灵魂不散，显圣惊吓曹操的故事只是后人的夸张渲染，但是关公头葬河南洛阳，身葬湖北当阳，衣葬四川成都却实有其事。现在除成都关公当年的衣冠冢在岁月的流逝中销声匿迹外，洛阳、当阳的关公墓冢依然香火旺盛，加之其家乡的两座帝庙，因此民间盛传关公是"头枕洛阳，身卧当阳，魂归故乡"……

大义归天忠魂不散，关公的悲剧其实是道德的悲剧。他一生光明磊落却遭到奸佞之辈暗算，他始终坚守"无信不立"却陷入"背信弃义"怪圈。关公之所以两千年来一直令人感叹嘘唏追思怀念，多半在于他的道德力量和人格魅力，不仅濡染了身边部卒，而且感染了他的对方敌手，甚至还熏染了他的战马。不然为何关公殁了，其赤兔马虽然被马忠所获后献予孙权，然而不知出于什么原因，孙权却弃之不用反而又赐予马忠骑坐。但赤兔马亦为主人悲愤，有意摔死马忠后数日不食草料而亡。如此分析"马忠"之名，可否解释为"赤兔马忠于关公"之意也！

关公临沮罹难后，其远在麦城中的谋臣王甫骨颤肉惊，遂大叫一声坠城而死。而曾在老爷鞍前马后持蹬扛刀的河东同乡周仓，闻之悲痛万分，眼望北斗也自刎身亡，后被葬于麦城南郊，墓碑刻有"蜀汉武烈侯周将军讳仓之墓"。总之，对于关公的大义归天，后人多是怀着一种沉痛与悲愤的心情表达和描述：

他在风中伫立了一会儿，看着远方，也许是在寻找路的尽头。可是前方一片迷茫，而脚下的路却依旧要走下去，不能退缩，也没有回旋的余地。于是他又披挂战袍，手持青龙偃月刀，雄赳赳地出发了。然而赤兔马却打着响鼻，心不在焉，它从来没有走得这么慢，这么无精打采。它本是要奔腾于战场上，如今却在土道上缓行，但它明白这是因为主人、因为荆州。

战场就在面前，吴兵一层一层地冲上来，同时又一层一层地倒下去。也许这就是他的期盼，也是他的用武之地。在他的周围，吴兵越来越多，而他的青龙在翻腾着，舞出不败者的灵魂！锋刃在手，看天下谁人能挡！他将刀一扫，空中便扬起数柱鲜血。只是出刀好像不那么快了，刀锋似乎也少了些许锐气与杀机。

是的，他疲乏了，而且身心俱疲，三十五年了，他已劳累了三十五年。这三十五年，他背负的东西太多太多。别人可以失手，他则不能；别人可以退却，他则不能；别人可以厌倦，他则不能。有很多东西，别人可以享有，他则不能。与人相战，并不一定是别人胜不了他，而是他自己输不起。

因为他身后有着那么耀眼的光环，世人给予他的希望太多太多。所以他的失手、他的退却、他的厌倦都不只是自己能够决定的。因为有那么多人看着他，有那么多人拖着他，把他拖向一个迷失了自我的境地，一个只为光环而活的境地。他无法回避这个现实，他还须坚定不移地向着前方……

于是他大吼一声。那吼声惊天动地，吴兵们被震得后退数步，无一人再敢上前。他将刀横在马上，静静地呼吸着，一手捋过长须，丹凤眼眯缝着敌兵，用目光威慑着他们。然后默默地自语着：大哥，三弟，丞相，子龙……我……我要休息了。

平心而论，关公真的疲乏了。他想休息，他也真该休息了。也许几十年来他一直被"忠义仁勇信"的铁衫罩着，已不曾再有自己的任何自由、任何空间、任何愉悦，现在只有这样走下去，他才能还原一个真实的自我，真实的生活。世人们应该成全他，一生中勇武、刚毅、仁义、诚信，甚至成了无所不能的神将。而直至此刻他才恍然发觉，自己不管再有什么样的荣耀声誉、光环成就，也只不过是一个平凡的人、平凡的武夫、平凡的将军。人总要休息，武夫总要老去，将军总要死亡，灵魂总要离去，意志总要安息，精神总要依附，这是任谁不可能也无法逃避的事实。

叶落归根，人老魂归，这是自然规律，也是精神寄托。当关公真正明白这个道理、这个法则后，他又想起了父母乡亲和故里的条山盐池。于是他决计放弃辉煌，放弃尘世的喧嚣，在驰骋疆场30多年后最终又魂归故里，于是有了祭祀他的庙宇，其时叫"解州庙"，亦叫"武安王庙"。明代许樬在游历了关帝庙后，就曾挥笔写下《重谒武安王庙》：

条山北望武安宫，草木常闻鼓角风。一剑轻生挥白日，三分图霸表丹衷。龙飞巴蜀天终定，虎镇荆襄气自雄。此日星轺经故里，居人犹记汉时功。

26 关公大意失荆州？

关公兵败被杀，一生留下了太多的故事：杀华雄、斩颜良、诛文丑、千里走单骑；华容道、单刀会、淹七军、刮骨笑疗毒等。并经文人之手，频繁出现在各种小说、戏曲之中，脍炙人口，流传至今。不过最令人扼腕的莫过于丢失荆州、败走麦城，一代名将也因此落得身首异处，含恨九泉……

正如一出大戏结束后，无论是喜剧还是悲剧，当演员谢幕走下舞台后，都是落寞的、孤独的，尤其是当鲜花与掌声渐渐消失愈行愈远时，留给演员的只有漫长的空虚与迷茫的等待。舞台如此，人生亦是如此，历朝历代如此，历君历臣也是如此。即使你曾经指点江山不可一世，或者是叱咤风云笑傲江湖，到头来都只落得一堆黄土，最多的差别也就只是冢大冢小之分，如此而外还能有什么？挥手再去寻荆州，只有遗憾与悲情而已。

"大意失荆州"，是一句没有历史依据的不实之词。痛失荆州的真正原因，在于其战略地位的过于重要，令蜀、汉、吴三方都念念不忘。如果非要弄出一个"大意"的症结来，也不应该归咎于关公，其错当在刘备、诸葛亮的身上，原因是他们对荆州的认识严重不足。关公占据着荆州，北出可以进攻曹操，东进可以袭击孙权，因而成为孙、曹两方的"命门"，时时有置他们尤其是东吴于死地之危险，这是魏、吴都很忌讳而且耿耿于怀的事情。正因为如此，孙权背信弃义撕毁联盟合约是势在必行，至多是一个迟与早的选择。如此而言，不论是割肉喂鹰还是舍身饲虎，关公都无法避免孙权的背盟偷袭。

捡起"大意失荆州"与"败走麦城"的词句，都是今天人们熟知的口头俗语，不但成为关公"大义归天"的理由，也是后世关公信仰者的永生之痛。略析"大意"二字，既有惋惜之情又兼批评之意，可谓是得《春秋》"婉而讽"的真传衣钵。但在认真研究历史后，就会发现这种说法值得商榷，究其原因，完全是陈寿夫子"惹的祸"。现在后人评价这出公案，多从陈老夫子的《三国志·关羽传》中引经据典。从而认为关公性格"刚而自矜"、盲目自信、骄傲自满，对孙权、吕蒙的阴谋严重估计不足所致，因此导致"大意失荆州"。

这话并非空穴来风，听起来似乎也有一定的道理。循迹探寻这种理论的依据，也都源于陈寿在列举关公败绩时所说的"骂使拒婚"一事，且裴松之注语亦引《典略》谓之曰："羽围樊，权遣使求助之，敕使莫速进，又遣主簿先致命于羽。羽忿其淹迟，又自得于禁等，乃骂曰：'貉子敢尔，如使樊城拔，吾不能灭汝邪！'权闻之，知其轻己，伪手书以谢羽，许以自往。"

欲加之罪何患无辞，凡此种种言论，都是指责关公严重伤害了孙权自尊及孙、刘战略同盟关系，从而"以短取败，理数之常也"。但是如果还原历史的真实，其时的情况果真如此吗？我们不妨将岁月的长河"穿越"70万朵浪花（天），就会看出这并非是痛失荆州的根本原因。当时陆逊初出茅庐不为世人所知，关公不把他放在心上倒有可能，但这并没有影响他对东吴的防范，

《三国志·吴书·吕蒙传》言道:

关羽讨樊,留兵将备公安、南郡。蒙上疏曰:"羽讨樊而多留备兵,必恐蒙图其后故也。蒙常有病,乞分士众还建业,以治疾为名。羽闻之,必撤备兵,尽赴襄阳。大军浮江,昼夜驰上,袭其空虚,则南郡可下,而羽可擒也。"遂称病笃,权乃露檄召蒙还,阴与图计。羽果信之,稍撤兵以赴樊。

可见孙权"夺荆州,图关羽"的阴谋,作为吴之国策图谋久矣。所以吴军是假借两军同盟、不禁物资交流之便的时宜,假扮商贾骗过斥候,"白衣渡江"后,虞翻再以失职之罪,要挟公安守将傅士仁,然后再下江陵城的,并非关公防卫有隙而后图之。而且关公当时抽军北上,主要是因围攻樊城的兵力严重不足,又正值破城的关键时期,调动部队加入主战场是应该的。即使如此,江陵、公安的留守部队仍有相当实力,如果傅士仁、麋芳等人不挟嫌贻误粮草供应,而怕死投降孙权的话,固守待援是不成问题的。如此关公就完全可以从容回军接应,即使作战失利,最起码退而入蜀是完全可能的。可见所谓"大意失荆州"的论断,根本是引壶卖浆之语,哪里有据可依?而且《虞翻传》里也说:"后蒙举军西上,南郡太守麋芳开城出降。蒙未据郡城而作乐沙上。翻谓蒙曰:'今区区一心者麋将军也。城中之人岂可尽信?何不急入城,持其管龠乎?'蒙即从之。时城中有伏计,赖翻谋不行。"

如果此言可信,则荆州守军也曾试图反抗过。虞翻两度立功,也是在他进入荆州城后,恣意嘲弄于禁忘形得意的资本。其实关公是否"大意失荆州",宋人的认识就不一致。北宋曾公亮主编的实战兵书《武经总要·前集》卷四指出:"所谓实而备之者,关羽讨樊,多留兵备公安、南郡是也。"中国民间文艺家协会关公文化专业委员会主任胡小伟先生,就认为关公在防范孙权方面并无疏忽,"大意失荆州"的提出,只是源于朱熹的一个说法。

胡先生在经过充分考证后得出结论,由于南宋理学正统观急于帝蜀,同时推崇诸葛亮辅佐刘蜀锐意北伐,"兴复汉室"的不世殊勋,称得上是"古今完人"。既如此,则导致蜀汉未克全功的"荆州之失",总得在关公与诸葛亮之间找出一个"责任人"来,为此实在是面临两难抉择。恰好陈寿批评过关公"善待卒伍而骄于士大夫",颇类似南渡以后的骄镇悍将;而诸葛亮与刘备在唐朝以来就是儒士艳羡的"君明臣贤"典型,所以南宋儒士利用"话语霸

权",以"恃才疏卤"之名,将"失荆州"的责任尽归关公。(胡小伟《关公崇拜溯源》)

而且胡小伟先生还指出,《三国志平话》叙及"失荆州"一事,尚无关公"大意"的说法。后来理学正统观经由元、明成为儒学共识以后,此说开始占据上风。复缘明代《三国志演义》整理诸儒以宋明理学史观匡正前说,遂使关公长期背负"大意失荆州"之名。即使关公达到全民崇拜,封王封帝,儒生仍不改其谳,以至发为"演义",凝为成语,家传户诵至今未已。

不过在《三国演义》的整理过程中,"大意失荆州"的描写却各有侧重。嘉靖修髯子序本,在描述关公得到陆逊卑辞谀语书信之后,"看毕大喜,仰面大笑,令左右收了礼物,管待来使。使回见陆逊曰:'关公忻喜,无复忧江东之意也。'逊大喜,密差人探得关公果然撤荆州之兵大半,赴樊城听调,只待箭疮痊可,便欲进兵。"数来最为直白。

李卓吾评本则借陆逊语曰:"关公倚恃英雄,自料无敌,必败于人。"后又引静轩诗曰:"江东寤寐索荆州,管将英雄独欠谋。可惜荆州归异姓,孔明缘自少机筹。"各打五十大板。锺伯敬、李渔评本则径自惋惜静轩先生有诗叹曰:"陆逊青年未有名,吕蒙诈病暗行兵。关公莫待临危海,总为欺人一念轻。"毛宗岗毕竟生活在关公崇拜日益隆盛的时代,故文辞稍有匡正,未做正面评论。但是文人私语毕竟抵不过《三国志演义》的公开流行,所以"大意失荆州"之说仍然占据上风。

中国社会科学院历史研究所研究院、原中国魏晋南北朝史学研究会会长朱大渭先生也曾撰文认为,"失荆州"的根本原因在于诸葛亮《隆中对》的判断有误:

《隆中对》把荆州作为蜀国北伐中原的一个战略据点,忽视了"荆州在扬州上游,关系吴国的安危,孙权对荆州是势所必争的,否则便不能有吴国"。刘备、诸葛亮在夷陵之战以前,对此始终无深刻认识,从而反复与吴国争夺荆州,把蜀军主力十余万消耗在荆州战场,刘备、关羽也为此丧命。故蜀国庞统、法正、赵云皆主张放弃荆州,集中主力北上争夺雍、凉和关中,并有吴国为援,如此蜀国形势当会改观。

既然刘备、诸葛亮未察觉其战略计划的错误,所以对吴国必全力争夺荆州毫无思想准备。他们把蜀汉两大战略据点之一的荆州重任只交给关羽一人担当，以一人之智力如何能对付魏、吴两大敌对强国？而且在关羽北伐的紧要关头，又不给予一兵一卒支持。所有这一切，皆源于《隆中对》所包含的错误因素，未据政治形势发展而加以修改。

这话说得深刻也很有道理。因为荆州实实关系着刘、曹、孙三方面的生死命脉，谁占有荆州，谁就握住了统一战争的主动权。刘备若保住荆州，既可出伊、洛之军进击曹操，也可顺流东下直取孙权；对于孙权来说，荆州是江东的屏障，北可借长江天险拦截曹操势力南下，向西可沿江争夺四川；而曹操夺得荆州，即握有南北统一的枢纽，西可进取四川刘备，东能顺江直捣建业。

其时由于刘孙联盟，曹操在荆州难以酬志拓展寸土；而吴蜀势弱，也难以向曹操发动大的攻势，从而形成了荆州的三角鼎峙。只是尽管有孙刘联盟的一纸合约，但孙吴一方始终没有放弃夺取荆州的野心，因此关公镇守荆州期间，即使能够和孙吴处理好关系，没有拒绝孙权联姻的请求，孙权也会乘虚而入的。因为战争行为从来就不属于单纯的"道德评价"范畴，所以用今人的眼光来评判"当面唱赞歌，背后下毒手"的盟友，即使关公不"大意"，荆州也未必不会失守。

应该说从战役发起的时间上看，关公还是很有心计的。选择七月进攻樊城，一方面是由于蜀军在定军山和汉中地区接连取得胜利，连败曹军名将及曹操本人，而且刘备还刚刚自封汉中王，西蜀阵营军民欢庆，士气高涨；另一方面，七月正是荆州地区多雨的时候，河水的涨升对久习战阵的荆州水军非常有利，选择这个时机出击，关公是煞费苦心也颇有见地。而且关公的战术指挥也十分正确，在于禁援兵赶到之时，果断暂时放弃对樊城的围攻，先对援军发动阻击，加上天降暴雨，一战全歼了曹军的数万人马并迫降了于禁。

于禁跟随曹操多年，是曹操的心腹爱将，他所指挥的青州军也是曹军主力之一，能征惯战。他的全军覆没，对关公所部以及成都地区的刘备集团都是重大鼓舞，连曹操都准备迁都躲避，应该说这是孙刘两家北上进取中原的重大战机，难道还需要质疑？倒是关公从包围樊城到兵败被杀，前后时间长达四个月，在这期间，蜀中的刘备、诸葛亮居然不闻不问，既没有从汉中出兵予以配合，也没有派兵东进荆州填补关公后方的空虚，威慑孙权使其不敢轻举妄动，确实让人难以理解。

也许他们对关公的信任，远远大于关公自己的自信。如此而论，刘备、诸葛亮在成都地区歌舞升平所犯的错误，远比荆州拼杀疆场的关公所犯的错误要重大得多。因为关公的全军覆没和荆州的丢失，使刘备集团遭受了致命的打击，也使诸葛亮在《隆中对》中为刘备提出的战略规划完全落空。在这里我们是否能够来个假设？假使刘备、诸葛亮能够抓住这种有利局面，发挥连续作战的精神，率军兵出汉中进取长安，则《隆中对》所提的"百姓孰敢不箪食壶浆以迎将军者乎？诚如是，则霸业可成，汉室可兴矣"的目标完全可以实现。再或者孙权集团若不是目光那么短浅，虎视眈眈总盯着荆州，则曹操必定顾此失彼，到那时天下三分的局面完全可能被打破，曹军战略优势的局面也大半就此改写。

不过孙权集团的失策不仅至此。事实上他们背信弃义、背后插刀之举，在消灭关公夺取荆州的同时，也把自己几乎逼入绝境。以刘备的为人和亲如手足的二弟被东吴杀害，他必定会兴师问罪，这一点是毋庸置疑的。当时许多重臣包括诸葛亮都劝阻刘备伐吴，其实根本就是徒劳的。试想一下，弃荣华富贵如敝屣，过五关斩六将，千里走单骑，在那么艰苦的环境下关公都要追随刘备。现在关公死了，让刘备像个没事人似的，对杀人者还继续联合共对曹操，这可能吗？要真的那样，他刘皇叔有何面目见二弟于九泉之下，又有何面目面对世人，又如何承兑三结义时的诺言呢？

既然刘备要发动战争，为关公报仇是肯定的了，那如果在夷陵之战的时候，曹操还健在或者曹丕听从了刘烨的意见出兵南取荆襄，孙权又何以应对敌阵？怕是早就在刘备和曹丕的夹攻下一命呜呼了，又何以谈论保卫荆州之地呢？所以吕蒙尽管战术指挥很正确，偷袭荆州也干得很漂亮，但从战略角度上却破坏了孙刘联盟，致使双方刀兵相见，根本就是得不偿失，为自己的衰落自掘坟墓。

小不忍则乱大谋。孙权恰恰是忘记了前人所总结的经验教训，占小便宜而吃大亏，后来历史的进程也证明了这一点。虽然孙权取得了夷陵之战的胜利，也利用曹魏"坐山观虎斗"的想法，躲过了两面夹攻这一劫。但自己也元气大伤，从此再没有能力北进中原消灭曹魏，只好偏隅东吴一角直至俯首称臣。如此说来，丢失荆州的主观原因是刘备、诸葛亮在战略配合上的严重失策，客观原因是孙权方面的目光短浅、背信弃义。清朝费密曾经作诗《过荆门庙》一首：

> 将军得雄分，梗亮绝伦伍。盱目无当前，畏者若熊虎。好学服敌人，怒啸髯戟舞。蜀门未及归，踏翅在荆土。功名虽未成，义气自千古。春秋表先轸，毅烈应并数。至今空山春，风马肃神宇。

27 关公刚愎而自矜？

历史已经过去，自当留待众人评说。但是因为评论者受各自的阶级立场、政治观念、思想认识、理论水平、性格差异、习惯好恶、地域意识、时代背景等的制约，所得出的结论往往是仁者智者，众口不一，即使有些所谓盖棺论定的人物与事件，也常常遭到后人的批判和质疑……

汉语中"骄"字之意是褒是贬，有谁能说得清楚？全在于语言环境评述对象因人因事而已。既然综上所述，关公"大意失荆州"的前提不复存在，那么许多强加在关公头上的"不适之词"是否就自然而然地消失了？当然也是不会的。因为关公是一位名人，名人自然就会有许多"绯闻"，就要产生诸多的"名人效应"。再说史书里面往往像藏着一个无赖的泼皮，翻手为云覆手为雨，让读者如坠五里云雾之中，始终看不清历史的真实面目。

对于荆州失守的原因，有人提出来，既然不是"大意"的缘故，那么是不是由于关公生性"刚而自矜"的弱点，造成了樊城之战由开始的指挥正确，威震曹营朝野，发展到上当受骗全军覆没，最终"孙刘联盟"瓦解，结果"以短取败"？

事实并非如此。尽管近两千年前的历史，现在追寻起来早已模糊不清，但客观地说，关公的兵败身亡原因是多方面的，有些因素甚至是自身的无奈。稍微梳理一下，就会发现后人列为"失荆州"主要"证据"之一的"骂使拒婚"，也不过是东吴的幌子而已。据《吕蒙传》所言，此时正当建安二十二年鲁肃新卒，孙权与吕蒙便密议以"夺荆州，图关羽"为吴之国策。所以说孙氏"求婚"关公，并非和亲以结永好，只是一种试探手段，以安关公之心而已。

不妨让我们回顾那一段血染的历史，寻找出关公性格中的几个侧面，似乎可以从中发现些什么。将"骄兵必败"和"大意失荆州"的论断，归咎于关公兵败被杀的主要根源还是有失公允的。翻翻他的战功履历表就不难看出，他一生战绩卓著，战吕布、斩华雄、杀颜良、诛文丑、过五关、斩六将，年近六旬时还擒了于禁，斩了庞德，威名远震，华夏皆惊，曹操居然"欲迁都以避之"。设若关公"刚而自矜"，岂能横刀立马几十年，立下如此赫赫战功？

或许灼目的灿烂就意味着暗淡的到来，关公的非凡成就不仅受到敌方的憎恨，也遭到来自内部的嫉妒，更可怕的是表面恭维背后却痛下杀手的盟友。因为树难千年青，花无百日红，再伟大的人物也有衰败的时候，而关公向来正直，仿佛打开胸膛将心肝肺呈现给人们，其为人处世风格也早已被世人所掌握。所以诸如东吴的吕蒙、陆逊之辈，正是利用了关公性格直率的弱点，多次以卑恭之辞赞美他，使关公心情舒坦如坠五里云雾里，无复有忧江东之意从而丧失了荆州，为以后的杀身之难埋下了祸根。

然而这只是一种表象的推测，因为无论局里或者局外人，有多少人知道关公自身的沉重：时值三方争雄荆州，陷阱密布险象环生，正是由于他的战功卓著威名声远，荆州又身处三方战略争夺的咽喉之地，所以更容易受到敌方的记恨，才会频频遭到暗算。事实上孙权耿耿于荆州之时久矣。据《三国志·吴书》所载，早在周瑜临终前与孙权的书信中，就赤裸裸地点明了此事："刘备寄寓（荆州），有似养虎；天下之事，尚未可知。此正朝士旰食之秋，至尊垂虑之日也。"

东吴图谋荆州而见于史载之人，除周瑜、吕蒙之外尚有陆逊、全宗、是仪等人，其时东吴君臣心腹大患不在洛阳曹操而在荆州关公。他们相信，关公北上攻占襄樊对于孙吴并无威胁，而且他们也早已预测到"出其不意"偷袭荆州的结果，必然会破坏刘备北伐曹魏、恢复汉室的战略总目标。正是在这样的形势下，他们置"联盟"而不顾，"明修栈道，暗度陈仓"，实在是令人不寒而栗。尽管史载"春秋无义战"，然而盟友间"不宣而战"，或者"当面叫哥哥，背后掏家伙"的战例，自孙吴"偷袭荆州"之前尚且不曾有过。

曹操当然知道东吴欲取荆州，关公势必争夺，其他地方将会自顾不暇。于是亲领大军落井下石，趁势围攻蜀军，形成了关公遭受十面埋伏，腹背前后受敌，四面皆成"楚"歌的局面。关公独木难支不堪重负，终于陷入了绝境，如此战略局面，是"孙刘联盟"还是"孙曹联盟"？难道这一切，仅用一个关公"刚而自矜"之词就可以搪塞得了？我倒是觉得，关公在为人处世方面显得诚恳而自信，反而成为导致失败的"不治之症"。

关公一生忠义为怀，光明磊落，虽说也曾伤过不少性命，却也多次刀下留情，尤其白门楼上救张辽，华容道中放曹操，长沙大战让黄忠。因此他自信善恶有别，各有其报，遇到灾难一定会化凶为吉。当他遇到曹军大将徐晃时，自以为是山西老乡，与其交情深厚非比他人，便请徐晃多念旧情以图后会有期。其时徐晃表现很是得体，欠身言道："自别君侯，悠忽数载，不想君侯发已苍白矣！忆昔壮年相从，多蒙教诲感谢不忘。今君侯英风震于环宇，使故人闻之不胜叹羡！兹幸得一见深慰渴怀。"

这话说得多么得体，也多么动听，任谁听了都会感德涕零。关公正在寻思如何叙旧，徐晃却环顾众将厉声宣赏道："谁能取云长首级者，重赏千金。"关公惊疑道："公明何出此言？"徐晃却笑着说道："今日乃国家之事，某不敢以私废公。"现在看来名如其人，徐公明，公私分明！先是述罢私情然后公事公办，遥想你关公当年虽有华容道义释曹操之事，但你关公不也是"身在曹营心在汉"么，何况为此还有过"过五关斩六将"的"把柄"，成了曹军经年不解的"心腹之患"。

其实关公并非陈寿之辈所说的"太骄傲"，而是太谦恭、太意气用事甚至有些太幼稚了。当他发现荆州遭陷时还心存一丝侥幸，修书给曾经落井下石的东吴吕蒙，还想凭借着"老资格""老交情"，不费刀枪之力讨回旧地，以有暂时的立身之地。吕蒙却回信曰："蒙昔日与关将军结好，乃一己之私也；

今日之事，乃上命差遣，不得自主。"关公看罢，只觉得世态炎凉，欲哭无泪。此时划在他心头上的，就不仅仅是深深的刀痕了。

当然外部的创伤在明处，关公会坦然对待，最让他寒心的是内部的痛患。荆州失陷之后，他本可以去公安、南郡暂居，以图东山再起恢复旧业。谁知两地守将傅士仁、麋芳因一己私见相继降吴，拱手献出城池。他欲重整旗鼓再回沙场拼杀时，谁知诸将士恋家皆无战心，一派树倒猢狲散的景象，身边仅留数百人之众，还多是老弱伤残的河东将士。这一次射向关公心窝的，就已是带毒的箭矢了。

"骄兵必败"是史学家做了定论的，但是我们能否从另一个角度来诠释一下？在我看来，"骄"并非不可，关键在你是否有"骄"的资本。当初三兄弟刚结义出道，刘备在安喜县做了个县尉，关、张充其量只能算是个跟班的。尽管他们毕恭毕敬地服侍一位没有品位的督邮，还是遭到一种近乎侮辱的蔑视。那个时候关公为何不骄呢？其实华雄、颜良、文丑等人，还有曹操门下那五关六将也想"骄"，但是不曾想骄气刚冒出头就被关公斩于马下，哪里还傲得起来？倒是吕蒙擒杀了关公应该骄，谁知却没有那个命，没有傲得几天，就呜呼哀哉一命归天了。

人们做人做事，哪个不渴望成功，说白了每个人都希望能够骄傲起来。只是有些人没有本事骄，像刘备的儿子阿斗；有些人是心里骄，嘴上不敢傲，所以就显得虚伪；有些人是骄下不傲上，在部下面前是爷在上级面前是孙，这就是人品问题了，变色龙大抵如此；而有些人是"骄"上而不傲下，就譬如关公这样的人。据史书记载，关公对部下非常关怀，但对上除了大哥刘备以外，几乎没有他服气的人，即使被曹操俘虏后依然是骄气凌人；孙权托人求婚，被他骂得狗血喷头……现在看来，关公是没有趋炎附势随波逐流，因此"失败"也就注定是必然的了。

事实上对于有本事的人，也就是有"骄的资本"的人，骄就骄起来吧。人生苦短，快乐几何？自信人生二百年，会当水击三千里，每个人都应该为自己的成功喝彩。如果我们做出了值得骄傲与自豪的事情，可以同大家一起骄傲。关键是你做出的事情，要骄得让人服气，别心里想骄，脸上还要装出谦恭的样子。这样做心里肯定不好受，难免行为别扭，自己心里憋屈，别人看着也不舒服，何不干脆就傲出个样子来？

当然也有例外，就怕你在一个武大郎先生开的店里熬相公。他本身就很自卑，哪里还容得下你骄？先且不说你骄没骄，就算你能行了也是犯了大忌，得千方百计让你不行。总之标准是早就划定了的，超过了就得掐掐你的尖，于是就有了"说你行你就行，不行也能行；说你不行就不行，能行也不行"的俚语。你看这句俚语，本身就是一个弯弯绕，绕得你分不清东西南北。

有些人天生就是雾里看花，说话做事两面三刀阴阳怪气的，你根本看不出他是骄还是不骄，义还是不义，从不把真实的面目给人，这比"明目张胆"骄的人就阴险多了。而且当你真正成功的时候，是否所有的人们、包括你曾经的朋友，投去的都是尊敬的目光？即使你非常内敛，表现出十分谦虚的样子，但是在一些人的眼里，你依然是一种骄傲的姿态，因为你出类拔萃，你做出了成绩，你就是高高在上了。如果你举手投足过于谦虚，那么你的这些行为在别人看来都是做作、是装出来的，而"做作"本身就是骄傲的具体表现。

"人怕出名猪怕壮"，这里边还不包括那些本身没有什么本事，还不希望别人成功的"红眼病"，就譬如孙权之流。这些人整日不谋正事，而是眼睛直盯着别人，哪怕是从鸡蛋里面，也要挑出一些骨刺来，然后无限地放大，于是再给你一个"枪打出头鸟，雨淋檐外椽"，其最好的"罪名"，当然莫过于"骄傲自满"了。虽说不痛不痒的，却也能置你于死地，这种杀人不见血的事例，至今屡见不鲜。

在中国文化的氛围里，"骄傲"最易被人厌恶，也最好被借来使用，因为有时候骄傲与自尊没有多大的区别。徐悲鸿曾经说过，做人不能有傲气，但不能没有傲骨。在这里，气是外形，骨是内涵，如果按照里外一致、表里如一的标准来衡量，诸如关公之类的人，就很难做出有傲骨而没有傲气的表现来。事实上如果你做出了骄人的业绩，不仅自己应该骄傲，而且你的集体、民族、祖国，都应为之骄傲。就譬如关公，我们整个民族都为之骄傲，为何独独关公不能骄傲呢？这就让我想到了西方的文化。在他们的眼里，成功者就应该骄傲，其他人则应该为成功者欢呼。且不说别的，在足球赛里，假如哪个球员攻入一球，那种歇斯底里的狂，宁可吃一张黄牌也不在乎。但是在工作中，你敢"狂"一点吗？简直就是不自量力、"傲气十足"了。

至于关公的失利，最值得痛心的应是蜀国，但是在总结经验教训时，刘备并没有归罪关公所谓的骄兵必败。倒是东吴做贼心虚，正是他们的釜底抽薪，从而导致了蜀国一败涂地。所以怕遭到刘蜀报复的孙权，连关公尸体都想推给曹操，何不给关公加上个"骄"的头衔，借以推卸掉杀害关公的责任，还有胆战心惊的良心谴责呢。不过明时魏允贞《晓发当阳谒帝墓》，对关公的评价更为恰切：

将星宵陨竟何言，伏腊人间庙食尊。一片丹心扶赤帝，千年浩气在中原。风云战后惟残垒，江汉由来是旧藩。双泪英雄吞不尽，伴随春雨入流翻。

28 关公嫉能妒贤明？

指鹿为马，是史书的一大缺陷。陈寿的一本《三国志》，让那个时代的许多历史人物成为定型。坦荡而言，我并无意去抬高关公的形象，只是希望尽可能多地将一些信息告白给大家。也许从另一个角度来看，自己所列举与引用的资料也未必就确凿无疑。但是陈寿何许人也，他的话未必就是史实……

翻阅史书，"嫉贤妒能"也是陈寿加给关公的一条"罪责"，看上去似乎还更真实可靠。岂不知历史人物的"盖棺论定"，多由书籍流传延续下来，难免有史学家或者小说家的好恶残存。在关公一生的业绩中，可以说与荆州结有不解之缘，尤其镇守荆州是他一生最辉煌之时，但也是承载他走向没落的穷途。蜀吴两家的荆州之争，奠定了关公成功的自豪与失败的暗淡：一句"单刀赴会"，成就了他半世英名；然而一句"大意失荆州"，却也让他因此"身败名裂"。真所谓"成也荆州，败也荆州"，是憎，是爱？让他与他身后的信众们都哭笑不得。

以一分为二的唯物史观来评价一个历史人物,应该说是比较客观公正的。因为自关公出现在世人眼前的那一刻起,命运之神就一次次地向他伸出橄榄枝,而一次次的战功和一次次的义举,也使他一次次地走向辉煌,不仅是同僚们向他侧目,即使对手也对他平添一种敬意。郭嘉、程昱称他是"万人敌";周瑜称他为"熊虎之将";而傅干则称他是"勇而有义,皆万人之敌,而为之将"。就连陷他于绝地的吕蒙也曾感慨地说道:"斯人长而好学,读《左传》略皆上口,梗亮有雄气,然性颇自负,好凌人。"至于他身后的光环就更加灿烂夺目,刘晔称他与张飞"勇冠三军",杨戏的《季汉辅臣赞》中赞叹道:

关、张赳赳,出身匡世,扶翼携上,雄壮虎烈。藩屏左右,翻飞电发,济于艰难,赞主洪业,侔迹韩、耿,齐声双德。交待无礼,并致奸愿,悼惟轻虑,殒身匡国。

事实上,关公和张飞在当时以及后世,已成为勇猛善战的代名词。不过史书记载的真伪,大都与作者的认识有关。对于关公性格缺陷的"盖棺论定",多源自于陈寿的《三国志》和罗贯中的《三国演义》,其主要结论是《三国志》里的评价:"关羽、张飞皆称万人之敌,为世虎臣。羽报效曹公,飞义释严颜,并有国士之风。然羽刚而自矜,飞暴而无恩,以短取败,理数之常也。"

正是根据这个论断,从而导致在后人眼里,称雄一世的关公是将才而非帅才,只是以勇取胜、以义服人,不可独当一面,更不能独立成就大业。为何?因为在他们看来,关公是"义中之人",忠义之气遮盖了他性格里的缺陷,也就是"以义遮百丑"。在失去荆州、败走麦城,最后被孙权活捉而身亡的整个过程中,关公有着深刻的内在原因,不仅"刚而自矜",而且"嫉贤妒能"。按照他们的观点,关公的性格中潜藏有傲慢的一面,因为自他踏上军事舞台后,从来就没有服过哪位战将,即使是武艺明显高于他的吕布。所以他在为将待人方面,总是盛气凌人,不够谨慎谦虚。

这话仿佛有一定道理,也似乎从一个侧面揭示了关公悲剧性格的必然。为了证明这个观点正确,他们在《三国志》和《三国演义》里悉心寻找,而且在很多地方似乎还真的发现了这种性格的印痕。《三国志·关羽传》中记载，建安十九年（214年），关公驻守荆州时，听说刘备在夺取益州的过程中，收降了马超并拜为平西将军，心里很是不服，便写信向诸葛亮问道："马超'旧非故人'，勇武才能又堪与谁比？"话虽然是含糊其辞，表达的意思却昭然若揭。

诸葛亮当然知道关公的意思，就写了一封回信称："孟起（马超字孟起）兼资文武，雄烈过人，一世之杰，黥（黥布即英布）、彭（彭越）之徒，当与益德（张飞字益德）并驱争先，犹未及髯之绝伦逸群也。"关公看到军师如此赞誉，于是神情大悦，捋其髯笑曰："军师知我心也。"并把信拿给宾客四处传看，喜形于色，就差一点手舞足蹈起来。

又据《三国志·黄忠传》和《费诗传》载，建安二十四年（219年）七月，黄忠随刘备入川，"常先登陷阵，勇毅冠三军"，后又从刘备"于汉中定军山……一战斩渊（曹军名将夏侯渊），曹军大败"。同年刘备进位汉中王后：

> 欲用忠为后将军，诸葛亮说先主曰："忠之名望，素非关、马之伦也，而今便令同列，马（超）、张（飞）在近，亲见其功，尚可谕旨；关（羽）遥闻之，恐必不悦，得无不可乎！"先主曰："吾自当解之。"遂与羽等齐位，赐爵关内侯。

事情果如诸葛亮所料，当刘备派费诗往荆州拜关公为前将军时，关公听说黄忠与自己并列，很是愤愤不平。认为黄忠既不是刘备的结义兄弟，也不像马超那样出身名门，与自己同列"五虎上将"，实在是自己的耻辱，因故坚决不肯受拜。幸亏诸葛亮早有所料，附信劝说，经过费诗苦口婆心，才使关公顾全大局，没有退出"五虎上将"之列。

尤其是诸葛亮鉴于荆州地位的重要，在离开时就曾反复叮嘱关公："棠棣岗形胜不可小视，据之则西扼巴蜀之喉，北枕襄邓之臂，南亘洞庭之险，东连江汉之会；联浦口则与荆州互为椅角之势，据汉水则为荆州东北门户，但无山川四塞之险，将军务必设险守之，不可有负主公。"不仅提出了北据曹操东和孙权的战略意义，而且具体要求关公在此筑一屯兵的城池，作为荆州东北的门户。

这本是一位谋者的本能之举，但是关公听了很不乐意：兄长要我镇守荆州，你诸葛亮凭啥对我这样不放心？谁不知道我关某过五关斩六将威震中原？因而诸葛亮去了西川后，关公并没有依此计策，只是一门心思操练兵马，伺机打过汉水，与曹军较量一番成就大业。包围樊城之后，关公更认为曹军只不过是瓮中之鳖，消灭其指日可待。当他在樊城右臂中箭后，部将劝他暂时回荆州调理，他却一意孤行，认为很快就会攻下樊城，然后长驱直入攻下许都，剿灭曹操，以在西蜀历史上建立不世奇勋。

诸如此类，不一一而论。

正因为武艺高强，所以就矜持自傲；正因为刚愎自矜，所以就嫉贤妒能。这就是一些人的思维逻辑。正是基于上述关公"刚而自矜"的确凿证据，因此就有人认为，关公的失败是其性格所决定的。但有几人知道，这些论断多源自于《三国志》，而《三国志》向来又被史学家视作研究"三国"历史最权威的著作，所以多被视作"盖棺论定"。不过到底可信度如何？我们是否看看陈寿是何许人后再做评判。

据《晋书·陈寿传》载，陈寿是一个坚定的"拥曹贬刘派"，其父亲曾做过马谡的参军，并因失街亭被处以髡刑。而陈寿"少好学，师事同郡谯周……遭父丧，有疾，使婢丸药，客往见之，乡党以为贬议；及蜀平，坐是沉滞者累年"。其后，"又坐不以母归葬，竟被贬议。初，谯周尝谓寿曰：'卿必以才学成名，当被损折，亦非不幸也，宜深慎之。'寿至此再致废辱，皆如周言。"

由此，陈寿的人格可见一斑了。再看陈寿的《三国志》，则是由《魏书》《蜀书》和《吴书》合编而成的。书中称曹操为"帝"，刘备与孙权为"主"，且魏书占七分之四的篇幅，吴书与蜀书则分别占有七分之二和七分之一，由此就足以看出陈寿对待三国各方的态度与情感。而《晋书·陈寿传》中的另一段文字，也难免让我们对陈寿所述史实文字的真实性提出质疑：

或云丁仪、丁廙有盛名于魏，寿谓其子曰："可觅千斛米见与，当为尊公作佳传。"丁不与之，竟不为立传。寿父为马谡参军，谡为诸葛亮所诛，寿父亦坐被髡，诸葛瞻又轻寿；寿为亮立传谓"亮将略非长，无应敌之才"，言"瞻惟工书，名过其实"。议者以此少之。

因丁家不付千斛米，陈寿便不给其父作传；而又因诸葛亮曾诛杀马谡，并让其父"被处以髡刑"，所以便"议者以此少之"。想必以关公的为人风格，陈寿未必能够喜欢，那么《关羽传》的可信度又为几何？"羽刚而自矜，飞暴而无恩，以短取败，理数之常也"的评价，也许已经是陈寿夫子"笔下留情"了。即使如此，后人对陈寿关于关公的评价及镇守荆州时"骄傲自满"也持有异议。如马超归蜀被待为上宾，关公致书责问、诸葛答书一事，李贽就认为这是一出绝妙的"双簧"："孟起来降，其心未测，不先有以弹压之，反复未可知也。惟孔明深谅先主之心……得此则孟起野心自化，毋复他虑。"

而顾炎武在议论韩愈当年因不拘礼法被弹劾罢职之事时，则以为关公此举是维护刘备人主之尊："至于山阳公《载记》言：'马超降蜀，尝呼先主字，关羽怒，请杀之。'此则面呼人主之字，又不可以常侪论矣。"历史上也不乏拨乱反正之举，许多文人学士对"大意失荆州""刚而自矜"等"不良记录"，向来耿耿于怀不吐不快。胡小伟先生在其《关公崇拜溯源》一书里，有一段精彩绝伦的论述，读来鞭辟入里，咀嚼余味无穷，引之于此，权作钝者感悟，兼为本文增辉：

俗谚向有"看《三国》掉眼泪——替古人担忧"的说法，本文亦无意于此做什么"翻案"文章，况且"骄兵必败"作为对后世将帅，乃至其他各种事业决策人的警示，当然是一个普适真理。……从这个意义上讲，"大意失荆州"无论归责于谁，倒不重要了。况且连诸葛亮、关羽这样的"文化英雄"都避免不了这个规律，更具有赐励后人的意义。但如以"大意失荆州"作为品评历史人物的千古定谳，不刊之论，则恐未必。

胡小伟先生的宏论，可谓高屋建瓴，似是自己平生心中澎湃的激情。只是自恨愚钝难以表述，今日如醍醐灌顶，春风沐面。在此引述明朝诗人袁翻的《谒解州庙》，以示对关公的敬意：

汉祚萧条只豫州，纷纷逐鹿破金瓯。英雄自负能平贼，历数其如不在刘。吴下腐儒忘正统，蜀中老将失髯侯。三分鼎据今犹恨，不恨曹瞒恨仲谋。

29 关公忠义信几何？

"忠"和"义"，是中国传统文化最核心的价值观所在。关公正是凭借着他一生的事迹，同时获得了"忠贯日月""义薄云天"的美誉。古代名将不计其数，廉颇、孙武、卫青、霍去病、薛仁贵、郭子仪等，有谁能和他相提并论？是以赞曰："精忠冲日月，义气贯乾坤，面赤心尤赤，须长义更长……"

孟子曾言："富贵不能淫，贫贱不能移，威武不能屈，是之谓大丈夫。"这正是历史上关公对待曹操、刘备、孙权的不同态度，也是儒家提倡"大丈夫人格"的榜样。在人生实践中，每个人的价值理念全在于自身行为体现。历史上关公为帝忠，与人善，习《春秋》，重义气，勇迈绝伦，怀抱除恶济世之志，备受世人崇敬。其高洁品格更被镌刻其庙：忠贯日月、义薄云天。应是历史与社会对他的最高评价。试阅华夏历史，曾有几人能与之媲美？

中国文化自有其深厚的历史传统，反映在人物评价方面，首先是道德品质。关公的行为取向，他的着眼点是忠而不是势，他的出发点是义而不是利，因此他把自己的道德准则严格地熔铸在"信"的基础上。在他看来，忠、义、信，是每个人的品格因子。"忠"与"义"，是品格的外延表现；而"信"则是品格的内涵本质。"无信不立"，这是关公，也是我们每个人应该坚守的最起码的道德准则，也顺理成章成为后世儒生诠释儒家伦理思想的首要标尺。

在封建社会里，每个人的"忠""义"品行是做人的具体表象，尤其是对待国家、民族、君主忠心耿耿，对待朋友、他人、亲属情意绵绵，更是人们所追求、遵循的道德准则。而对于"信"的评述，人们多有诉求却很少定谳。其实与人、与社会而言，"信"都至关重要，不论对待哪个方面，都是做人做事的根本准则。"信"不仅是一种品行，更是一种承诺、一种道义和责任。

孔子说："言而无信，不知其可也。"就是说，一个人如果连诚信都没有，那么就失去了做人的底线，更何谈做好人呢？可见"信"是高尚的人格力量，是构造和谐社会的基本要素。社会无信不稳，政权无信不立，关公之所以能够成为"万世人极"，简言之，就是因为在他的生命底蕴里，始终坚守一个"信"字的承诺，并且不遗余力地付诸忠、义、仁、勇诸方面与环节的实践，从而熔铸成至高无上的道德尊神，这在各地关帝庙的造像、碑刻中都表现得淋漓尽致。

高尚者的诚信，不仅表现在顺境和成功时刻。我们向历史的纵深走去，去寻找关公诚信的脚步：1800多年前的一天午后，阳光泼洒在四围的山头上，泼洒在荆襄大地上，使红色的原野充满了火一样的色彩，也映得关公重枣一般的脸更加深暗。夕阳返照，也许是太阳最后的辉煌，虽然周围依然显得平静，但已经掩饰不住日薄西山的凄凉。

关公面向西方端坐，却不知为何竟平添了几分寂寞。他显然是在做人生最后的思考，只见他微微张开双目，其中射出的霸气依然如旧。有风至，将他的长须缓缓吹起，如柳丝般轻扬在空中。此时此刻，他心中最大的牵挂是兄长刘备，还有那张飞、子龙兄弟，以及诸葛军师等诸旧友。历史上，关公对于刘备的忠与义，可以说是空前绝后甚至是"死心塌地"的，为了刘备他可以忍辱负重丧失"人格"，可以驰骋疆场威震敌胆，甚至可以视死如归义薄云天。

关公因地域之故，承先祖关龙逢、乡祖蚩尤血脉基因，生来以忠义为本。纵观其生命轨迹，以义杀郡豪始，以烈殉蜀汉终，不曾有一丝一毫逊色。只是因为地位的差异，不可能直接与汉朝廷联系，所以他一切听命于刘备的行为，就有着双重的道义。因为刘备既是他的君主，又是"汉景帝之子中山靖王之后"，同时还是结义的大哥。因此在关公看来，秉承刘备意志的所作所为，自然就成为忠于汉室、兄弟义重的铁证，而这种"忠义双全"的现象，虽然历史上不能说是绝无仅有，但肯定是凤毛麟角。

其时寂寞的关公，一动不动地向着益州方向望去，这个喜怒悲情从不形于色的河东汉子，此时居然满眶泪水。他知道这也许是最后一次如此冷静地思念兄长、弟兄、朋友了，因为他还要为最后的"忠义"而战，直至结束"诚信"的一生。而此时，他也在为自己不可能兑现的诺言懊恼，因为他没有做到与刘兄、张弟"同年同月同日死"。太阳渐渐落下山去，血红的云彩变得更加深暗，关公的重枣脸也更加凝紫如彤云。

历史已经远去，岁月还在渐行。用现代某些理念来看，关公失败的根源也许在于他太过于"重然诺、守信用"了，因为他所崇尚的忠和义，与他面临的那个功利的世界格格不入。在人世间充满了太多的唯利是图与背信弃义的各色人等时，他已无法适应这种"新型的人际关系"……于是他只得与这个世界背道而驰，最终为自己的理想与操守而壮烈牺牲，做到了为汉室、为兄长、为唤起世界诚信归来而"鞠躬尽瘁，死而后已"。在他的一生道德实践中，为忠、为义、为信的基本人格，始终表现得淋漓尽致，无与伦比，堪为华夏民族树起了一座道德检测的丰碑！

现在看来，关公对刘备的忠，已超越了人们日常评判的道德水准，与任何一位臣僚将帅对君王的忠完全不同。因为他们同起于草泽，而且"恩若兄弟"，所以有着一种最基本的血肉之情。刘备之所以能成就辉煌业绩，关公起了不可磨灭的作用。然而刘备称王称帝后，关公并没有表现出像历史上其他功臣那样，施恩图报，居功自傲，依然是一如既往，对兄长更加尊重、更加义胆忠心，"誓以共死，不可背之；患难相扶，祸福共之"。这恐怕在中国历史上的君臣、将帅之间，也是难能可贵的。

言者易而行者难。诸如"肝胆相照"之类的语言，说起来容易，做起来却需要以生死相守、矢志不渝方显英雄本色。比照汉代历史上的刘邦、项羽共举义旗抗秦，结果是汉楚相争以项羽自刎乌江告终。刘秀、严光虽为挚友，然义举成功刘秀登上帝位严光却成了隐士。历翻旧时代忠义"账册"，如刘、关、张三人无论成功与否，始终"恩若兄弟"，的确值得人钦佩。其彼此间所展示出的高尚品质，并非一个"忠"字所能概述，更有"义"之内涵浸入骨髓。而"践诺守信于生命之中"的行为，则成为他们最终实现"结义"誓言最坚实的基石。

纵论忠、义二字，是做人处世的两个翅翼，恰如"人"字的撇、捺一样，相辅相成、互为表里。"忠"乃对国家、民族、人民而言（旧时包括帝王），行为就是要在所不惜、以忠侍君、不畏强敌、忠心报国。"义"则在平民百姓的日常生活中无处不在，即见义勇为、舍生取义、义无反顾。在中国文化的深厚底蕴中，"义"是作为人生目标的最高追求，"滴水之恩，当涌泉相报"被认为是"义"的最直接、最具体的表现，为人们津津乐道。关公为了"三义"而苟活于曹营，不仅表现在不近女色，而且表现了"长嫂为母"的道德风范，其忠义更有了全方位的体现，因此被树为华夏民族"忠义信"的千古典范。

事实上，忠和义最能体现一个人的品质本色，因为他付出的不仅仅是身外的物欲与形式，最根本的是要毫无保留地付出自己灵魂深处的信仰与诚信。尽管付出与回报常常不成比例，关公却始终坚守忠义诚信的道德底线，虽然败走麦城，使蜀汉失去了襄樊，导致诸葛亮从汉中、荆州两方面出兵中原的计划从此落空。但这是因为关公过于高洁的灵魂，很难在遍地污浊的世界上苟延残喘造成的，当他遇到孙吴的人和事都是那样的污秽时，就会被诚信所拖累，甚至是付出生命的代价，此时的诚信者，就显得是那样的孤独无助、那样的凄惨落寞。

这就让我们联想到另一个道德命题，即使在今天现实的社会中，"术"往往比"义"显得更实用。在纷乱无信的东汉末年，关公的性格缺陷就是"善心乏术"，最终导致他成为忠和义的殉葬品。如果说关公有所失误，就在于他总是以君子之心度小人之腹，把任何人都当成朋友对待，甚至达到了执拗的地步。也因此，当他在河北涿州与刘备、张飞结为金兰之好后，兄弟间的友谊就成为他生命中的不灭情结，再不曾有过半点的动摇。即使对对手与敌人，也是以仁义待之，才会演绎出华容古道义释曹操，也于此改写了历史。

任何人都不可能十全十美，都会有自己的性格缺陷，只是表现形式不同罢了。客观地讲，关公确实不是一个政治家，而是一个重义轻利的君子，是一心想达到心中理想世界的古典理想主义者。但是在没落的东汉末年，他理想中的那个世界已经成为过去，当诸如东吴不择手段唯利是图的小人们大量地繁衍出来以后，一个重义轻利的世界已经不复存在了，所以关公便无奈地成了那个时代洋洋大观实用主义的战利品。

关公的"忠义信"品格，注定了他一生心地善良，胸襟坦荡，内外一致，表里如一，不仅没有害人之心，甚至没有防人之意，只是坚守"忠义信"并将之演绎得酣畅淋漓。也许正因为如此，他在为人处世中才不会施权术，耍手腕，阳奉阴违，口是心非；更不会划圈子，设诡计，拉帮结派，结党营私。所以才在始终遵从"以义取信"宗旨的过程中，并不过多地去讲究方式方法。他虽然爱惜部下、体恤士兵，却又要求严格，甚至达到苛刻的程度；他那张不富有感情色彩的脸，以及那双几乎总眯着的眼睛，让许多人觉得他门难进脸难看，因而只能是恭而敬之，于是就和者盖寡，显得孤独。以现代俚语而论，关公是属于"刀子嘴，豆腐心，一辈子为不下一个人"类型的，这无疑是关公性格中的一个悲剧。

每个人都有自己做人的原则，也许这就是关公之所以是关公的缘故。关公没有笼络住人心，其实也是和他坚守的"忠义信"的品格有关。以守荆州的傅士仁与糜芳为例，是属于没有才更没德，对君不忠对友不仁，根本没有义的"准则"、忠的"态度"。于是在关公的眼里，这等人显然是人品有缺陷，绝不可以为伍，因此根本就看不起他们，后来贪生怕死降敌求荣的行为，更让关公不屑一顾，嗤之以鼻。如果将傅士仁的名字谐音一下："服侍人"或者"不是人"。那么就不难理解关公为什么从不以正眼去看他们。

由此可见，关公更多的是过于自信与直率，而且达到近乎直白的程度，才使得他的行为偏离了正常的运行轨迹。譬如在处理与马超、黄忠的关系上，如果所谓为"史实"的话，关公便直率得近乎鲁莽。假如像某些人，凭着与刘备的关系，提意见时含蓄一些或者婉转一些，甚至偷偷摸摸打个"小报告"之类的；还有在荆州的城防上，如果不是太相信"刘孙联盟"的话，多个心眼提防着"盟友"，也许就不会出现那样对待诸葛亮与陆逊的态度问题。

诚然，一个人直率与自信并不是坏事，但是过度直率与自信而模糊了是非，难免就显得"迂腐"。事实上，政治斗争和军事斗争都是极其残酷的，而处在荆州这样残酷的环境中，关公依然与不仁不义的"友邦"讲义气恋旧情，悲烈的命运就在所难免。假如关公脱离了那个"信义"的轨道，像孙权之流那样只要有利可图就去改换门庭，决然不会被孙权所杀，甚至轮不上孙权劝降，因为或许在土山时就早降了曹操。歌德老人说性格决定命运。那么性格又是什么决定的呢？这恐怕不单单是一个"遗传基因"所能解释的。

雄厚而沉重的历史文化积淀，已经为关公做好了精巧的设计，给出了他一切人生的答案，使他的生命路途中不可能再做别样的选择。因此我们一定要记住关公的历史教训，重新认清与处理好周围的人际关系，客观公正地审视自己的性格，实事求是地打造自己的命运。因为现实中，有关公之直率与自信的人并不多见，但是有陷关公于失败甚至于死地的孙权之类却比比皆是，让我们不可不防、不可不慎！后人对此多有评说，明代曾任山西巡抚的朱实昌作《谒解州庙》记之：

炎运倾西南，四方总尘泅。颠沛借荆州，蜀川权驻跸。吴儿犹附瘿，魏瞒腹心疾。蛟龙自腾骧，熊虎谁可匹？糜盖万人中，颜良已伏锧。番然策马还，此心昭日月。威名振中原，计前岂后恤。鞲舻起阿蒙，掣肘功未悉。壮哉义勇祠，后代尊王秩。鸣条连桑梓，雷首共巇崒。竭虔已采苹，置像欲颂橘。侯神日在天，山河为郁郁。

30 关公何以笑孙曹？

"'忠义'二字，团结了中华儿女；《春秋》一书，代表着民族精神。"这就是对孔孟学说的重要发展和补充。现在看来，关公之所以被万世敬仰，是因为他有更优秀的一面。他读《春秋》，行忠义，重然诺，守信用，对刘备及其集团的利益无限忠诚，即使曹操封官赠金，孙权许亲联姻，都终不为所动，其忠义信被百世传诵……

一段不足百年的三国历史，却为世人留下了如此不可磨灭的深刻印象，应该感谢曹操、刘备、孙权三位"开基之主"。不过，在三雄逐鹿中原的那段烽火岁月里，关公是一个特殊人物，他与三方的"主公"都曾有过不可割舍的关系。有道是，人是历史的坐标，三国时代塑造出了关公这样一个几乎完美的人格英雄，不仅仅是为了统治阶级，还为了给社会做一个榜样。其实道德的判断也是一样，只有发自良知才是真实的道德，仅仅依靠沐浴来保持清洁到底是不彻底的。在这方面，关公为世人做出了榜样。

历史是用漫长的多种成分复合的，尾韵转过来又压上首韵的唱词，想要说明的究竟是什么呢？惊天动地的赤壁一战，将三国时期的代表人物曹操、孙权、刘备一起送上了历史的舞台，从而拉开了一场烦扰纷争时代闹剧的序幕。其时在三江口上下的赤壁一带，交战的三方几乎集中了各自所有的力量，上演了"三龙争战决雌雄，赤壁楼船扫地空。烈火张天照云海，孙刘于此破曹公"的大戏。从此以后，东汉末年的历史进程就操控于他们之手，围绕着争夺荆州地区前后进退、左右捭阖，直到关公殉职、麦城失守，三分天下的局面基本稳定。

赤壁位于湖北蒲圻城西北的长江南岸，隔江与乌林相望，因江岸边有座名叫赤壁矶的小山头而得名。与此遥相呼应的是一座金銮山，青竹叠翠，佳树葱茏，山门上"赤壁古风"的楣额，颇有历史遗存韵味。在这曾经的古战场周围，人们留下了许多珍贵的遗迹。当年曹操兵败赤壁途经华容古道，恰逢关公守候从而留下"义释"的美谈。如今路旁高耸一通丈余高的石碑，上刻"华容古道"四个大字，凝聚着已经远去的历史传奇，同时也留下了诸如"舌战群儒""火烧连营""草船借箭""蒋干盗书"等充满智慧与阴谋的故事。或许人们正是基于此，才总结出"少不看《水浒》、老不看《三国》"的醒世格言。

事实上每个人都有双面人生，只是表现得明显与否罢了，而人们对于每一个历史人物的评价与定位，亦存在着如何看、谁在看的价值取向。由于不同的立场、不同的观点、不同的方式，或者不同的地点和不同的环境，得出的结论就不同，甚至是截然相反的。譬如"阴谋"与"智谋"、"英雄"与"奸雄"，虽然形式上仅一字之差，然而反映出的内容实质与是非评价却截然不同，甚至是泾渭分明、背道而驰。

客观地说，刘备、曹操、孙权虽然都是政治家，然而对于关公的看法与做法却截然不同。刘备收关公，是觉得关公义薄云天，能够肝胆相照，所以结为兄弟，一生为自己所用，情同手足；曹操放关公，是觉得关公勇猛过人，武艺超群，为天下豪杰，心怀敬佩之情；孙权杀关公，是觉得关公忠义双全，智勇有加，虽说是英雄，却难以为己所用，不如以绝后患。结果呢？刘备白手起家，纵横驰骋，硬是将汉朝天下三分其一；曹操赤壁虽败，华容脱险，重新"挟天子以令诸侯"；而孙权呢？从此风光不再，后患无穷，只得偏安东吴一角苟延残喘。

回望历史，如果说刘备做人重义、曹操做事为奸的话，那么孙权做人做事都太贼了。曹操之所以被称为奸雄，是因为他是篡臣的父亲。他死后，其儿子曹丕篡了汉朝的江山，人们却把罪责记在了曹操的头上，因为在大家看来，是曹操为曹丕篡汉廓清了道路。曹丕做了皇帝，追称他的父亲为"武帝"。正如明末清初著名文学批评家毛宗岗所言："备之与禅，则父为帝而子为虏；操之与丕，则父为臣而子为君。"如果在一定场合对曹操做一定的解释：那么就是儿子"产生"了老子。

曹丕篡位而立后，掌管全国军政大权，消息传入东吴，孙权当时正忧心忡忡，猜度刘备为夺荆州之事是否就此罢休。倘若刘备出兵东来，既愁力量抵抗不了，更担心曹操乘机从北夹击，于是俯首向曹丕拜表称臣，还将降将于禁等人一并送回，献媚取宠。可是曹丕并不领情，在加封孙权为吴王享有九锡的同时，却强行索取雀头香、明珠、象牙、犀角、玳瑁、翡翠等珍宝玩物。这会儿的"孤家"孙权，根本没有当时斩杀关公的凌人盛气，像个孙子一般忍气吞声摇尾乞怜，直让部下徐盛为此感到羞辱而痛哭不止。

孙权即使如此卑躬屈膝地向曹丕称臣，结果依然是肉包子打狗无济于事。在之后刘备举兵东下、孙权损兵折将难以招架之时，曹丕却趁此之危，竟派张辽、臧霸等人兵分三路偷袭东吴后方。此时幸亏陆逊将刘备打败，否则恐怕孙权早就是泥菩萨过河自身难保了。可见三国争雄中钩心斗角你死我活的争夺，是多么残酷激烈。而早在关公镇守荆州，举兵攻曹"威震华夏"，吓得曹操"欲迁都以避其锐"时，部将蒋济就提出反对意见，理由非常清楚：

于禁等为水所没，非战攻之失，于国家大事未足有损。刘备、孙权，外亲内疏，关羽得志，权必不愿也。可遣人劝蹑其后，许割江南以封权，则樊围自解。

可见曹操远没有孙权的阴险，因为战略中最难防范的是盟友蓄意背叛。关公北伐曹军得手，却令东吴之"盟友"食不甘味、寝不安席，难道不是"同盟"之间的怪事？然而这种情况并非偶然，其实早在赤壁之战曹操败于孙、刘之手时，作为一方"盟主"的孙权，却将眼光瞄向了"盟友"诸葛亮。他认为诸葛亮才华横溢，将来必助刘蜀成就大业，因而与之誓不两生。可见他的爱才方法就是"杀"，只要把天才诸葛亮杀了，东吴的天下就太平了。后来又发现关公也是一个"人物"，所以觉得顶好是把关公也杀了，至少羁留在东吴，令其难成"气候"，足见其眼光短浅、器量狭小，非英雄人物所为也。对于孙权如此低下的人格品质，关公定然是死不瞑目，其在天之灵也无法得以安息。

有比较才有鉴别，曹操的品德与肚量应是高于孙权。刘备无处栖身暂时归附曹操时，因有"衣带诏"在身，常有灭操之意，所以当曹操说出与刘备是并世英雄时，吓得刘皇叔惊慌失措、魂不附体。即使如此，曹操也并未杀刘备，尽管刘备已是曹操的瓮中之鳖，杀之并不费吹灰之力。因为在曹操看来，既然同是英雄，就应当惺惺相惜，与其驰骋疆场，决胜千里，一显雌雄。若以阴谋诡计或一时机缘毁害英雄，这事本身就不为英雄之所屑。

相比之下，孙权就是小炉匠把式，你说你杀了关公，就应该好汉做事敢当敢为，谁知却似偷鸡摸狗一般，将关公的首级送予曹操：你不是憎恶刘备吗？你看我将他的二弟关公杀了，正是为你"老"报仇雪恨。其实明眼人谁看不出，这是在嫁祸于人，拿曹操开涮，让刘备恨你曹操不仗义气，说不准刘备就以为是你曹操让我杀了他的二弟，从而挑起"二虎相斗"。你看这孙权，不正是挖个陷阱让曹操往里跳吗？正所谓一箭双雕，自得其利。

不过这天下既然能够称雄一方，有几个如阿斗一般？何况是"古今来奸雄中第一奇人"的曹操。孙权做事真小家子气，缺乏大丈夫的气度。你看关公过五关斩六将名正言顺，杀得理直气壮。若是放给孙权，一定是一边杀人，一边又向曹操示好，不过这种做法鬼才会信哩。难怪曹操这里见到首级，就知道孙权是给他往火鳌上送哩，所以即刻以高规格的礼仪安葬关公，让孙权始料不及，直后悔自己是背着儿媳妇过河，吃力不讨好。

那么再看看刘备的为人处世。关公被孙权杀戮后，刘备明知伐吴会使孙刘联盟毁于一旦，也会为曹操篡夺汉家江山提供最佳良机。但一向对诸葛亮言听计从的刘备，却不顾包括孔明、赵云在内诸多文臣、战将的劝阻，一意孤行。当秦宓以"上陈天时必无其利"再加规劝时，一向以仁厚为本的刘备竟怒火中烧，将秦宓投进大牢……此时刘备已在成都建蜀称帝，一国之君不顾江山社稷铤而走险，御驾亲征为一员大将复仇，如果单从刘与关的君臣关系解释，于国于家于情于理于己于人都难以说通。不过以践"桃园三结义"之誓言来讲，倒也是顺理成章的"大义之举"。

用现在的眼光来回顾对待关公去世后的态度，刘备的做法当然无可厚非，真正的朋友，如同嵌在自己心灵天幕上的星星，如果其中一颗陨落，就很难再去填补。可见关公与刘备之间的关系，是对人类友谊最经典的诠释，自古至今难以寻出第二例来。不过对于曹操和孙权在隆重礼葬关公的做法上，却应该有一个全新的理性认识。

在中国有皇帝的时代，忠义是做人的大节，也是统治性意识形态的基本内容，任何两个或者多个在政治和战场上竞争或者厮杀的对手，都不能不提倡忠义。因为每个竞争的胜利者，即使自身有着充分的正当性，当面对对方宁死不屈的效忠故主者的时候，如果不能招降他们，至少在杀了他们的同时也要表示对这种行为的钦敬，以厚葬、抚恤亲族之类的举动以示表彰。在对待关公死节的态度上，曹操与孙权就是迥然不同的典型，尽管曹操这样做的时候一肚子的不乐意，不过只要你不想沦为草寇还想成点气候，任谁都会这样做的。当然，并非是为了祭奠死者，更多的是表演给活人观赏以换取统治资本。如此而论，孙权就略逊几筹。

天底下金无足赤，人无完人，公道自在人心。有句俗话很有哲理：明枪易躲，暗箭难防。回顾关公一生的所作所为，吃亏就在于将义融入血液里，于是外在形式表现出来的就是性格耿直，总以为大丈夫为人处世要光明磊落，堂堂正正，行不改名坐不更姓，绝不能朝三暮四阳奉阴违，所以他以为天下的人都会与他一样，胡同里扛椽——直来直去。岂不知世界上好多少事，坏就坏在这个"直"字上面。

因为天下的路多有弯曲，正如长城顺势建，黄河九道弯，所以需顺着弯势来走才能够到达目的地。你若执拗着直走不绕弯，结果就要碰壁就会翻船；若你真的不回头的话，那么肯定是要碰得头破血流。因为人直了就缺心眼儿，脑子就不喜欢转弯儿，就容易犯迷糊上当受骗。而且会觉得说话办事都应该按规则来，不曾想有的人会在袄袖里耍拳，门后边踢腿，根本不按拳路来出拳。常常正直人是吃了哑巴亏，只好打碎牙往肚子里咽，甚至是一着不慎成千古恨，把小命搭进去，也没有醒悟过来。

用逆向思维辨析，不按拳路来并不可怕，只要你留神了、提防了，或者说是下决心提高自己的拳术，即使还是输了，也只能怪自己技不如人。怕就怕与你交手前，对方信誓旦旦地说，一定要采取那种规制，但一出手你按套路来了，他却是别的招数，叫你防不胜防。就恰似眼下时髦流行的脑筋急转弯，忽悠得你去了枉死城，还以为住在姥姥家里。譬如关公在与陆逊的交往中，就生生上了这样的当。

我们河东有句俗语，叫作"宁和尖尖打一架，不和憨憨说句话"。如果稍微山寨一下，改为"宁和直人打一架，不和奸人说句话"，用此给关公性格做一注脚，就会觉得不仅很有道理，而且是一针见血、入木三分。因为和直人打架，即使受伤了甚至是缺胳膊断腿，抑或像关公中了庞德的毒箭，总之是在明处，就算是刮骨疗毒般的痛苦，也知道该如何疗治。

但是奸人就不同了。他与你说话时往往不从正面来，明明是算计你的话，却让你从话音里根本听不出来，话里有话。就像是老百姓说的"麦衣皮里使水"，表面上与别的麦衣皮没有什么两样，但里面内容就不同了，水淋淋的。那水也许是糖水也许是毒药，或者是放了蜜的毒药，正宗的"口蜜腹剑"，让你喝着很甜，因而就喜欢喝，时间长了毒性才会发作，你就会慢慢死去，完全是不知不觉的。临死前，也许还会为这位奸人表示留恋或者祈福，而且是真心实意的。

那奸人呢？一定是在现场，只是一个劲儿地笑。那笑肯定是奸笑，皮笑肉不笑式的，藏在内心深处的毒笑。甚至像鳄鱼一样，还含着几滴眼泪，就连当事人也根本不易察觉。当然那痛苦是装出来的，但表面非常诚恳，看上去比你的真正朋友还要悲哀。不然的话他怎么能算上奸呢？只是那些奸人们，可以永远欺骗某些人，可以偶尔欺骗所有人，但是不可能永远欺骗所有人。

刘备、曹操、孙权三人谁更为奸呢？对于历史人物的功过是非，后人自有评说。难怪关公对于三人的态度各不相同：对曹操是敬而远之，对孙权是拒而骂之，对刘备则是死而为之。元朝周午曾作诗道：

三国鼎峙列九州，群飞择木各为谋。云长天挺万人敌，不事他人独事刘。虽为君臣情骨肉，此岂汉贼所能禄。仲谋不度来求婚，遣使甘言只受辱。奋髯北伐将徙都，白衣狙诈芳仁呼。赤帝不灵天既厌，荆蜀中断绝一隅。人亦各为其主耳，南昌局量非曹拟。嵯峨一冢余千年，长使英雄泪如水。

第六章 众望所归，
千年筑就神坛路

关公成为最高神祇，是众望所归，不过也并非一朝一夕之功。他在众人的簇拥下，经过一千多年的跋涉，才由"万世人极"上升到"神中之神"。如果按照关公的性格分析，他一定不会想到，自己身后会陷入似神似人的尴尬境地……然而这一切，又该由谁来承付"埋单"的责任。

31 关公的殁后显圣

正是因为关公在中国社会和人们心目中的特殊地位，所以自一代英杰关公被孙权杀害后，死而不屈，烈烈阴风不散，他的神话传说也渐渐开始出现。尤其是在他的家乡和生活过的地方，广泛流传着关公显灵护民的神话与传说，在那每一个看似孤独的景点里，都有着一个美妙的传说故事……

静中含动流而生变，高岸陵谷沧海桑田，关公走上神坛，是中国传统文化给他提供的必由之路。因为在近六十年的人生中，他策马横刀驰骋疆场，笑傲江湖征战群雄，辅佐刘备完成鼎立三分大业，谱写出一曲令人肃然起敬的人生壮歌。往事已矣，教训永存，南北朝史料中，不乏武将仰慕关公"国士之风"及忠烈神勇的夸赞，但真正使他从历史风云中脱颖而出，形象发生突变的，还是宗教信仰因素。

惠特曼有句名言："没有信仰，则没有名副其实的品行和生命；没有信仰，则没有名副其实的国土。"旧中国的历代统治者深谙此道，因此创造出许多神祇作为控制人心的法宝。在那波澜壮阔的烽火生涯中，关公早已被千锤百炼为灿烂昭然的金子，拥有英雄传奇一生的他，成为后人集"忠义仁勇信"

于一身的道德楷模。如此金贵的英雄人物，让其湮没于风雨尘埃之中，天理不容，老百姓也不会答应，当然统治阶级更不会放过如此良机。因而关公走向神坛的第一步，应是从其神灵"显圣"开始。

当阳玉泉寺至今还保留着智者洞、明代"关云长显圣处"、清代"最先显圣之处"等石碑。但是关羽为什么会在此地成神，是很多理性思考的学者始终没有弄清的问题。一般都因《三国演义》中描述关公殁后"玉泉显圣"、皈依为佛教伽蓝的故事，将关公位于佛寺"伽蓝殿"中，仿佛司阍坐守的门卫。这其实是与关公南北朝时先已在荆州被当作城隍神，而后与佛教本土化过程作用密切相关，在当地至今仍留存有丰富的遗迹文物，包括2005年在当地北宋城隍庙遗址中发掘出来最早的关公陶像。而荆楚历来都是巫风特盛之地，外来宗教很难传入，所以才借助关公在当地的影响落地生根。

是金子就要发光。这句话之所以能够成为格言，是因其朴实无华而又饱含哲理。如今的关公，是一个真实与虚构相融汇的人物形象，而且这尊"万能之神"已经超越国界，成为举世公认的神灵"大亨"。在读解历史、认知时代的过程中，他一天天被塑造、被解构，最终成为历史和时代的复制品。作为祖辈道德观念的"人质"和封建祭坛上的"牺牲品"，他彻底地告别了自由，也已不再是普通人的躯壳。他是帝，是圣，是神，高居于庙堂之上，脱俗于尘世之间，成为中国封建社会后期上至帝王将相、下至士农工商广泛顶礼膜拜的神圣偶像。

天不变道亦不变，是道家的根本宗旨。对关公的信仰与神化，是发轫于平民百姓而盛于宗教信仰的，因为关公是深受人们爱戴的英雄人物。在百姓的心目中，关公生之为神，战之为尊，这样一条上苍派到人间的青龙，何以能败在"碧眼小儿、黄须鼠辈"的孙权手下，落个身首异处的结局？于是为了获得心灵上的慰藉，百姓们便根据"善恶报应"的思想，为关公找出一条光明磊落又充满神奇的道路，编造出关公殁后显圣的种种神话，既表达了对关公的崇拜敬仰，又满足了善良人们的心理需求。所以当关公命悬一丝时，便顺理成章地受到神灵的召唤，回到天堂去做受世人崇拜的差事。难怪在他麦城兵败突围，遭吴兵前堵后截走投无路之时，忽然听到空中有人直呼其名："云长久住下方也，兹玉帝有招，勿与凡夫较胜负矣。"关公闻言顿悟，遂不恋战，弃却刀马，父子归神。

凡人与神灵有时也许就是咫尺之遥，然而并非所有的人都能够跨越这条鸿沟，享受此种殊荣。因为关公本是人们心目中的英雄，遭暗算导致兵败被孙权所擒，宁死不屈大义凛然，所以最终应是躯壳被擒灵魂归天。只有这样，百姓才会感到心灵略有慰藉，并将其提升至与至圣先师孔子齐名，为此古人有联云："先武穆而神，大汉千古，大宋千古；后宣尼而圣，山东一人，山西一人。"以岳飞与孔子为关公作陪，形象地描述了其"大义归天"的壮举，评价可谓之高。

经历过生与死的关公，并不知道这后来的褒贬之事，其时也没有那么高的情操境界，心中只是为失荆州而悲愤，觉得既对不住蜀汉也对不起兄弟和军师。据说关公被杀以后，难以排解心头的悲愤，虽然身首异处，灵魂却不甘失败，在荆州一带四处游荡。这种居无定所的日子固然不太好受，于是罗贯中汇集后世种种的传说，让关公的灵魂经过佛教的洗礼，然后得到升华走进了神灵的殿堂，从此护国佑民，达到了一个新的理想境界。

由于"显圣"有着跨越时空的神奇功能，所以一直成为历代各地关公传说津津乐道的主要内容。尤其是"玉泉山关公显圣"一节，甚至被不愿说"怪力乱神"的明儒罗贯中写入了后世广为流传的《三国演义》文本，也是构成后世"关公信仰"的基本依据：

却说关公英魂不散，荡荡悠悠，直至一处，乃荆州当阳县一座山，名为玉泉山。山上有一老僧，法名普净，原是氾水关镇国寺中长老，后因云游天下，来到此处，见山明水秀，就此结草为庵，每日坐禅参道，身边只有一小行者，化饭度日。

是夜，月白风清。三更后，普净正在庵中默坐，忽闻空中有人大呼曰："还我头来！"普净仰面而视，只见空中一人，骑赤兔马，提青龙刀，左有一白面将军，右有一黑脸虬髯之人相随，一齐按落云头，至玉泉山顶。普净认得是关公，遂以手中麈尾击其尸曰："云长安在？"

关公英魂顿悟，即下马乘风落于庵前，叉手问曰："吾师何人？愿求法号。"普净曰："老僧普净，昔日氾水关前镇国寺中，曾与君侯相会，今日岂遂忘之耶？"公曰："向蒙相救，铭感不忘。今某已遇祸而死，愿求清诲，指点迷途。"

普净曰："昔非今是，一切休论；后果前因，彼此不爽。今将军为吕蒙所害，大呼'还我头来'，然而颜良、文丑、五关六将等众人之头，又将向谁索？"于是关公恍然大悟，稽首皈依而去。后往往于玉泉山显圣护民，乡人感其德，就于山顶上建庙，四时致祭。后人题一联于其庙云：

赤面秉赤心，骑赤兔追风，驰驱时，无忘赤帝；

青灯观青史，仗青龙偃月，隐微处，不愧青天。

从此关公顿悟皈依，开始踏上漫漫的神旅之路。事实上，神话是人类智慧的结晶，有着与人世间极为相似的境界。也许关公刚刚进入神的序列，还没有脱去凡人的陋俗，于是先试了两招"显圣报仇"的伎俩，就让孙权和曹操饱尝了惊吓的苦果。关公的死，本与孙权脱不了干系，然其却想嫁祸于曹操，将关公的首级送到洛阳。也许一开始曹操并没有太多的思考，兴许还有一些沾沾自喜，甚至有些幸灾乐祸。可是当：

操开盒视之，见关公面如平日。戏曰："久不得见将军也！"言未讫，则见关公神眉急动，须发皆张，操忽然惊倒。众将急救，良久方醒，吁气一口，乃顾文武曰："关将军真天神也！"遂设牲醴祭祀，刻沉香木为躯，以王侯之礼葬于洛阳南门外……

曹操这种做法，孙权肯定没有想到。眼看是竹篮打水，闹不好必然引火烧身，便也学曹操，用纯金铸了个人头，连同尸体举行了一个高规格的葬礼。这让曹操偷着乐：早知如今，何必当初？孙权也想，反正杀也杀了，葬也葬了，想你关公还有什么能耐？再说荆州也收了回来，总算去了"孤家"一块心病，所以就摆起了御宴。还把最大的功臣吕蒙拉坐在自己身边，好给其他人做出个样子：看我孙权奖罚是多么的分明。然而孙权怎么也没有想到，这庆功宴却变成了"催命勾魂餐"，好端端地闹出人命来：

吕蒙接酒欲饮，忽然掷杯于地，一把揪住孙权，厉声大骂曰："碧眼小儿！黄须鼠辈！还识吾否？"众将大惊，急来救时，蒙推倒孙权，大步向前，坐于孙权位上，两眉倒竖，双眼圆睁，而言曰："吾自破黄巾以来，纵横天下三十年矣，今被汝奸计图之，吾生不能啖汝之肉，死当以追吕贼之魂！吾乃汉寿亭侯关公也。"权大惊，与大小将士慌拜于地。只见吕蒙七窍鲜血逆流，死于座下，众将见之，日夕悚惧。

走进神灵世界便会发现，人们推崇的诸神连同关公在内，其实只是一种象征，一种符号，也是善良人们的一种偶像寻求和一种心灵依附。它们象征着对吉祥、威力和正义的企盼，也是寄托着人们渴望惩罚邪恶的愿望、祈求与慰藉。关公生前"忠义信"在身，死后依然爱憎分明，魂系蜀汉刘兄，所以临沮遇害后，刘备在成都：

自觉浑身肉颤，睡卧不宁，起坐内室，秉烛观书，愈觉神思昏迷，乃伏几而卧。就室中起冷风一阵，灯灭复明，抬头见一人立于灯下。玄德问曰："汝是何人，黄夜至吾内室？"其人不答。问之三次，皆不应。玄德疑怪，自起视之，乃是关公于灯影下往来躲避。玄德曰："贤弟别来无恙？夜深至此，必有大故。吾与汝义同骨肉，因何回避？"关公泣而告曰："愿兄起兵，当雪弟恨！"言讫，冷风骤起，关公不见。玄德忽然惊觉，乃是一梦，时正三鼓。

显圣是关公大义归天走上神坛的精彩亮相，除了民间口耳相传不可替代的作用外，文人们也摇旗呐喊推波助澜，成为另一支不容忽视的有生力量。以上"惊吓曹操""骂权索蒙"和"泣告刘备"的情节，皆源于罗贯中的《三国演义》，当然不是历史史实的真实记载，无非是为了神化、美化关公罢了。在其笔下，关公与逐鹿荆州三雄的关系，不仅生前泾渭分明，即使死后也爱憎依旧，或许正是罗老夫子的高明之处。著名军旅作家李存葆在其《东方之神》一书中写道：

小说本是伟大的谎话，但这"谎话"有时比真实更见真实。人的个性里蕴含着思想，有性格魅力的人犹如天上的行星，其行为总是按其个性的轨迹运行。鞭打督邮，本乃刘备所为，罗氏将这顶高帽戴在张飞头上，不仅在尺寸上严丝合缝，且更能弥散出张飞个性的气味。以关羽那寒光凛凛的青龙偃月刀及他那万死不惧的个性，将三国中某些骄人的战绩嫁接关爷身上，亦完全符合关羽的个性特征。

罗氏写关羽的英武，其手法近似国画中的泼墨大写意，在粗犷恢宏的画面里，更能显示出关羽英武的神韵。一个文章高手，必须能同操几副笔墨……

不过关公殁后成神而显圣，并不是罗老夫子的首创，早在《三国演义》

成书以前就已在民间广泛流传。遍览宋代以来的闲抄野史宣卷方志，尤其是民间的逸散传闻，有关关公显圣的故事俯拾皆是。可以说罗贯中是顺从了民意，把握了人们的心理，将从民间搜集起来的传说，经过精心的艺术加工，成为更加优美的文学作品，又还原给了人民大众，从而得到更为广泛的传播。

罗贯中是元末明初人，家居山西太原，与关公算是半个老乡，少年时就博学能文。当时正值元末战乱，由于生活所迫，罗贯中只得以写小说谋生，除《三国演义》外，还有《隋唐志传》《残唐五代史演义》《三遂平妖传》和杂剧《赵太祖龙虎风云会》等。不过他的众多小说中，尤以《三国演义》最负盛名，被誉为"第一才子书"，是中国历史上迄今为止对百姓影响最大的历史小说。

所以关公显圣的功劳，不能仅仅归于罗翁，因为在华夏漫长的农耕社会里，神灵是人们的一种精神寄托，而中国历来即有一个得道升天的道教天堂和一个生死报应的佛家的地狱。早在汉魏时期，社会上就流行着一种所谓"天人感应"的学说，人的吉凶可以预测，善恶终有报应。于是充满英雄传奇一生的关公，已不再是普通的凡人，最终走上中国传统文化的道德神坛，名声逐渐跃居历代名将之上。元朝李鉴作诗《题大王冢》，赞叹道：

炎汉安危佩此身，垂成功业委枯榛。傅糜惧罪生狂计，蒙逊阴谋谬见亲。自许以南皆失望，吞吴而下岂无因。三分往事成陈迹，椽笔称量自有神。

32 关公的神异传说

民间传说，是人民群众集体创作、口头流传，并在流传过程中不断经过集体创作和加工的产物。关公既然成了神明，当然他的生前出身和出世过程，就一定有着与众不同的神奇。不仅如此，许多传为当年关公活动过的地方，都因其神话传说而成为世人竞相凭吊、探访的胜地，饮誉四方……

在旧中国，历代名将贤臣死后多被百姓奉为神灵，屈原《国殇》中"身既死兮神已灵，魂魄毅兮为鬼雄"的吟咏，就是对这种人鬼一体的信仰所做的最早的诠释。随着佛教传入中国，又增加了生死轮回的说法，认为人死之后，善者升入天堂，恶者将入地狱，成为人们对好恶是非的评判标准。以"忠义仁勇信"而著称于世的关公，也没有摆脱这个由人而神的轨迹。广大民众从自己的思想、感情、意志、要求和愿望出发，创造出许许多多五彩斑斓的故事，不仅给生前的关公涂上了一层神秘的色彩，而且为殁后的关公赋予了神奇超人的力量。

烟绕千年古柏，更有仙界味道，漫步在关帝家庙里，到处翠竹繁茂，古柏荫浓，这里的一草一木，无不长满着历史的苍苔。虽时过境迁，人均作古，但目睹此情此景，也会让人产生遐思。关公自人而神而仙后，便进入了天国，从此在天国里的行为，并不受客观条件的限制。据说当年关公出世的那声啼哭，就是从这里发出的……娘娘殿的古桑，看似寻常却有着与众不同、"神"气十足的地方：底部五根根茎裸露地面，犹如巨龙的五个利爪牢牢抓住大地，而树身高约五米处，也正好伸出五根粗枝，与五根裸根上下对应，恰似人工有意雕造的一样和谐。相传家庙里供奉着关公五代人氏，象征着关家"五世同堂"。

树木被人格化，是神异传说的主要手法，更有几分神灵的韵味，供人们欣赏。是天然的巧合还是人为的编造？在娘娘殿后也有一棵树干开裂、树心几乎全空的柏树，却依然枝繁叶茂。相传当年这棵柏树枝干粗壮，有一贪心财主，想给自己做一副上好的寿板，夜里偷偷派人去刨，忽然一道霹雳炸天而响，将此柏劈为两半。从此这个财主噩梦不断，便急忙请来铁匠用铁箍将树干固定，时而烧香祭拜，至今铁箍仍清晰可见。

是否就像传说的那么神奇呢？我不敢苟同，其实这只是一种心灵的企盼，一种希冀的寄托，没有必要去分辨真伪，因为它原本就不是科学的东西。在百姓心目中，关公是神格最高贵、神职最多样、神性最正派的神灵，所以每逢疑难之事百思不得其解时，就会以各种途道去寻找关公神迹，用以排解心里的困惑，得到一缕满足的慰藉，也是人之常情。在《解梁关帝志》中，关公"救水厄"的记载，就被描绘得神乎其神：

（明朝）隆庆年间，广平府淫雨浃旬，山水暴涨，浸入东门，城中男妇嗷号，震天动地。顷见城上云雾中，关圣一脚踢倒城门楼，櫺门以填实，略无罅隙，用是雍住水头，城得不没。

关公既然是忠义之士，在为百姓大众施"义"的时候，就不会忘记对民族、对国家的"忠"，坚守着作为神灵"佑国护民"的"信"。尤其是国难当头的时候，就更能体现出这位"烛影长悬周日月，炉烟不散汉风云"盖世英雄的"忠勇信义"来。而这种行为恰恰是诸如孔子一班文人们所束手无策的，所以更为人民大众津津乐道传颂不已。而且关公"忠国义民"的"信"，还多表现在抗击外辱中，更体现了他的民族气节。

从现存资料看，关公最早作为"抵抗外侮"象征的资料，出自于宋代建炎年间的关庙"劝勇文"。岳飞也曾以关、张为榜样，努力北伐，收复中原，现存山东广饶县的关庙大殿就是那一时期的原构。以后每遇外来侵略，关公总是作为中国人武勇精神的象征。明朝末年，倭寇屡犯我东南沿海，因为是朝廷办不了的事情，所以就只得找到关公，于是"关公伏倭寇"的故事就被渲染得玄之又玄。倭寇疯狂进攻福建仙游城，其时南门内有一座关帝庙，守城正在吃紧时，有人看见关公将城门紧紧锁住，然后披挂上阵，单刀匹马与倭寇鏖战，直杀得倭寇屁滚尿流，一败涂地。当守城官兵入庙参拜关公时，只见帝像汗水涔涔，略有疲倦意。

一部中国近代史，写满了华夏民族的耻辱与屈服；一次次的海陆折戟，一次次的龌龊割让，让人们承受着难以名状的悲愤。在忍无可忍又万般无奈的情形下，善良的人们只好一次次祈求关公，在冥冥之中希望寻求他的保护，以解除心灵上的沉重负担，同时也喷发出内心压抑的愤怒与渴望。

想想也有道理，关公既然是无所不能的神灵，又是"忠义仁勇信"的化身，国家民族兴亡之际、百姓大众受难之时，舍他还有谁能够担此大任？抗日战争中，关公在全国各地屡屡显圣的传说层出不穷，而且抗战中牺牲的中国将领军衔最高者张自忠上将，就被誉为"活关公"，这里面到底有多少故事值得回顾？

据传日军山田司令率兵进犯解州时，曾数度炮击关帝庙而不得中，大惑不解。占领解州以后便虔诚地来到关帝庙，先是屈膝弯腰敬拜关公圣像，接着才摇签打卦，卜问能否渡过黄河直取西安。不料签上的谶语却让山田心惊肉战："过河不难，兵马死完。"于是山田怒火中烧凶相毕露，欲拔刀去砍关公神像，谁知刀刚出鞘就断为两截，顿时吓得他惊恐万分、魂飞魄散。然而就在他如丧家之犬夺路而逃时，却如当年吕蒙一般倒地吐血而死。

山田仅仅是个个案，香港出版的《武圣堂集》中，载有这样一则奇闻：1942年日军空袭南宁，市民妇孺多躲入天主教堂。谁知日军竟丧心病狂，教堂也不能幸免，炸弹呼啸而来，在上空炸响。人们只好扶老携幼，逃出教堂向郊区四散跑去，日机倾盆般的炸弹接踵而来。然而奇迹出现了，所有的炸弹都被电线杆上霉旧的电线接住，一枚也未能落地爆炸。据说有人亲眼看见，当日机狂轰滥炸时，空中有一红面长髯骑马的大汉，将炸弹一一用刀接住。

这些故事和传说，情节离奇而优美，虽然是不科学的，有的甚至带有封建迷信色彩，但它反映了人们对某种奇异自然现象的认识和理解，也成为将关公推上神坛的一条重要途径。对于此，著名军旅作家李存葆先生就曾这样写道：

明末、清末、民初及抗战时期，那些难以历数的关公显圣战敌酋的故事，大都有发生的时间地点，目睹者有名有姓，有的甚至还是名人。但今日视之，我们敢断言它们无一不是当时的人们凭借想象力而杜撰的。明代倭寇偷袭鹏城时的帆折船沉，抑或是台风骤来所致……至于其他关公显圣御敌的故事，抑或是有人故意假托虚言，来激励民众之斗志……

纵观关公在国难当头的"显圣史"，无疑是中华民族苦难史的一种缩影。有些传说固然是那样荒诞不经，但他们仍不失为我们这个民族用屈辱和生命写就的一份特殊的带血的文化遗产。

岁月悠悠，逝而不返，然而因为是神灵之故，关公的出生、逝世都有着与众不同的现象，身后也流传着神异的事情。只有这样，才能深刻具体地反映出他的光辉形象和人格魅力，才会被百姓大众所接受，成为他们无所不能的保护神。假如没有祖祖辈辈相互间的口耳相传，也就不可能有今天的民间文学，关公的一些优美动人的故事也就不可能历久不灭流传至今。也许正是如此，整个社会才对关公的"信义"充满了虔诚，从而也更加符合人们对他崇拜的愿望，预示关公从诸多三国人物中脱颖而出，成为"当时义勇倾三国，万古祠堂遍九州。阶下苍松高百尺，气冲霄汉未能休"的万能之神。

其实人生在世每个人都有信仰，有的人信神鬼、信佛陀，有的人则不信，由此而区分为有神论者和无神论者、宗教徒和凡俗人。这种划分是否科学，我们倒不需要刻意计较。因为在每个人的人生旅途中，是否相信上帝、佛、真主或者别的什么主宰宇宙的神秘力量，往往取决于个人所隶属的民族传统、文化背景和个人的特殊经历，甚至取决于个人的某种神秘体验，这是勉强不得的，因而才会有宗教与信仰自由之说。不过一个人可以不信鬼神，但不可以不相信神圣，不能没有信仰。关公始终将"忠义仁勇"作为信仰，放在做人做事的首位，一生从不曾放弃过，因而将人生演绎得光彩夺目。事实上，任何人失去了信仰就等于失去了人格，失去了做人的准则，就等于没有了灵魂，如同一具行尸走肉。

信仰的人们对"神圣"不但崇拜，而且有所敬畏，在他们的心目中，总有一些东西属于做人的根本，是亵渎不得的。他们不是怕受到惩罚，而是不肯丧失基本的人格，不论他们对人生充满着怎样的欲求，他们始终明白一旦人格扫地，他们在自己面前也就失去了做人的自信与尊严。在这一方面，关公为我们做出了榜样。明人徐学聚作诗《谒玉泉山庙》赞道：

将军忠勇高千古，权操奸凶艳一时。谁与当年论胜败，还从身后定雄雌。台荒铜雀春无主，锁断长江水自卑。唯有侯祠弥宇宙，英声大节动退思。

33 关公的官方褒封

也许需要便是存在的前提，关公走上神坛，就是各方面需要的结果。从南北朝开始，直到清朝末年，关公"侯而王，王而帝，帝而圣，圣而天"，褒封不尽，庙祀无垠，名扬海内外，甚至与孔夫子齐名，并称"文武二圣"。人们不禁要问，本是从偏乡僻壤里走出来的一介武夫的关公，何以有如此道行……

综述三国历史，其实是记述了从分裂到统一的过程，这在中国历史上颇具代表性。五代后的各族分治局面，已经形成了代表"国家民族精神"的"忠义"精神，而"靖康耻"导致国破家亡的惨痛教训，更使宋明理学家深切地认识到国家统一才是避免战祸丛生、社会动荡的唯一途径。关公本是真人实事却被逐渐神化虚构，尤其是统治阶级们的祭拜，实在是出于对自己江山千秋、生活奢华更多的需求与更大的希冀。历数中国有记载的500多位皇帝，有多少真正是在为百姓安康、大众幸福而祭拜关公呢？设若偶尔有那么几位，大抵也是为了装点门面，或者真的是怕关公显圣，惩罚自己心地不诚，最终失去"既得利益"而已。

其实关公生前并不很"得志"，除曹操奏请汉献帝封其为汉寿亭侯外，刘皇叔赐给他的职位先是荡寇将军，后为前将军、襄阳太守、都督荆州事务，最风光的也就是名列蜀汉"五虎上将"的名分。直到他殁后的41年，也恰是他100周年诞辰之时，蜀汉后主刘禅才想起他的这位"关二叔"，于是追谥了一个模棱两可、不平庸也不荣耀的"壮缪侯"。不过自他贤侄偶然灵光一现后，接下来便有些销声匿迹的意思，自魏至唐名气都不很大，偶有记载言及却也只称为"关二郎"，大约是以结义时的排序，尚视为人鬼之流，仅仅是一位忠于史实的英雄与义士。直到唐德宗建中初年，不知是哪位史官也不知出于何种原因，尊关公为古今64名将之一，奉祀于武庙之中。

那么在后来关公却为何能够平步青云，发展得如此之盛呢？事物的发展自有其内在的规律。对于关公的崇拜，是起于朝廷而传于民间，因为历代封建统治者为了自身的基业，很需要为臣子们树立一个忠君奉主、守节尽义的学习榜样。而关公不受利诱、不怕威逼、节烈刚毅、始终奉一的品质，正好符合这一要求。因此统治者们无比夸张和渲染他的"忠义仁勇信"，其目的就是希望有更多的文臣武将像他那样，尽忠义于君王，献勇武于社稷，守信诚于朝廷，成为维护其封建统治的守护神。同时封建统治者为了江山不朽、家传天下，就必须对付来自各方的反抗势力，在武力镇压的基础上，还要搞强大的精神威慑，使他们从心底里折服、不敢犯上作乱。

将关公作为神灵供奉，始于南北朝时期。其时战争频繁杀伐剧烈，各个小朝廷为了自身的安危，都极力鼓励将军们建功立业效忠皇帝。关公在三国历史上一直以"兴复汉室"为己任，也因此在北伐统一途中殉职，深合其时倡导的国家统一、社会安定的主张。何况《三国志》本传中说关公"好读《左氏传》，讽诵略皆上口"，成为后世把他塑造为捧读《春秋》"文关公"的标准造像。在众多的皇帝中，大约要数南朝陈国皇帝陈伯宗聪明，不知为何一夜间心血来潮，突然在智𫖮和尚的导演下，编出了个"关羽显灵成神"的故事，并于光大年间（567—568年）在当阳县城东15千米玉泉寺西北，为关公立庙祭祀，从此开始了奉祀关公的漫漫之途。

奉祀是儒家视为国家大事的重大典仪，在他们看来，君主的基本职责，就在于运用祭祀来宣示文化政策，运用战争来表达领土和统治意志。除了例行敬天法祖的"月渎""祖先"崇拜之外，唐王朝时一项深远的文化建设，就是宣布以国家大典来祭祀孔子和姜尚（太公望，即姜太公、姜子牙），以明示价值体系的引导取向。安史之乱后的形势变化，使朝廷祭奠的价值取向也发生了相应偏移，开始大幅度地增加武王庙祀。于是关公、张飞开始进入了祭祀的行列，不过充其量只能算是一个配角。此后由于关公"显圣"的传说越来越多、越传越玄，特别是关公长期活动和战斗过的荆、襄一带，到处都是显圣以保驾护航的例证，因而关公又增添了"伏魔""降怪"的外衣。统治者正好借此"拉大旗做虎皮"，所以他这个"武神"也就逐渐走红起来。

按说关公是武神，本应掌管兵家之事，但古代祭祀的战神是"兵主"蚩尤。这是一个非常有意思的现象，蚩尤被黄帝所杀，作为一个战败者，却被封为战神祭祀庙堂，难免多少有些滑稽。然而历史上的蚩尤确是一位作战勇猛、毅力顽强的战将，每每上战场都大有九死而无一悔的气势，看来中国人早就有"不以成败论英雄"的传统观念。无独有偶，关公也是一位战败者，同样是被对手割了头颅身首异处的，而且说起来与蚩尤还是紧邻老乡，只与因蚩尤血水化为卤盐的一池之隔。

然而不知出于何种目的，笃信道教的宋真宗赵恒在与第三十代道教天师张继先的共同策划下，竟在这里上演了一场子虚乌有关公大破蚩尤的闹剧，最后以关公的胜利而结局，却也让关公啼笑皆非。这当然只是一个神话，但细究这个神话的产生和影响，就会发现在夸张道教法力的背后，隐藏着绝大秘密：这就是华夏文明起源和国家财政的根基问题。关公自此也由三国蜀汉一名勇将，化身为捍卫国家利益的神灵。不过正是这"让哭的人都能笑出来"的谎言，像一根纽带开始把关公和道教、神权合为一体，使关公堂而皇之地登上了道教的头号尊神，由朝廷下命令在全国大修关庙，并让道士住庙内奉祀香火。

在中国书画界，宋徽宗赵佶绝对可以大书一笔，但是做皇帝却着实不敢恭维，说他是"昏君"也算是宽容的说法。面对金国不断侵扰的危局，"画师"皇帝徽宗实在是想不出更好的办法来，于是就学着他的老祖宗"照猫画虎"，大兴道术愚弄人民，自称是"上帝元子太霄帝君降世"，让朝臣们尊其为"教主道君皇帝"，既当皇帝又当"教主"还兼画师，政教合一并神游画室三不相误，使国家、民间、道教三者信仰正式合流。

宋徽宗当时的真实想法，现在实在是猜不出来，大概是觉得对关公还有亏欠，所以在短短21年里曾4次谥封，让默默无闻了800年的关公连升三级，先封"忠惠公"，再封"崇宁真君"，接着"昭烈武安王"，继而"义勇武安王"。如此，关公不仅由侯而公，由公而王，而且一跃而为"真君"，从此在道教里面有了"贵族"的地位。不过具有讽刺意味的是，"真君"也好，"武安王"也罢，都难以挽救朝政衰败的前景，赵佶只得将皇位让给儿子钦宗赵桓。两年后蒙受靖康之耻，父子俩都做了金兵的俘虏，连同关公的塑像也一同流落到了他国异乡。

一个朝代如果把自己命运的赌注压在神灵的庇佑上，其结果是可想而知的。"暖风熏得游人醉，直把杭州作汴州"的南宋同样也逃脱不了灭亡的命运，最终由蒙古族入主中原。元朝虽说是"外来户"政权，却也懂得利用关公来约束臣子教化民众，所以文宗图帖睦尔刚上台，就将关公的封号改为"显灵"，又加了"义勇武安"的谥词，顿时给人一种全新的视觉。为什么金元之际关公崇拜会如此升温，迅速在北方少数民族中传播开来？始终是一个未解之谜。实际上关公信仰在中国绝大多数少数民族中都有表现，这固然与佛道两教在民族地区的传播影响有关，但是也有融进了他们自己的民族神话的缘故。

也许朱元璋因为出身贫寒，少年时当过和尚的缘故，他不大相信神灵而另有信仰，称帝后的当年就宣布恢复关公的爵位。可能是由于礼官的疏忽或是对汉朝有所看法，反正是将"汉"字遗漏，关公也就成了"寿亭侯"，不过到其儿子朱棣手里，对关公的宣传又变了味儿。朱棣是朱元璋的第四子，始封燕王，带重兵镇守北平，其兄死后由太子朱允炆继位。朱棣心里很是不服，就以"清君侧"为名，率兵攻克南京而夺取皇位，按封建礼教讲，这肯定是名不正言不顺的事情。于是朱棣就编造谎言，说是关公显灵保佑他来当皇帝，如此天意之事，谁还敢说半个不字？

胜者王侯败者寇，登上龙庭做了皇帝，那就是金口玉言。皇帝说关公是神，官吏和黎民百姓也都又把关公由帝改为神来敬，到后来关公的赐封越来越高，就将全国的关庙一律改称"忠武庙"。接着明神宗朱翊钧又应道士张通元的请求，加封关公为"三界伏魔大帝威远震天尊关圣帝君"，于是这位死了1000多年的东汉末年名将，终于登上了帝位，其夫人为九灵懿德武肃英皇后，儿子平为竭忠王，兴为显忠王，就连给关公牵马扛刀的周仓也被封为威灵惠勇公，其庙也升格为"武庙"，与文庙（孔庙）并祀。同时因关公既要在地上"协天护国"，又要在天上"三界伏魔"，所以明神宗还给他搭好"班子"、配齐"干部"，以利于关公兢兢业业办好政教诸方面的事情。

对于关公的奉祀，满族毫不亚于汉民族，而且将这一现象发挥到了极致。还在清军入关前，皇太极就利用关公的"忠义守信"来笼络蒙古族各部落的酋长。清世祖爱新觉罗·福临更是与蒙古族诸汗结拜为兄弟，声言"亦如关羽之于刘备，服事唯谨也"，入关当年，即封关公为"忠义神武关圣大帝"。别看康熙皇帝八岁继位却也很有心计，为了使文臣武将像关公那样对君主忠贞不贰，便声称自己是刘皇叔转世，这恐怕在历代皇帝中是独一无二的。

也许正是这个原因，康熙在西巡途经解州时专门拜谒关帝庙，亲笔书写了"义炳乾坤"的匾额。雍正皇帝也不甘示弱，不仅赏封关公，还追封他的曾祖、祖父、父亲为公爵，均制作神牌供奉。乾隆皇帝更是层层累进，标榜关公为"万世人极"，谥封"忠义神武灵佑仁勇显威护国保民精诚绥靖翊赞宣德关圣大帝"，几乎将中国汉语言里所能找到的最为美好的词语，全部堆砌到了关公的头上。这在中外历史上实属罕见，令其他任何神祇都望尘莫及。

一个事物的形成绝非一朝一夕，对于关公的崇拜更是如此。如果说宋元是发展期，明代是盛行期，那么清人对关公的敕封则达到登峰造极的地步，其原因在于是"外来户"，在入主中原以后，急需找一位忠勇的"替身"来稳定人心，为其长期统治汉人服务。但在可供选择的名将中，岳飞忠够忠，杨家将勇也够勇，可他们都是以抵御外族侵略而著称于世，自然不能入选。于是关公有幸掌管天界、地界、人界，最后被封为"盖天古佛"，连皇室都置于其保护之下，万金之躯的皇帝也要叩头跪拜。金朝诗人张珣作《义勇行》道：

忆昔天下初三分，猛将并驱谁轶群。桓桓胆气万人敌，卧龙独许髯将军。威吞曹瞒欲迁许，中兴当日推元勋。惜我壮谬功不就，竟令豺虎还纷纷。血食千年庙貌古，岁时歌舞今犹勤。君不见天都、灵武巢未复，抚髀常思汉寿君。

34 关公的民间崇拜

在百姓众生的心目中,关公不只是他们崇拜的英雄,而且是敬奉的神明。明清以来对关公的信仰,使之既列为国家祭祀要典,又是民间供奉的对象,关公俨然成为人神之首,与文圣孔子并驾齐驱。而且民间各行各业对其顶礼膜拜,又大大甚于孔子,这种现象,在中国民间诸神中是非常少见的……

读书处世的经验告诉我们,神灵的伟大就在于人们迷信,而大都宁可信其有且虔诚敬奉。这种现象多是在历史的转型期,因固有的模式被飞速旋转的时光打碎,而新的未来又遥不可及,于是从知识分子到平民阶层,都会因心底的迷惘而不自觉地寻找神灵来依托。正是由于无力回天而又心存希冀的二律背反心理,使人们梦想回到神灵世界里去找到灵魂的另一半。不过在我看来,对于神灵的崇拜应是仁者智者,权作一种精神的交流。这交流当然只能是默视,相对问答也是无言的表露。

清人所编《关帝圣迹图志全集》的"题咏"里,收有这样一副对联:"统乾坤以治幽明晋王加帝名天尊千古以来无二;司文武而兼三教兴道佑儒护佛法万世而下并隆。"关公生前的官职仅为蜀汉一名"前将军",最高爵位也不过是曹操表封的"汉寿亭侯",然而死后却为何能够如此风光? 大约是"不识庐山真面目,只缘身在此山中"的缘故,对于这个问题历来是疑问多多,史学界也是大惑不解,海外华人史学家黄仁宇就曾表达过他的迷茫,在其《赫逊河畔谈中国历史》一书中,从现代军事学角度列举"失荆州"过程中关公的种种失误后以为:

只有此书(指陈寿《三国志》)只叙关羽,则想象与现实参半……以这样的记载,出之标准的文献,而中国民间仍奉之为神,秘密结社的团体也祀之为盟主，实在令人费解。

其实就连开创乾嘉"朴学"先河的顾炎武，也同样对此发表过疑问："今南京十庙，虽有蒋侯，湖州亦有卞山王，而亦不闻灵响。而梓潼、二郎、三官、纯阳之类，以后出而反受世人崇奉。关壮缪之祠至遍天下，封为帝君，岂鬼神之道，亦与时有代谢乎？"事实上信仰是有代谢的，这本身就是历史文化演进的正常形态。那么为何唯关公信仰能够经千载而不衰，历六朝而愈盛？原因是多方面的。如今的关公已不再是历史人物，在岁月风雨的洗礼下，已成为不食人间烟火的神灵、某种道德化身和偶像，以及封建统治者用来维护其统治的工具。

一般认为，关公的道德神形象是"历代封建统治阶级提倡的结果"，不过也未必尽然。从中国国家图书馆保存的历代碑刻以及各类典籍记载看，关公作为中国传统伦理道德化身的开始，是由明代"抗倭"中出现的《关帝忠义经》鼓舞士气，提倡团结，为国尽忠等开始的。以后每遇社会性道德危机，总是有人以《关帝戒士文》《桃园明圣经》《关帝觉世经》等来教化世人，提倡忠节清廉。就下层民众而言，关公的崇拜当然与统治者不同，其价值就在于他的义气干云坚贞不二，不过起初信奉关公着实是出于无奈而为之。当眼前出现神异奇特而又无法解释的自然现象时，当遇到百般厄运通过自身力量又无法摆脱时，就只好将命运之绳交予"青龙转世"而神力无比又仗义执言的偶像关公，用以作为其脆弱文化心理的支架，破碎呻吟灵魂的慰藉，实现自我精神枷锁的解脱，所以对关公"仰之如日月，聆之如雷霆"。已故美国匹兹堡大学社会学系主任杨庆堃先生，在认真研究了这个现象后，就曾感慨道：

在当时全国性的人格神崇拜中，没有比关羽更突出的了。关帝庙遍及全国，虽然这位3世纪的武将是作为战神而被西方学者所熟知的，但就像大众信仰城隍一样，关公信仰起到了支持普遍和特殊价值观的作用……神话传说和定期的仪式活动，激励着百姓对关公保持虔诚的信仰，使关公信仰得以不断延续，历经千年始终保持着其在民间的影响力。

不可否认，在封建社会里，刘、关、张三人犹如一体，休戚与共祸福相依，其相互忠诚信任和恩怨分明的赤胆义气，在民间一定程度上赋予了生死与共的内涵本质。于是"结义"成了他们互相扶助、精诚团结的一种组织形式，所以近代江湖上的哥老会、青洪帮等从关公身上汲取了忠义信的思想理念，结拜把兄弟时，经常效仿"桃园结义"的形式，必于关公像前顶礼膜拜，焚表立誓："有福同享，有难同当，未能同年同月同日生，但愿同年同月同日死。"正如梁启超所言："绿林豪杰遍地皆是，日日有桃园结拜，处处为梁山之盟。"

人们对关公的信仰远不止此，由于巫婆神汉之徒，侈言灵验之辈，僧道术士之流竞相张大其说，因此除了军人、武师奉他为行业神崇拜外，就连描金业、烟业、香烛业、教育业、命相家等与之毫不相干的行业也推崇关公，将他演绎为战神、财神、文神、农神，主管天下万事万物，成为全方位的万能之神。凡司名禄，佑选举，治病除灾，驱邪避恶，诛伐叛逆，巡察冥司等，亦非关公莫属。如今连送子娘娘的差事也管，甚至盗贼、罪犯也日拜三次，真是无所不能。

社会各界崇拜神灵，多是各取所需，且不说这种需求的功利性与正当性。皇家拜关公，因为他是顶天立地之神，能够保护其江山千秋相传；官员拜关公，是因为皇帝都拜下僚岂敢怠慢，还因为关公一点头，保你官运亨通平步青云；武士拜关公，因为他是"华夏第一奇勇"威震天下，既是武人楷模，又可点石成金，使你武艺超群战无不胜；文人拜关公，因为他是圣人识文知书，且宽厚仁慈大义参天，保你成才做官；农家拜关公，因为他既是神又是天上的龙，能兴风布雨，又有人间经历，知道农家诸事，所以能够体谅农家疾苦。如此关公神运大昌香烟独盛，经过"包装上市"后，令中国诸神垂涎侧目自愧弗如！

关公之所以神化后能广泛深入人心：贤臣良相敬其忠，武将悍卒尚其勇，豪杰侠士慕其义，平民百姓崇其仁。是因为他们都希望从关公身上得到希望得到解脱，得到自己需要的东西。而且关公也心地善良，有求必应，有应百灵，成为天下最可信赖的神祇。正是如此，经过1800多年的演变，关公早已成为多元化的神明，深深地浸透到了华夏民族的文化之中。所以宋朝曾三异在《同语录》里赞叹道："《九歌·国殇》，非关云长之辈不足以当之，所谓生为人杰，死为鬼雄也。"

英雄死后成神受到人们的敬拜，是中国民间宗教的特色。但是古今多少英雄，能像关公一样世世代代为万民所祭祀、历久不衰且有不断扩展的趋势的人并不多见。这是因为在民众的心目中，关公已成为一位最讲"诚信"的英雄神，因而在各行各业中，商人们更注重关公的护佑，称作"武财神"。关公居然成为主财神，让世人匪夷所思，其实于佛道儒各有渊源解释，尤其是明中叶以后的山西商人周行天下，共同推举关公作为他们"以义取利""以义制利"的集体品牌代言形象以后，更得到充分的理性诠释，也得到徽商等全国各大商帮及众多行业的认同，并随着遍布海内外的地域性或者行业性会馆，发挥其独特的教化功能。

让关公成为"财神"，不是平白无故的，也并非一帆风顺，是经过大浪淘沙般的长期筛选与甄别的。商人拜关公是因为他信义俱全，而且关公年轻的时候在家乡以贩卖食盐和布匹为业，精于理财之道，最擅长算数记账，传说曾设"簿记法"并发明日清月结簿，即为现今一般商人所使用的流水账。不过选择关公这样的历史人物来充当商业的保护神和道德神，也说明了中国社会的两难境地：既要维护商贾的合法利益和要求，又要限制他们的"唯利是图"，所以才会从商界传出"以义制利""以义取利"的种种说法。

商人们一般合伙做生意，最重义气和信用，他们游走天下闯荡江湖，需要彼此相互照应，共同面对困难，所以关公的诚信和义气就成为他们倡导的美德。尤其是晋商发祥之地河东一带商人，以关公作为楷模，提出来"以信为本""以义制义"的带有中国传统道德色彩的经营原则，并共同制订扼制利欲对道德侵蚀的行约。其中处罚最为严厉的是欺骗顾客的行为，而处罚方式却又十分有趣，那就是有欺诈行为的商人出钱请戏班来演"关公戏"。这种处罚性的演出，吸引来周围的人群顾客，自然而然地将"义中取利"的从商理念传播开来，所以后来关公也被称作"山西夫子"，市井百业争相供奉为本行的开山祖师和保护神。

由于关公一身正气神勇无敌，因此也受到全世界的敬重，不仅黄皮肤的中国人信奉，高鼻子蓝眼睛的洋人也敬若神明。当年里根夫人南希为丈夫竞选，曾专程赶到旧金山、洛杉矶等地向关公神像乞灵，求其保佑丈夫竞选成功，结果事如人愿。至今世界各地还有 16～18 世纪西班牙、荷兰、英国等绘制的关公像，也表明他们当年与中国和平通商时，对于关公的崇敬和仰望。正是如此，关公一步步走上神坛，早在300多年前，明人刘翔就曾写道：

条山诸秀毓英贤，盟誓浑如铁石坚。一片忠心扶帝胄，千寻义气压奸权。生看勇略惊诸夏，殁有神威震九天。万古寰宇皆庙祀，吟猿飞鹤满祠前。

35 关公的宗教信仰

"儒称圣，释称佛，道称天尊，三教尽皈依，式詹庙貌全新，无人不肃然起敬；汉封侯，宋封王，明封大帝，历朝加尊号，矧是神功卓著，真所谓荡乎难名。"一副精彩绝伦的楹联，将关公在我国文化中的地位与影响揭示无遗。而纵观中国历史，被儒道家佛都尊奉为圣贤的，除关公之外再无一人……

春秋战国时期的文化方面，曾经出现过百家争鸣的繁荣局面，尤其是儒家与道家。前者是以孔子、孟子为代表，后者则是以老子、庄子为主将，都曾有着很大的影响，倒是佛教其时躲在印度一带还没有"抛头露面"。到了汉代，情况就变得复杂起来，佛教不仅堂而皇之地传了进来，而且发展形势竟然迅猛异常，令土生土长的道教都瞠目结舌。而儒家由于其背负的东西太重，因而脚步显得沉重而缓慢，几乎还没有形成严密的派别。只是由于文化内涵的差异与需求，儒教与佛教、道教互相冲击、互相渗透、互相促进，从而形成独特的中国文化现象。

关公的伟大，就在于心术正，守信义，做事无偏无倚，刚正不阿。但正是由于他没有任何的"政治色彩"，才使得他能够独傲神坛左右逢源，成为中国宗教界举足轻重的人物。三家都想借他在民间的崇高威望而壮大自己的声势，正应了道家"无为则有为"的道义精髓。也许正是关公出身低微，较易与寻常百姓沟通，因而释、道、儒都来拉他"入伙"，形成了一个具有中国特色的"三家争鸣，皆奉关公"生动活泼的宗教世界，这其中尤其为儒家所鼎力推崇。

中国文化向来讲究对称之说，儒教或许是寻找平衡的缘故，由于文已有了孔子，于是武便找到了关公，尊之为"关圣帝君"。同时，又赋予其"山西夫子"等称谓，并将关庙改为武庙，与文庙相提并论，关公也因此成为与孔子并列的"武圣"，享受起国家级的春秋两季巡游大祭。正如明代文学家徐文长所说，"蜀汉前将军关侯之神，与吾孔孟之道并行天下"。清光绪年间的《荆州府志》更进而指出："侯（关公）之心即孔孟之心，侯之道即孔孟之道。"从而在中国传统文化发展历程中，形成了文拜孔子武拜关公的儒家文化格局。

儒家思想统治中国政坛，与西汉末年的董仲舒有关。由他提出的"罢黜百家，独尊儒术"，将其他学说统统封杀，于是儒家思想成了中国文化的"独家买卖"，孔子也被提升为百代楷模万世师表。于是千百年来，儒教一直以"国教"自居，成为封建帝王治国的理论源泉。虽然严格地讲，儒家并不是真正意义上的宗教，而是一种具有强烈入世精神和深厚人文传统的理性主义学说，但儒学却是中国文化的代表，在长期的发展中已构成了中华民族之魂。在儒士们看来，关公善读《左氏春秋》，深明春秋大义，其"忠义仁勇信"的品格特质，正好与儒教的基本教义相吻合，是实践封建忠孝节义思想的典范，儒家伦理道德的楷模，战功卓著的儒将，所以得到儒家的认可与倡导，使得关公最终走进中华文化的主流，成为重要组成部分。

在佛教中，将关公推向神坛第一人的，应是南北朝与隋朝交际之时的智顗和尚。佛教虽然主张普度众生，并不崇拜战争中的英雄人物关公，但是又不愿意放弃关公这块磁力无限的"敲门砖"，于是就变了个法儿赞其忠义足可护法，遂有智顗于当阳玉泉山建精舍，关公父子请受戒，寺成后被尊为"护法伽蓝""盖天古佛"之事，巧妙地引导关公遁入佛门。伽蓝，原本僧院之意，指佛教寺院，后来爱屋及乌，寺院护法神亦被称为伽蓝，就像诸方土地之神称为土地一样。关公做伽蓝的起始原因，《历代神仙通鉴》这样写道：

"（唐仪凤末年）神秀至当阳玉泉山，创建道场。乡人敬祀关公，秀乃毁其祠。忽阴云四合，见公提刀跃马。秀仰问，公具言前事，即破土建寺，令为本寺伽蓝，自此各寺流传。"

只是伽蓝在佛教中的地位稍低，据说有18位之多，而且在中国民间，又还有人鬼充当伽蓝，如城隍、土地之神者，这些伽蓝是中国化的佛教护法神，其中影响最大的要数关公，排在第19位。后来随着关公声誉的日益显隆，关公在佛教的影响也不断扩大，各地寺院争将其列为本寺护法。山西交城天宁寺的大雄宝殿旁，就堂而皇之建起关帝庙，另一侧则为观音殿，表示关公与观音平起平坐。有趣的是，北京最著名的喇嘛庙（雍和宫）西跨园里，也有宏伟的"关帝殿"，殿的正中就供奉着精美的关公铜铸坐像。

佛教对于关公的信仰远不至此，不但汉地显宗请去做了护卫寺庙的伽蓝神，而且由于藏传佛教大师的推崇，使之名正言顺地进入了藏传佛教。"格萨尔王传"是蒙藏滇及中亚、西亚多个民族共同的著名英雄史诗，虽然不同地区的版本有所不同，但其经历与关公南征北战威震华夏颇为相似，被国际民俗专家认为是"藏关公"。于是许多藏民把关公看作是藏民族的英雄格萨尔，后来还把关公与格萨尔同塑一殿，称关帝庙为"格萨拉康"，正式接纳其为藏密护法神，使藏汉民族的信仰文化神奇地融合在了一起，成为中国宗教界里独一无二的文化现象。

面对风起云涌的关公崇拜现象，道教当然不甘落后，一向以"神坛老大"自居的道教天师，没想到关公被舶来的佛教抢先"注册"，一直耿耿于怀。于是借助"土生土长"又深谙本土的人情世故，千方百计拉关公加入自己的阵营，生拉硬扯将其奉为玉皇大帝的近侍，继而又推上了无可复加的"天帝"大位。道教以道为主，对此当然要讲出"道道"来，所以就谓其前身为雷首山泽中的老龙转世，又编造出种种神迹以显其灵验，称之为"文衡帝君"，与华光帝君、赵公元帅、温琼元帅并称为道教的"护法四圣"。

道教崇奉关公，是从宋元间道教传说"关公斩蚩尤"开始的。这个故事的发生地是关公故乡解州，其盐池上古以来一直是国家财赋的主要来源，无论是"黄帝战蚩尤"的神话，还是"尧都平阳，舜都蒲坂，禹都安邑"的历史记述，都证明了上三代帝王是以此为中心建构原始形态国家政权的，也是

"华夏文明"之所以独立于世界史前文明之林的标志。同时，关公一生活动的主要地区在荆襄一带，且玉泉山显灵的神话又首先在这里流传，尤其是关公刚遇害时，道家就认为他是天界北极紫微宫的朱衣神，尊他为"翊汉天尊"，另有"协天大帝""翔汉天神""武安尊王""三界伏魔大帝""崇富兵君"等名号，足见其在道教里的地位是何等的显赫。

道教的给力，使关公在神坛上代以益崇，青云直上，尤其是历朝皇帝不断地为关公加封赠爵，不仅在官方出现了"关帝武庙"，而且民间供奉关公的庙宇也遍及天下，"蛮域华夏，武夫悍卒，儿童妇女，皆称戴之"。到了元代，朝廷虽崇信喇嘛教，但由于该教"水土不服"，难以钳制中原百姓的信仰。元帝眼看没有良方，干脆顺水推舟送了个人情，作为漕运保护神兴建关庙遣使致祭，因此关公崇信有增无减，其地位随之超越了前辈，渐渐地坐上了庙堂里的"主祭"，延续至明清愈演愈烈。至今沿大运河仍然是关公信仰密集的地带，充满遗存和故事传说，而江苏淮安洪泽湖高家堰，即明代万历年间最初封关公为帝之地。

也许正是关公的人格魅力，才使得他死后被封侯王，敕帝君，尊圣人，敬神灵，在古代层出不穷的名人里成为人神之首，被释、道、儒三教共奉，庙宇不仅遍布中国内地，而且延伸至内蒙古、西藏、朝鲜半岛乃至海外，奇迹般地跨越了时代，跨越了历史，跨越了地域，成为中国历史上一个奇异的现象。元人郝经在其《重建庙记》里写道："（关公）英灵义列遍天下，故所在庙祀，福善祸恶，神威赫然，人咸畏而敬之，而燕、赵、楚、荆尤笃。郡国州县、乡邑闾井皆有庙。"

在中国民间信仰中，神灵的界限相当清楚，如孔子属于儒教，观音属于佛教。然而却为何独有关公被不同民族、不同阶级、不同阶层所共同敬仰、共同奉祀，成为中华民族中唯一受到儒、佛、道共同供奉的神明？试问历史，试问天地，在中国还有何神能够跨越时空，纵古贯今？关公应是第一人。因为即使是久负盛名的孔子，也未曾被封侯封王封帝封神。正是关公信奉如此顽强旺盛，故自明清以来，对关公的信仰已超越教别的范围，庙祀遍及天下。《除亥丛考》曰："今且南极岭表，北极寒垣，凡儿童妇女，无有不震其威灵者。香火之盛，将与天地同不朽。"明朝时人赵标曾作《谒

　　白水沦日光，炎精失御辰。河东钟间气，涿郡迈真人。慷慨匡时念，艰危报国身。威名摧虎豹，勋业冠麒麟。壮志英雄屈，奸谋鬼域伸。丹衷悬赤电，炯节贯青史。玉府灵常聚，金戈气益振。江河行地远，日月丽天均。祠宇香灯耀，檐楹俎豆新。愿因云斾返，久久福吾民。

36 关公的艺术渲染

　　《易经》言："观乎天文，以察时变；观乎人文，以化成天下。"关公的神力，源于自身的忠义仁勇信；而他的忠义仁勇信，则源于华夏各民族的赋予、各教派的推崇与文人学者的舞文弄墨。尤其是文学艺术作品，对于关公形象与精神的加工、提升和塑造，对关公文化的形成、促进与发展，起到了不可替代的作用……

　　当今社会转型，中国经济发展走上了快车道。在商品经济的汹涌浪潮中，道德缺失、信仰危机不但在消解中华民族固有的凝聚力，也引发了大量的社会问题。振兴中华必先振兴中华文化，正是当今社会有识之士的共识，在漫漶五千年的炎黄历史中，作为文化中的主体成分之英雄豪杰风流人物，可谓项背相望不胜枚举。太显远古的暂且略去不算，仅一部"二十四史"，就足以让人们眼花缭乱，真有"不知从何说起"之叹。

　　可以说浩如烟海的史书，记载了无数英雄的神奇故事，而每一位杰出人物，都有无数彰显本色的遗迹；每一处残留遗迹，都深埋着一座千古的丰碑；每一座灿烂丰碑，都承载着绵绵不朽的传奇；每一部精彩传奇，都说着永远讲不完的故事。然能被人们顶礼膜拜的，却恰若凤毛麟角，诸如关公一般被封王封帝封神封圣者，更是空前绝后。悉心梳理，这无疑是一种神奇的文化现象。《说文解字》对"文化"一词的解释为："文，错画也；化，教行也。"说明在中国古语里，"文化"的要义在于以榜样力量引起仿效推行天下。而作为传统中华文化最具象征意义、包容能力和亲和作用的文化符号正是关公。

关公文化广泛持久地传播与发扬，其中奥秘关乎中国历史发展和道德体系构建。让我们透过关公人而神、神而圣的奇特现象，从现代意义上重新认识关公文化的历史地位吧。说起来在关公的"造神"过程中，文化有着不可磨灭的功绩，正是由于文学诸样式，包括传说、笔记、说话、戏曲、小说等，与民俗、宗教、伦理、哲学一起相互作用，一个"忠义仁勇信"的关公形象遂成为不朽。从某种意义上讲，关公正是与中国古代小说、戏剧这些文学共相始终，所以才能在中国社会历史的发展过程中脱颖而出，成为一个圆融佛道儒、和睦多民族、覆盖全社会、延伸海内外的不朽形象。

对事物的认识，需要一分为二。虽说西晋史学家陈寿有严重的"扬魏抑蜀"倾向，但其在《三国志》中为关公作传，却是史书中最早关于关公生平事迹的记载，有着一般正史的权威性，对后世文学有着较大的影响力。尽管后来有关关公的诸多传说故事多是赝品，不劳分证，但"关公崇拜"正是在这样的情势下历代相沿，积微见著，蔚成大观，从而对人们起到极为强烈的感染作用，其影响之大，震撼之久，都是那些帝王尊奉、"三教"共祀所无法比拟的。

文化作为精神文明的传承载体，任何时候都充斥于社会舞台之中。唐代社会的强盛，文化也跟着活跃其中，其时三国互相倾轧、争夺天下的故事已成为文艺创作的重要题材，关公自然成为被描写刻画的主角之一。许多关公民间传说，经过文人的加工、提升，得以变为"书上写的关公故事"，可信度更高，因而更为流传。南宋时期，在洪迈的《容斋随笔》中，就已有了"关羽手杀袁绍二将颜良、文丑于万众之中"的传说描写，而脍炙人口的三英战吕布、千里保皇嫂、关公刮骨疗毒、水淹七军等故事，也都成为元代《三国志平话》里的精彩片断。

纵览世界万物，大都化作过眼云烟，唯有文化成为不朽。从《三国志》到《资治通鉴》，史书都持"帝魏"立场，但是在北宋时期的民间，已经出现了"帝蜀寇魏"的倾向。而北宋"平话"和南宋"演义"的重要变化，是"靖康耻"国破家亡的惨痛教训，将街头生动有趣的故事变成了忠义节烈的表彰。

所谓"演"者，即为"义"也。《三国志平话》就是依据史书及民间传说，全面系统地塑造了关公"忠义仁勇信"的伟岸形象，全书共有插图70幅，而关公的图画竟达20幅之多。

演义作品更突出了价值判断和英雄榜样，并且成为最吸引观众的文学形式，在元明清一直延续下来。这当然是和民间关公信仰的普及提升互为因果的，理学正统观则使参与整理的文士发扬光大其意义。正是在这些文化因素的交互作用下，清初文学中关公已被崇誉为集"儒雅""神威""义重"于一身，"做事如青天白日，待人如霁月光风"的"古今来名将中第一奇人"了。若论语言描述，当然大多是《三国演义》的渲染，说白了就是罗贯中对关公形象的塑造与传播居功至伟。

嘉靖本《三国志通俗演义》是由江南的文士儒生整理而成的，又经过多位名士增删评点，晚明已经在城乡普传妇孺皆知了。而清初毛宗岗父子再次整理后，更是成为后世通行的范本。应该说是罗贯中把关公崇拜推向了一个高峰，他在名著《三国演义》中，不仅吸收采用了宋元时代美化、圣化和神化关公的大量故事，而且根据自己的政治理想、道德观念以及当时的社会思潮，进行了大胆的艺术想象和艺术虚构。随着这部书传播到整个东亚、东南亚各国，关公形象也因之受到更加普遍的崇敬。

中国戏剧传统出现很早，但发展较慢。元代突然得到爆发式转变，这其实是一种"跨文化传播"的结果。因为蒙古人拒绝汉化而喜爱看戏，所以戏剧成为向他们传播中国历史文化、风俗习惯的最佳方式。其中"三国戏"占了相当多的部分，而以关公故事为主要题材的已有十余部，其形象、装束、坐骑、武器等也是这个时候固定下来的。尤其是《三国演义》行世后，凡我国主要地方剧种以及后来成为国粹的京剧，又都以其为蓝本创作上演了大量的关公戏，使关公成为我国戏曲界被顶礼膜拜的神灵，其地位之高超过戏曲鼻祖老郎神。

戏剧是通过跌宕起伏的剧情发展、细致入微的人物性格刻画，以及演员的表演给观众以美的享受。由于关公深受人们喜爱和敬仰，其故事激昂悲壮，其形象英武肃穆，其思想忠义无双，其道德彪炳万古，因此以关公事迹为主要内容的戏剧，很快就占据了表演舞台。正是这种最易与人们接近的艺术形式，将一个代表中华民族道德情操的关公形象，奉献给了亿万人民群众，同时也在中国戏剧发展的历史过程中，出现了经久不衰的"三国戏"热的独特戏种。于是在中国辞海里多了一个"关戏"词目，成为史无前例的"孤例"效应。

关公登上戏剧舞台，如同他在神坛走红一样，起始于宋代，遗憾的是研究宋代戏剧的资料不多，我们很难了解其实际情况。但是元代兴盛起来的杂剧与评话，对关公的"忠义仁勇信"就已经描写得非常丰富、生动和形象了，而且关公一生的故事几乎全部被搬上了舞台，这在中国戏剧史上恐怕也是独一无二的。尤其在关公家乡的剧种蒲州梆子中，"三国戏"有记载的88出，而"关公戏"就多达18出，其舞台形象始终都是完美无缺，面如重枣，长髯飘拂，即使是在《走麦城》里，威武气概也照样有增无减。尤其是关汉卿所作的《关大王独赴单刀会》，更是写得栩栩如生、有声有色、引人入胜，具有很高的艺术价值。

在中国的传统戏曲中，关公有着特定的艺术形象：红脸，长须，眯缝着双眼。现在若问起我儿时对关公戏服的记忆，则多是戏曲中流传的绿色战袍。关于关公的相貌，最早见于《三国志》时，仅为诸葛亮《答关羽书》中"尤未及髯之绝伦逸群也"，陈寿有"羽美须仪，故亮谓之髯"的解释语，这也成为后世描述关公形象最为明显的标志。不过到了戏剧里就略有改变，在《元刊古今杂剧三十种》之《诸葛亮博望烧屯》中，有诸葛亮形容关公的一段《金盏儿》："生得高耸耸俊莺鼻，长挽挽卧蚕眉，红馥馥双脸胭脂般赤，黑真真三绺美髯垂。"

在元杂剧里，"红表忠勇，黑表威猛，白表奸邪"的说法，即由关公脸谱而来。其时须生挂的髯口原只有三绺，但由于关公有"美髯公"之称，所以演出时都会加上专用的大髯口，称为"五绺"或"满髯"。在舞台上，关公形象既要勇猛威武，又要刚健凝重，所以"亮相"就成为一个重要的手段，仅登场的姿势就有48种之多，称为"四十八图"。而且也有特定的道具与行头：手执青龙偃月刀和红马鞭，头戴绿色盔头，缀黄绒球配后兜，两耳垂白飘带和黄丝穗，着深绿蟒袍。为表示对关公的尊敬，还会特意在面谱上加一黑点或加一条金线，称作"破脸"，代表不敢完全模仿的意思。

俗话道：青出于蓝而胜于蓝。明清时期的"关公戏"多是根据《三国演义》改编而成，因此其艺术成就较之小说和宋元杂剧自然高出一筹。尤其是在上演关公戏时，还有着许多不成文的规矩：如扮演关公的演员在演出前10天要斋戒独宿熏沐净身，出场前要给关帝神像烧香叩头杀鸡拜祭，并要在盔头或者前胸挂护身符（即有关帝圣像的黄表符）。演出结束后要用此纸拭脸，并拿到关帝像前焚化，以示感谢关帝的庇护等。特别是演《走麦城》一剧时，更要台上台下烧檀香、点蜡烛，满场烟雾弥漫，好像摆道场求仙一般。据说如果违犯禁律，关公就会显灵，演员要出事故，戏园也要出乱子。

清廷皇宫演戏时，每临关公出场，所有人都得离座走几步，然后才能坐下看戏，慈禧太后也不得例外。一些有损于关公形象的剧目，如《斩熊虎》《怒斩关平》《关公辞曹》（剧情是曹操的女儿一心追求关公，遭到拒绝后，竟在关公面前自刎身亡）等，宫廷及京城的著名戏园皆禁止上演。即使现今对关公的扮演者也有不少禁忌，如演员上了妆后，不可大笑、有邪淫的表现；其他人看到上妆后的关公，也不能举动失仪等。因此说在传播和弘扬关公文化、关公戏和文学作品时，口头流传所起的作用同等重要，甚至在文化水平相对落后的地方，戏剧则更为直观、更为形象，其作用就会更为显著。

千百年来，关公正是在历代统治者的封谥、民间的推崇和宗教的信仰，以及戏曲、文学的演义渲染里，被一朝一朝、一代一代的人们神化：一个"对国以忠、交友以义、处事以仁、作战以勇、做人以信"，代表着中华民族传统美德的、完美的关公形象展现在世人面前，举国上下更是家喻户晓、妇孺皆知。诚如一副楹联所云："声威何其震，功勋何其赫，忠义何其重，真武圣人也；富贵不能淫，贫贱不能移，威武不能屈，诚大丈夫哉！"

这副楹联读来朗朗上口，听着荡气回肠，不禁让人驻足流连，目光似乎已穿透千年历史的余韵。关公一生英勇骁战所向披靡，征战数年跃马疆场，鞠躬尽瘁死而后已，为奠定三国鼎立的局面立下了不朽殊勋。死后依然忠义不改，庇护着人们安居乐业、幸福安康，成为华夏民族千秋万代的神灵偶像。人们崇拜关公，不仅仅是崇拜他的勇武，更多的是崇拜他的道德品质，尤其是他高尚的人格情操，崇拜他威武不能屈、富贵不能淫、贫贱不能移的英雄气节。

行文至此，回首聚焦关公，人乎？神乎？人者！神者！读者自然明晰：人神乎？人神者！然无论何种身份，俱往矣，只有魂归故乡，一切才会得到永久的安息。解州关帝庙，一座永恒的丰碑！归来吧，盐池波动，条山依绿，淳朴的乡音依旧。归来吧，关公关老爷魂兮！我又一次匍匐在地，虔诚再拜关公，用真情作一首《贺新郎·常平家庙》，作为对关公永远的祭祀：

　　秀毓条山峰。沐熏风、灵钟盐池，圣乡常平。庙祖香火最关情，千年浩气始终。高光照、心敬骁雄。牌坊参差殿宇耸，青砖塔深埋大义情。树有灵，形虎龙。

　　忆昔神勇震蜀中。盖世功、三分炎鼎，美髯丹凤。封金挂印追刘兄，鞠躬尽瘁效忠。曹丞惧、疑欲迁营。将军提刀指东吴，遭暗算尸骨埋三冢。魂不散，归河东。

成稿于二〇一〇年九月三日静心斋

二稿完于二〇一〇年十月七日天行健

三稿完于二〇一二年八月二十二日静心斋

图书在版编目（CIP）数据

万世人极关云长 / 冯建国著. -- 太原：山西经济
出版社，2017.4（2019.9 重印）
ISBN 978-7-5577-0177-2

Ⅰ . ①万… Ⅱ . ①冯… Ⅲ . ①关羽（160 — 220）—生
平事迹 Ⅳ . ① K825.2

中国版本图书馆 CIP 数据核字（2017）第 082651 号

万世人极关云长

著　　者：	冯建国
出 版 人：	孙志勇
策 划 人：	董利斌
责任编辑：	李春梅

出 版 者：	山西出版传媒集团·山西经济出版社
社　　址：	太原市建设南路 21 号
邮　　编：	030012
电　　话：	0351-4922133（发行中心）
	0351-4922085（综合办）
E－mail：	scb@sxjjcb.com（市场部）
	zbs@sxjjcb.com（总编室）
网　　址：	www.sxjjcb.com
承 印 者：	临沂圣贤印刷有限公司

开　　本：	787mm × 1092mm　1/16
印　　张：	12.25
字　　数：	182 千字
版　　次：	2017 年 7 月第 1 版
印　　次：	2019 年 9 月第 3 次印刷
书　　号：	ISBN 978-7-5577-0177-2
定　　价：	29.80 元